高职院校文化育人的理念与实践研究

禹云　伍锦群　朱燕　著

辽海出版社

图书出版编目（CIP）数据

高职院校文化育人的理念与实践研究 / 禹云，伍锦群，朱燕著. -- 沈阳：辽海出版社，2017.12
ISBN 978-7-5451-4609-7

Ⅰ. ①高… Ⅱ. ①禹… ②伍… ③朱… Ⅲ. ①高等职业教育－校园文化－研究－中国 Ⅳ. ①G718.5

中国版本图书馆 CIP 数据核字(2018)第 000204 号

责任编辑：丁　凡　高东妮
责任校对：丁　雁

北方联合出版传媒（集团）股份有限公司
辽海出版社出版发行
（辽宁省沈阳市和平区十一纬路 25 号 辽海出版社　邮政编码：110003）
北京市天河印刷厂印刷　　全国新华书店经销
开本：710mm×1000mm　1/16　印张：19.5　字数：220 千字
2020 年 1 月第 1 版　2020 年 1 月第 1 次印刷
定价：78.00 元

前　言

一个国家和民族的生存发展离不开政治、经济等的共同作用，同时文化也是不可或缺的。高职院校作为教书育人的重要场所，经过长期的历史演进，形成了其特有的文化，它作为一个民族血脉的来源地，也是人民的精神家园、政党的精神旗帜。中华民族素有注重文化育人的实践传统，我国传统思想文化的一个重要特征就是坚持文化育人。而高职院校作为文化创造、传播与发展的重要场所，在文化育人过程中，通过借助各种载体，将社会主义现代化所要求的价值观融入正常的教育教学工作，使广大师生经过文化的熏陶，形成与社会主义现代化相一致的价值观。高职、大学时期是青年思想道德品格形成的关键时刻，这个时期的学生表现出强烈的文化诉求。鉴于此，高职院校通过不同形式的文化对他们进行思想启迪、熏陶、引导灌输，对以促进大学生思想道德素质的自我完善和全面发展意义非常重大。

民族振兴、社会进步的关键靠人才，基础在教育，而教育的目的并不是为社会发展塑造高级"器具"，而在于实现人的更高层次的发展。《国家中长期教育改革和发展规划纲要（2010—2020年）》明确指出：把"育人为本"作为教育工作的根本要求。所谓"育人为本"，并不能简单理解为"以人为本"理念在教育领域的应用，它在宏观上和"政治为本""经济为本"相对应，在微观上和"知识为本""技能为本"相对应，其核心是"人"，关键在"育"，要求学校教育把促进学生的健康成长作为一切工作的出发点和落脚点，遵循教育规律和学生身心发展规律，为每个学生提供适当的教育，以人格健全为核心实现学生在知识技能和为人处事、当前发展和长远发展方面的协调统一。

顺应市场经济的改革大潮，我国高职教育发展迅速，但具有高职特色的思想政治教育模式尚在探索之中。一些学校过于强调技能训练，"育人为本"理念淡薄，思想政治教育也往往流于形式，导致培养出来的一些学生缺乏理想信念、忽视个人道德修养、急功近利、畏于面对挫折、意志力薄弱等，这些对于个人成长和经济社会的长远发展都是不利的。在高职院校思想政治教育中实现"育人为本"理念，从观念更新到实践探索都具有较大的拓展空间。具体而言，在观念上，要以"人"的全面发展为着眼点，确立"德育为先"的管理理念、"教书育人"的教学理念、"做事先做人"的学习理念；在实践中，要立足于"育"的规律探索和方法创新，努力形成管理育人、教书育人、环境育人和服务育人的全方位育人格局。

本书共计八章，合计 22 万字。由禹云、伍锦群、朱燕合作撰写，由于时间仓促，加之水平有限，难免存在纰漏之处，恳请读者提出宝贵意见。

目 录

第一章 高职院校文化育人的概述 1

第一节 高职院校文化育人的背景 1
一、宏观背景 1
二、中观背景 3
三、微观背景 6

第二节 文化育人的时代内涵 9
一、现时代赋予文化育人的重要内涵 9
二、现时代文化育人的基本特征 13
三、现时代文化育人的基本功能 17

第三节 文化育人的哲学省思 20
一、文化育人的存在论审视：野蛮与文明 21
二、文化育人的认识论审视：给予与生成 26
三、文化育人的价值论审视：谐一与归属 31

第四节 文化育人的价值导向 35
一、必须时刻高扬社会主义核心价值体系的时代主旋律 36
二、必须大力弘扬扬弃旧义、创立新知的创新精神 36
三、必须始终坚持引领成长、服务成才的育人理念 37

第二章 文化育人的基础理论 39

第一节 文化育人的相关概念 39

一、文化与高职院校校园文化的定义...........................39
　　　二、文化育人与高职院校文化育人的定义.....................41
　第二节　文化育人的特点与内容..46
　　　一、高职院校文化育人的特点.....................................46
　　　二、高职院校文化育人的主要内容...............................49
　第三节　文化育人的理论依据..53
　　　一、中国传统文化中"文以载道"的教育思想................53
　　　二、马克思主义获得性遗传的文化思想........................54
　　　三、思想政治教育学的熏陶感染思想............................54
　第四节　文化育人的载体..55
　　　一、载体及分类概述...55
　　　二、不同分类中几种典型载体....................................60
　第五节　高职院校文化育人的实现路径..................................65
　　　一、高职院校必须提升文化自觉.................................65
　　　二、高职院校必须增强文化自信.................................67
　　　三、高职院校必须实现文化自强.................................69
　第六节　文化育人的现实意义..73
　　　一、有利于深化社会育人..73
　　　二、有利于加强文明建设..73
　　　三、有利于提高文化素养..75
　　　四、有利于实现文化强国..76
　　　五、有利于打造大学文化..78
第三章　文化育人的实践与启示...82

第一节 中国古代书院文化育人的实践和启示 ... 82
- 一、以儒家经典，浸润生徒的精神 ... 82
- 二、以升堂讲说和会讲，启迪生徒的道德理性 ... 83
- 三、以日常礼仪规范、祭祀，潜化生徒的行为和心智 ... 84
- 四、以自然环境和人文景观，陶冶生徒的性情 ... 85
- 五、中国古代书院文化育人实践的启示 ... 85

第二节 西南联合大学文化育人的实践和启示 ... 86
- 一、以"文化抗战，学术救国"，凝聚学生的思想 ... 86
- 二、以现实性和会通性的课程，提升学生的才能 ... 87
- 三、以大师的爱国情怀和研究治学，感召学生的学习热情 ... 88
- 四、以艰苦卓绝的环境，砥砺了学生的意志 ... 89
- 五、西南联合大学文化育人实践的启示 ... 90

第三节 哈佛大学文化育人的实践和启示 ... 91
- 一、以课程改革促进学生的全面发展 ... 91
- 二、以专业学院培养专业领域的领袖人才 ... 92
- 三、以学生社团发展学生的个性 ... 93
- 四、哈佛大学文化育人实践的启示 ... 94

第四节 剑桥大学文化育人的实践和启示 ... 95
- 一、以优良的校风启发学生的才智和潜能 ... 95
- 二、以人文教育提高学生的人格、气质和修养 ... 96
- 三、以导师制和独立学院制提升学生的学习能力和品格 ... 96
- 四、以图书馆、博物馆、实验室资源为学生追求真理和创新提供保障 ... 97

五、剑桥大学文化育人的实践的启示..................................98

第四章 高职院校文化育人的现状及问题..................................99

第一节 高职院校文化育人的现状..................................99
一、教育主体认识到文化在高等教育中的重要性..................................99
二、育人过程尊重教育对象的主体意识增强..................................100
三、高职院校文化育人的途径多样化..................................101

第二节 高职院校文化育人存在的问题..................................102
一、高职院校文化育人的理念有待更新..................................102
二、高职院校文化育人内涵建设薄弱..................................103
三、高职院校文化育人机制不健全..................................104
四、高职院校文化的品牌意识缺乏..................................105
五、高职院校文化育人合力尚未形成..................................106

第三节 高职院校文化育人存在问题的原因分析..................................107
一、认识不够深刻..................................107
二、定位不明确..................................107
三、缺乏系统规划和理论指导..................................108
四、教师主导作用有待加强..................................109

第五章 高职院校文化育人对策研究..................................110

第一节 优化高职院校文化育人..................................110
一、创新高职院校文化育人的理念..................................110
二、丰富高职院校文化育人的内涵..................................113
三、完善高职院校文化育人的机制..................................118
四、打造高职院校文化育人的品牌..................................122

五、拓宽高职院校文化育人途径..................126

第二节 积极推进文化育人实现路径..................131

　　一、高职院校必须提升文化自觉..................131

　　二、高职院校必须增强文化自信..................133

　　三、高职院校必须实现文化自强..................135

第三节 克服高职院校人文素质教育功利化倾向..................138

　　一、更新观念，以人为本..................139

　　二、系统规划，全面推进..................139

　　三、专业渗透，管理融入..................141

　　四、实践体验，文化熏陶..................142

　　五、言传身教，人格感化..................143

第四节 促进高职院校文化育人效应实现..................144

　　一、高职院校精神文化育人的实现..................144

　　二、高职院校制度文化育人的实现..................148

　　三、高职院校行为文化育人的实现..................153

　　四、高职院校物质文化育人的实现..................159

　　五、完善高职院校文化育人机制，整体规划，提供现实保障..................163

第六章 高职院校文化育人功能..................166

第一节 高职院校校园文化育人功能..................166

　　一、高职院校校园文化育人功能的主要表现..................166

　　二、大学校园文化育人功能发挥的新思考..................172

第二节 高职院校校园行为文化育人功能..................184

　　一、高职院校校园行为建设现状及问题..................184

二、加强和改进高职院校行为文化建设的途径与载体 196

第三节 高职院校网络文化育人功能 208
一、高职院校网络文化育人现状及成因 208
二、优化高职院校网络文化育人的对策思考 213

第七章 高职院校文化育人机制的构建与实践 224

第一节 高职院校育人机制的解读 224
一、大学文化育人的功能 224
二、大学文化育人的特征 230

第二节 高职院校文化育人机制的构建 233
一、铸就高职院校精神，构建精神育人机制 233
二、优化大学环境，构建环境育人机制 234
三、完善规章制度，构建管理育人机制 237
四、注重人文关怀，构建情感育人机制 238

第三节 高职院校文化育人实现路径 239
一、坚持以人为本，强化人文精神教育 239
二、构建和谐教育环境，营造育人氛围 243
三、加强课堂教学主渠道，发挥教师主导作用 247
四、开展行之有效的管理育人工作 249

第八章 新媒体环境下高职院校社团文化育人途径 253

第一节 新媒体环境下高职院校社团文化育人途径的相关理论 253
一、新媒体及社团文化的相关理论 253
二、新媒体环境下高职院校社团文化育人的特点 260
三、新媒体环境下高职院校社团文化育人途径的构成要素 263

第二节 新媒体环境对高职院校社团文化的影响..................265
　一、新媒体环境对高职院校社团文化的积极影响..........265
　二、新媒体环境对高职院校社团文化的消极影响..........268
第三节 新媒体环境下社团文化育人存在问题及归因分析......270
　一、新媒体环境下高职院校社团文化育人途径存在的问题...270
　二、新媒体环境下高职院校社团文化育人途径中

　　　存在问题的归因分析.................................275
第四节 新媒体环境下高职院校社团文化育人途径的构建......278
　一、注重社团文化的培育塑造，实现社团文化在塑造中育人...278
　二、完善社团文化的传播渠道，实现社团文化在传播中育人...281
　三、规范社团文化管理，实现社团文化在管理中育人.........285
　四、营造良好的新媒体环境，实现社团文化在环境中育人.....288

参考文献..292

第一章　高职院校文化育人的概述

第一节　高职院校文化育人的背景

我国高职院校文化育人的背景可以从多个层面进行分析：宏观背景是社会主义核心价值体系与社会主义核心价值观的建设与培育；中观背景是立德树人、提高高等教育质量、增强高职院校思想政治教育实效性以及大学职能拓展；微观背景是由于多种因素的影响，我国当代大学生心理、思想上呈现出的新特点。

一、宏观背景

（一）建设社会主义核心价值体系与培育社会主义核心价值观对高职院校文化育人提出新要求

2006 年 10 月，党的十六届六中全会通过的《中共中央关于构建社会主义和谐社会若干重大问题的决定》指出：构建和谐文化，是构建社会主义和谐社会的重要任务，社会主义核心价值体系是构建和谐文化的根本。由此可以看出社会主义核心价值体系在社会主义文化建设中的重要地位和作用。社会文化包含着校园文化，高职院校的文化建设属于社会主义文化建设的一部分，努力建设社会主义核心价值体系是现阶段高职院校文化建设的根本目标。而建设社会主义核心价值体系也可以通过高职院校文化建设这一途径来实现，它的实现需要发挥校园文化对学生思想观念、价值认同等方面的导向凝聚作用，使他们在潜移默化中培养对社会主义核心价值体系的认同。在具体的建设中要做到：在校园文化的思想引导上，坚持马克思主义为指导；在树立理想上，树立中国特色社会主义共同理想；在发挥凝聚功能上，要弘扬以爱国主义为核心的民族精神；在体现校园文化的吸引力上，要培养以改革创新为核心的时代精神；在育人内容上，要进行"八荣八耻"的社会主义荣辱观教育。

2012年党的十八大提出，倡导富强、民主、文明、和谐，倡导自由、平等、公正、法治，倡导爱国、敬业、诚信、友善，积极培育和践行社会主义核心价值观。其中国家层面的价值目标是富强、民主、文明、和谐，社会层面的价值取向是自由、平等、公正、法治，公民个人层面的价值准则是爱国、敬业、诚信、友善。2013年12月，中共中央办公厅印发《关于培育和践行社会主义核心价值观的意见》，明确提出，以"三个倡导"为基本内容的社会主义核心价值观，与中国特色社会主义发展要求相契合，与中华优秀传统文化和人类文明优秀成果相承接，是我们党凝聚全党全社会价值共识作出的重要论断。高等教育要以立德树人作为根本任务，高职院校的文化育人工作要努力培养和践行社会主义核心价值观，在对全体师生的教育教学和管理服务的各个环节中，要坚持育人为本，德育为先。拓展育人途径，实现课堂教学与社会实践的结合，加强学校报刊、广播、电视、网络等载体建设，完善校园文化活动设施，重视校园人文环境建设和周边环境整治，努力培养德智体美全面发展的社会主义建设者和接班人。

（二）建设文化强国对高职院校文化育人提出新要求

党的十七届六中全会通过的《中共中央关于深化文化体制改革、推动社会主义文化大发展大繁荣若干重大问题的决定》其中最大的亮点就是提出建设"文化强国"长远战略。文化强国的重要任务是要大力推进社会主义文化的大发展大繁荣，文化强国的重要标志是拥有世界一流的文化创造力、文化辐射力、文化传播的吸引力和中国文化的影响力，但关键还是培养大批优秀的文化人才，同时还要提高全民族的文化素质，使其发挥聪明才智和文化才能，在文化强国的进程中作出应有的贡献。

高职院校的发展总是与社会的发展需要联系在一起，在推进文化强国事业中有着自身的优势，因为高职院校是知识和人才的聚集地，肩负着继承、发展、传播传统文化的重要使命。高职院校要高度重视文化的育人作用，将传统文化贯穿于高职院校教育教学的全过程；要创新文化育人理念，积极打造体现校园特色的文化品牌；要培养学生的创新意识，鼓励学生创造出富有内涵、影响力深远的文化产品；要利用对外文化交流的渠道，加强与其他国家高职院校的文化育人工作进行交流。中华五千年的文化史可以为中华民族的繁荣发展提供不竭的动力，这也是新时期我们实现文化强国的所在。因此，高职院校应利用其优势，通过培养优秀的文化人才，创造具有中国特色的文化产业，为实现文化强国贡献自己的力量。

二、中观背景

（一）立德树人成为新时期高等教育根本任务对文化育人提出新要求

十八大报告指出，"把立德树人作为教育的根本任务，培养德智体美全面发展的社会主义建设者和接班人"。"立德树人"首次确立为教育的根本任务，是对十七大"坚持育人为本、德育为先"教育理念的深化，指明了今后教育改革发展的方向。立人先立德，人的培养，必须坚持德育为先，这为进一步做好新形势下高职院校文化育人工作指明了正确方向、提出了更高要求。

青少年学生正是学习知识、培养健康人格的关键时期，处于正确的世界观、人生观、价值观的养成阶段。他们的思想道德和科学文化素质，直接关乎国家和民族的命运与未来。因此高职院校必须将立德树人作为教育教学的根本任务来抓，广大教育工作者应牢固树立立德树人、育人为本、德育为先的理念，不断提高德育工作的针对性、实效性。如何提高德育实效性？文化育人是一个有力的帮手。优秀的高职院校文化本身就是一种潜在的德育因素，它以深刻而持久的潜在力量，影响着学生的思想、情感及内心世界，使其形成牢固的道德观念、崇高的思想品质和积极向上的人格精神。从某种意义上说，高职院校的教育工作者都是德育工作者。高职院校要完成立德树人的根本任务，还需要不断提升教育工作者的育德意识和育人能力，打造一流的德育人才队伍。高职院校的思想政治课教师、班主任以及辅导员等都是德育工作的骨干队伍。从专业化角度发展，应引导思想政治课教师牢固确立"立德树人"的职业理想与操守，加强能力锻炼和岗位培训，增进交流学习，造就讲团结、有水平、能战斗的德育骨干队伍。

（二）增强高职院校思想政治教育效果对文化育人提出新要求

全面提高教育质量是高等教育的生命线，是国家中长期教育改革和发展规划纲要确定的重要方针。国务院副总理刘延东指出："深化高等教育改革，走以提高质量为核心的内涵式发展道路"。还有的学者认为，高等教育质量是高等教育满足主体需要的程度，是一种价值判断和评价，它包括教学和人才培养质量、科学研究质量和社会服务质量。因此，高等教育质量的提高为高职院校提出了新任务，即提升人才的培养质量，满足人民群众日益增长的高等教育需求和对国家经济社会发展，促进教育公平、建设和谐社会、创建高等教育强国和人力资源强国。

高职院校在具体工作中，要坚持做到以人为本，以校园文化教育、引导、鼓舞和鞭策大学生，同时要尊重、理解、关心和帮助学生；要把提高人才培养质量作为高职院校文化育人工作的关键，要把握好自身大学的特征，转变更新教育观念，培养符合社会经济发展所需要的合格人才；要坚持对文化的传承与创新，以马克思主义中国化最新成果引领高职院校文化育人工作，打造高职院校校园文化品牌，提升高职院校文化的育人效果；要重视高职院校文化对社会的辐射作用，学校的科研成果要主动融入社会经济的发展，加强学校与社会的合作，充分挖掘优秀的地域文化对在校学生的教育意义。

思想政治教育的实效性指的是："在特定的环境条件下思想政治教育的实际动作对思想政治教育目标的实现程度"。它体现在两个方面，一个是内在效果上，即思想政治教育能否顺利地内化为学生个体的思想道德素质；另一个是外在效果上，即通过提高学生思想道德素质，进而提高整个社会的物质、政治和精神文明程度。另外，它还可以表现在思想政治教育的效率上，也就是说通过投入一定的人、财、物、时间而获得最佳效果和最大化效益。经过多年的理论研究和实践，我国高职院校思想政治教育积累了丰富的经验和多种方法，进而在高素质综合人才的教育与培养中发挥了积极的作用。但是新形势下高职院校思想政治教育也存在弱化现象，随着社会主义市场经济体制逐步建立，各种思潮交互影响，利益格局复杂多变，导致在校大学生人生价值观偏移，削弱了高职院校思想政治教育的实效性。新时期的大学生大部分都是独生子女，家庭结构的变化也在不同程度上影响了高职院校对学生思想政治教育工作的开展。高职院校是对大学生进行思想政治教育工作的重要场所，然而，有些高职院校存在工作模式化、理论滞后性等现象严重影响了思想政治教育实效性。在今后的工作中要与时俱进，积极探索，努力改善教育环境，创造良好的文化育人氛围。坚持以学生为本的工作理念，采取熏陶、渗透、潜移默化的方式逐渐影响人们的世界观、人生观、价值观等，避免传统的知识灌输。

（三）大学职能拓展为高职院校文化育人提供组织基础

随着社会的快速发展，大学的职能经历了由一元到多元的发展历程。职能是大学发展的结果，也是推动大学发展的重要力量。知识是大学的核心，同时也是大学与社会相互联系的枢纽，因此可以为大学职能内涵的丰富和发展提供动力和源泉。大学职能的演进最终会通过组织结构反映出来，因为本质的变化意味着结构的变化。大学职能的变化是大学组织变化的前提，同时又是大学组织稳定的条件。从大学的产生、发展及其本质来讲，传播知识、科学研究、社会服务是大学的三项基本职能。文化作为影响大学发展的基本因素，伴随大学的发展而发展，是大学生存至今的灵魂。

高职院校要坚持育人为本，大力推进文化传承创新，要坚持科学发展，弘扬优良传统。高职院校的文化育人工作，在把握正确的政治导向和价值导向前提下，要做到对学生传授优秀的传统文化知识的同时重视对外来优秀文化的借鉴，提高他们专业技能的同时重视他们思想品德的修养，培养学生创新思维的同时要重视他们实际操作能力的锻炼，鼓励他们个性发展的同时要重视他们的全面发展。

三、微观背景

（一）大学生心理特点对高职院校文化育人提出新要求

目前，大学校园里的多数学生都属90后，他们出生和生长的环境具有以下特点：国际局势变化多端；国内政治、经济、文化处于改革发展状态、科学技术迅猛发展；自己的家庭内部也只有一个孩子。这样背景下成长起来的"90后"表现出与"80""70"一代大学生不一样的心理特点，而这些特点也对当今高职院校的文化育人工作提出新的诉求和挑战。

他们的心理特点如下：

（1）自我意识较强，他们更愿意接受潜移默化的育人方法，而不习惯理论性较强的灌输教育法。他们能够对自己有一个较为客观的认识和评价，他们善于发现自己的长处和不足，积极利用自己的优点来表现自己，在克服缺点的同时对自己进行自我监督、自我完善。而高职院校文化育人具有较强的渗透性，注重对大学生思想上的动员和疏导，提高他们的自主认识，化被动为主动，通过轻松自由的学习氛围来教育学生。

（2）学习能力强，易于接受新事物。他们生活在一个新事物不断涌现的时代，他们的眼界更为开阔，较强的好奇心促使他们打破传统，不断追求新事物。这就要求高职院校的文化育人工作要在继承传统的基础上，虚心吸收各种外来优秀文化，不断丰富育人内容，注重对学生创新与实践能力的培养。

（3）受网络文化影响大，当代大学生是伴随着网络成长起来的，网络已经成为他们生活的重要组成部分。高职院校要充分利用网络文化这一新兴载体开展育人工作，尤其是QQ、MSN、微信等即时通信、博客（个人空间）、微博、网站等载体。2013年我国的第32次互联网络发展状况统计报告指出，越来越多的人使用手机上网，在手机的网络应用中即时通信占到了85.7%。学生作为网民中规模最大的群体，对网络有着较强的依赖性，对这一新特点的了解，有利于创新高职院校的文化育人载体。

（二）大学生思想特点对高职院校文化育人提出新要求

"90后"大学生除了在心理上表现出与以往几个时代的大学生不同的特征外，他们的思想更加解放，思维更加活跃，他们依然坚持马克思主义的世界观，然而政治观、人生观、道德观、法治观表现出不一样的特征。

1.较高的政治觉悟。他们具备强烈的爱国主义精神，在国家利益受到外来威胁时他们会有明显的反映并付诸实践。例如，日本在钓鱼岛海域非法抓扣中国渔船船长事件，引起了在校大学生的极大不满，他们组织发起了多次抗日游行，以此表达他们强烈的爱国情感。除了接受系统的专业知识，高职院校应对他们进行爱国主义教育，使他们自身的政治觉悟得到提高。

2.拥有人生理想，但价值取向较为功利。时代的变迁为新一代大学生的学习和生活带来了许多便利，他们拥有理想信念，然而在面对残酷的市场竞争压力和复杂多变利益关系时，部分大学生将有房有车视为自己的奋斗目标，如，目前国内一档非常出名的相亲节目的女嘉宾曾表明自己"宁可坐在宝马车里哭，也不坐在自行车上笑"，此话一出引起一阵哗然，当然也影射了目前一部分人将能否嫁个有钱人奉为自身的人生价值观。

3.道德素质较高，但集体主义观念较差，新一代大学生往往个性鲜明，思维方式独立。由于优越的家庭环境和来自长辈的溺爱，他们习惯以自我为中心，喜欢单独做事，在集体活动中易表现出过强的个体意识，太过注重自我价值，缺乏责任感和集体意识。

4.法律意识不强。总的来说，现在大学生思想道德主流是健康向上的，大部分学生有理想、刻苦勤奋、遵纪守法。但是，在高职院校中也同样存在法律意识缺失、法制观念淡薄现象。高职院校向来重视对学生法律知识的普及，通常会开设一些法制教育课，可有些学生对这些课程不感兴趣，不重视思想政治理论的学习。有学者对某省内10余所高职院校的大学生进行了关于法律意识的问卷调查，结果显示有57%的学生认为自己的法律知识不足，47.8%的学生认为法律知识比较重要。

高职院校作为先进文化的重要传播阵地，一定要重视当代大学生的思想差异性，做到因材施教，与时俱进。高职院校要不断更新文化育人观念，深刻理解文化育人内涵，将教育工作融入学生的生活中，重视物质文化、制度文化、精神文化、活动文化及网络文化对学生的影响，加强对他们的世界观、人生观、价值观、道德观和法治观教育，使他们成为祖国建设需要的人才。

第二节 文化育人的时代内涵

在当代中国,文化育人的根本任务是培养社会主义建设的可靠接班人和合格建设者,实际上就是以文化的方式培养人才。人类创造了文化,文化也创造了人类社会,文化育人就是通过文化启迪智慧、传递知识和塑造人格的,同时更是为了文化的传承、传播和创造,通过文化的继承、传播和创造,促进受教育者的社会化、个性化、文明化,从而塑造健全的人、完善的人、全面发展的人。

一、现时代赋予文化育人的重要内涵

(一)文化育人与"以人为本"

先进的教育观倡导"以人为本"的理念,其实质即文化育人的出发点和立足点在于培育人,体现了对文化所含的价值高度重视。当前,文化育人科学定位、科学体系应该是在科学发展观指导下,凸显文化育人以人为本的理念,进而建构文化育人系统。坚持以人为本,就是要以实现人的全面发展为目标,从人民群众的根本利益出发谋发展、促发展,不断满足人民群众日益增长的物质文化需要,切实保障人民群众的经济、政治和文化权益,让发展的成果惠及全体人民。也就是说,以人为本作为科学发展观的核心,其实质就是社会主义各项事业要以最广大人民群众的根本利益为本。我国社会主义各项事业的紧紧围绕"以人为本"的理念,以人为本的理念也渗透于社会现代化建设的方方面面。马克思主义论证科学社会主义的本质,也是"以人为本"为其终极目的的,是以人类的彻底解放为终极目标的。《共产党宣言》论述到:"未来的共产主义社会将是一个'自由人的联合体'"。科学发展观的理论依据,即是马克思主义关于人的全面发展的基本思想,高度精炼地提出"以人为本"的重要观点。

据此，人既是文化育人的核心，也是文化育人的基础，更是文化育人的根本。文化育人必须坚持以"人的全面发展"为宗旨，一切教育必须"以人为本"，才符合现时代育人的根本要求。健康体魄和健全人格的社会公民是"以人为本"的基本教育目标，实际上就是在文化育人过程中高度重视人的因素。"以人为本"其理性根源在于对人性的彻底唤醒和对人的价值充分尊重，重视人作为社会生产生活中最活跃的因素，最大限度地调动人的智力和创造力，最广泛地调动人的全部力量和积极因素。因此，可以说文化育人的一切出发点和落脚点就是要坚持以人为中心。所以，育人的一切体系流程都应充分渗透和贯穿这种思想和理念。"以人为中心，突出人的发展，把文化育人与人的自由、尊严、幸福、终极价值紧密联系起来，在思维方式上重视培养人的创造性，在价值取向上重视人的个性化发展，在人才规格上重视培养人的实践能力，在教育方法上强调对人的启发式教育"，发挥人的创新、创造思维，培养人独立思考、分析、判断能力。总而言之，文化育人与"以人为本"是辩证统一的关系，二者统一于"人的全面发展"。

（二）文化育人与"人的全面发展"

上文指出，文化育人的目标即为"人的全面发展"，就是说，"人的全面发展"是文化育人的结果。以高等教育为例，文化育人与当代高等教育目标有着密不可分的关系，当代高等教育目标即为人的全面发展。古希腊哲学家亚里士多德主张"和谐教育"，捷克民主主义教育家扬·阿姆斯·夸美纽斯在其名著《大教学论》一书中，提出了泛智教育的理想，希望所有人都受到完善的教育，使之得到多方面的发展，成为和谐发展的人。马克思在其理论体系中给出结论：人应该是全面发展的。马克思关于人的全面发展学说是当代中国教育，特别是中国特色社会主义教育理论的指导思想。信仰追求、人生价值和道德规范等，都是文化从价值视角给予人的作用的。文化通过其蕴含的知识、逻辑、信念、道德等意识形态，作用于人类本身和人类社会，归根结底是服务于人的进步和发展的。文化育人则是通过人为的方法，使文化可以为我所用，选择符合社会发展规律的、科学的方向发展，使人依照既定的方式方法习得知识、道德等内容，实现人的全面发展。而文化育人又具有"润物细无声"的特点，这就要求在文化育人的过程中，要牢牢把握住社会主义核心价值体系的方向，使优秀的文化成为文化育人的主导性诉求，进而作用于社会人。

现时代文化育人应该以"每一个人的全面而自由的发展"为根本目标，倡导人的个性、全方位发展。这里讲"每一个的全面而自由的发展"其实质就是要充分尊重每一个人的个体差异，人的天资禀赋有高低，所处境遇有差异，因此在培养人的过程中，要注意发展人的主观能动性、创造思维和独立思考能力，培养符合社会主义核心价值的世界观、人生观和价值观，激发并调动人的主体潜能，最大程度上发挥他们的聪明才智，使其始终处于活跃的状态。文化育人使人不断达到自我完善、自我超越和自我创新，进而不断突破自我，使人的道德素养、智力水平、身体和心理素质等得到全面提高和充分发展。

这里，需要强调两点，一是"人的全面发展"不仅仅是指人在德智体美等方面全面发展，最重要的是使不同的人在身心上都得到"充分"的发展，文化育人中的全面发展，其根本在于根据不同的人的特点注重人的"充分"发展；二是在"以人为本"和"人的全面发展"不是指同一层面含义，"以人为本"体现在文化育人中，是指文化育人的过程要服务于"人"这个根本的一个宗旨，体现的是过程性，而"人的全面发展"则是指文化育人的最终结果和目标。

（三）文化育人与"文化软实力"

国家"文化软实力"既是实现中华民族伟大复兴的精神动力、智力支持和思想保证，也是世界各国综合国力角逐的重要因素。在社会主义文化软实力建设的伟大历史征程中，中国特色社会主义文化代表着先进文化的前进方向，有着极端重要的地位和历史任务，并以其内容与时俱进、引领时代发展和领域创新等特性，成为国家文化软实力角逐的动力、建设的方向和提高的途径。

国家文化软实力的竞争，是人才的竞争，但归根结底是先进文化的竞争。历史上一切先进文化都是站在时代前沿、具有鲜明时代特征、符合客观规律、顺历史洪流而上、能积极促进生产力发展并且能够反映最广大人民文化诉求的文化，是促进人的全面发展的文化。文化育人中务必坚持其文化内容的先进性，其先进性是由社会主义的根本属性决定的，这也是文化育人区别于其他方式育人的个性。文化育人不仅要成就社会人本体自身，更要为整个社会环境、人民教育和文明的发展传递先进的科学知识和人类文化成果，从而使社会主义文化的体系更趋完备、内涵更加深刻、内容更加丰实，从而使我国真正形成有中国特色的文化软实力。文化育人的作用强度、普及程度和影响范围直接影响着文化软实力的发展。当文化育人越来越成为国家文化软实力的重要途径，以及将软实力资源转化为各项事业发展的重要方式时，文化育人成为国家文化软实力的表现就已成为普遍的客观事实。

文化育人是国家文化软实力建设的重要途径。现时代文化育人具有思想引领、文化传递等重要职能，通过培育高精尖人才、传授科学文化知识，成为国家文化软实力提升的重要途径。随着经济社会进入全球一体化和信息化时代，当代教育领域凝聚大量科技、文化及学科高精尖人才，通过创造文化、文化传播和文化作用，逐步进入社会的核心，成为推动社会发展的中流砥柱和核心力量。文化育人对社会的发展、国家文化软实力的影响越来越大，特别是通过"以文化的方式教化人、引导入、培养人"，在国家文化软实力建设中体现出充分的优势并发挥着越来越重要的基础性作用。人类社会发展的第一资源是人才资源，同样也是国家文化软实力建设的首要资源。所以，提升国家文化软实力，在于各类高精尖人才及其培育。国家文化软实力建设所需要的能力水平高、道德品德好、业务素质精的人才，而"文化育人"的过程就是一个培养人、造就人的一个普及的过程。

文化育人的过程，也是对人类的不断完善、对美好事物不断的追求，促进人类全面、自由发展的过程。文化育人所传递的文化作为群体认同的一种社会遵循、约定俗成和意识形态，其育人功能同时也体现了社会功能和社会责任。文化育人所培养的人才，应当具有较高的科学文化知识、思想道德素质和与社会主义核心价值观相同的的价值观念，这些在发展社会主义文化过程中都有必须要具备的。现时代的文化育人，就是为发展社会主义文化培养合格建设者和接班人，继承、发展和运用社会主义先进文化。因此，文化育人，不仅是教育的目的和结果，更是国家文化软实力建设的坚实基础。

如果把国家文化软实力比作是一座摩天大楼的话，那么文化育人就是其大楼的根基。没有行之有效的文化育人，就不能保证其文化稳固和科学的发展。一方面，文化育人通过教育教学过程，实现了科学文化知识的传递，当然在时代，不仅是文化知识传递，更重要的是以文化塑造人、完善人、打造人。另一方面，在向社会不断输出文化产品的同时，先进理念与社会思潮不断交融碰撞，以人类文明为载体，把文化在不同社会领域中规模传播，产生新生的、更合适生产力发展和时代的，能够推进人类文明发展的文化。

二、现时代文化育人的基本特征

（一）文化育人形式的生动性

文化育人载体丰富，形式灵活。与传统的教育相比，文化育人活动可体现在社会生活的各个方面,形式多种多样,生动灵活。与传统教育相比,其形式的生动性更能被人所关注,并能引人思考。一方面,从文化育人的表达方式和途径来看,已经与传统的方式有很大的区别;另一方面,从文化育人受众群体上来看,分散于社会群体的各个层次和各个领域,对文化育人也就提出了更高的要求,文化育人只有生动其内容,才能得到社会群体的认可和接受。文化育人要坚持先进文化前进方向,就要全面贯彻落实党的文化发展方针,坚持文化为人民服务、为社会主义服务的方向和百花齐放、百家争鸣的方针,弘扬社会主义主旋律,提倡表现形式的多样化,为人民提供更多的选择。这里,文化育人形式的生动性指的就是文化的具体内容和形式的多样性和丰富性,通过文化育人的活动与社会各个方面建立起紧密的联系,用各种文化内容和形式来丰富自己的内涵,不断扩张文化外延,把自身熔铸成为一个多元素复合结构的有机整体,进而使文化育人的形式变得生动、活泼,易于接受。

另外,文化育人的生动性着眼于未来,这就在原有生动性的基础提出了更高的要求,即文化育人在此基础上应具有一定的超前性,文化育人的主要社会责任就是适应社会的发展需要,全面为人类进步和社会发展服务。但在如何适应、如何服务的问题上却往往单纯地理解为对社会发展的一种"追随"或者"同步",这显然降低了文化育人在人的精神生活的重要价值和巨大作用,忽视了文化对社会的思想创造、思想启蒙的责任和意义。社会主义文化是先进的文化,因此文化育人应该以未来为导向,为发展探索道路,为生活提供思想,支持健康有益的文化的同时,努力改造落后文化,坚决抑制腐朽文化。

(二)文化育人过程的贴近性

文化育人内容随时代的发展而丰富,文化的发展遵循着人对世界认识发展的规律,文化来源于人类智慧,是人类智慧的高度总结,具有鲜明的特色,是有别于其他文化的一种独立存在，文化又形成于悠久的历史文化底蕴，形成于多年稳定的意识形态，形成于成员间间代代相传的约定俗成，总而言之，文化育人中的核心文化来源于生活，又作用于生活，来源于人民，又服务于人民，因为其过程具有鲜明的贴近性。反过来说，文化育人的来源决定了其具有贴近性，具有这样特性的文化在育人的同时，更易于被成员所接受。

文化育人的过程既不是条框的规定，也不是师讲生从的说教，亦或是简单的模仿。文化育人的过程是"润物细无声"的过程，文化育人的特殊过程要求文化育人要有一定的贴近性，只有与人的生活学习产生息息相关的紧密联系，才能被接受，进而有广泛的影响。因此，文化育人的贴近性，既是由文化的来源决定，也是由文化育人的作用过程决定的。

（三）文化育人内容的多元性

首先，中华民族是一个多元的统一体，包括汉族和五十五个少数民族。中华民族文化也是一个多元的统一体。每一个民族的思想意识都是很复杂的，但其中必有一个居于统治地位的主导思想文化。随着改革开放不断的深入，文化的开放更是显然易见，被人们感受得更深。第二，西方思潮的不断涌入，社会各种声音的此起彼伏，如今文化的交融已经达到了一个前所未有的阶段。文化育人的主流内容是中国特色社会主义科教内容，在此基础上，也不断丰富着其有时代特色的内容。文化育人的多元性，意味着人们可以有更多选择和更多的参照对比。在现时代，文化育人是以社会主义核心价值价为主导文化，多元文化共存的构架。不同的文化共同存在于文化育人的过程中，作为文化育人中活动因素，起辅助作用，比如亚文化、网络文化等，是主流文化的必要补充。文化育人的多元性，有着越来越多的优势，可以让人思维更广阔，见识更丰富，同时，文化的多元性也体现了一个组织、一个社会文化的发达程度。百花齐放、百家争鸣的文化远景是文化育人的追求目标，千篇一律的文化时代也终究会被历史的洪流所淹没。文化育人的多元性客观上增加了使人的思维方式交流的机会，有利于文化交融，形成新的文化支流，更有利于科技的创新和社会的发展和前进。同时，网络的发展，国际语言的学习教育，也从客观上促进了文化不断的多元性，更加方便快捷的文化交流方式，更加新鲜的思想碰撞，加速了文化育人多元性的进程。在多元文化环境中培养德才兼备的优秀人才，使其成为引领社会文化的中坚力量，成为引领社会思潮和文明进程的强劲动力。

（四）文化育人对象的包容性

文化育人多元性，表达的只是所内涵的文化内容的数量特性，在质量上，文化是相对的，世界没有一种文化存在是好或是坏的，只是在某一相对的时空范围内，文化的存在是相对的。文化育人对于社会中的亚文化现象的存在，并不是一味地否定和排斥，在中国特色社会主义教育事业中，诚然存在的文化育人形成是有其主流的核心内容的，但正是由于亚文化形式的存在，令文化育人的主流内核的存在形式更加活泼和生动。就像我国的经济体制，是以公有制为主体，多种所有制经济共存的一种形态一种，社会主义背景下的文化育人更具有包容性，即不仅有多种多样的文化存在于文化育人的过程中，还鼓励更多形式的文化形式参与到文化育人的过程中来。

某种程度上说，包容性也是衡量文化育人开放和发达程度的一种标准，求同存异是文化育对象包容性的体现。越保守的文化，越容易封建，越容易守旧陈规。这一点有史为鉴。我国几千年来封建帝制，使文化的发展深受其害，也是我国文化事业起步晚、发展慢的重要原因，固步自封只能使文化发展越来越落后，文化的落后影响着人的思维，影响着人的视野，影响着科学技术的发展。允许更多形式的文化存在，也是时代的要求，人的思想受到方方面面的影响，不同人的世界观、人生观和价值观是存在着差异和区别的,换言之,你认为好的东西,不一定我也认同,我认为优秀的事物,在他人眼中可能也是一文不值。社会的开放,允许了不同的思想的存在,同样,作为人的思维和智慧的结晶,不同文化的存在也同样是有一定的存在价值和意义的。

(五)文化育人发展的交互性

交互性(interactive)是一个比较广泛的概念,交互性主要运用于计算机、多媒体及信息技术等科学领域,是指人与计算机之间传递、交换信息的过程。而文化育人本身又是一个开放的系统,其自身内容、过程、载体、对象都是随时代的发展而变化、丰富的,文化育人发展的动力则是人与文化之间良好的交互性,是人与文化的一种长时期的互动,如果把文化育人比作是一个庞大的系统的话,那么这个系统不仅是有机的,更是一个动态的系统。人类通过实践不断得出经验,这种经验通过理性总结,科学验证,最终上升为新的智慧结晶,使之成为广泛的新颖的文化,文化通过吸收新的内容而不断与人类进行互动,从而影响更多的更广泛的人,而后人又经过不断的实践,又形成新的理论文化,形成循环从而达到一种动态的平衡。从哲学角度上,文化育发展的交互性也在一定程度上反映出文化育人的发展状态,即螺旋式上升和曲折式前进。

三、现时代文化育人的基本功能

如果说文化育人的基本功能是传授科学文化知识,那么,文化育人在现时代的背景下,紧紧围绕社会主义核心价值体系,其基本功能被时代赋予了新的内涵。只有把握好时代特征,才能使文化育人更好地服务于社会主义核心价值体系。

(一)凝聚和激励功能

文化育人作为文化传递过程中的桥梁和纽带,其存在形式多种多样,一旦产生共鸣，便会被人们所认同，随之就会从社会生活各个方面、各个层次，把人们凝聚在一起，从而形成一种强大的向心力，建立起高度和谐、信任、理解的群体关系，长期以来便形成主体共同持有的责任意识，也形成了约定俗成的理念。在一定的文化认同的背景下，文化育人以其高度认同的内涵，激发广大成员产生统一的行为动机，使成员保持高度一致的积极进取和昂扬向上的精神风貌。这种精神状态通过不断累积沉淀，逐步形成稳定的、持续的思想信念，就会成为指导并激励广大成员以积极向上的状态和精神参与到社会生活工作的方方面面。

现时代背景下，文化育人所发挥的凝聚和激励作用，是指在中国特色社会主义现代化建设的伟大征程中，凝聚一切有利于我国符合经济社会发展的力量，使中国特色社会主义共同理想深深根植于广大社会成员内心，使社会成员主动把个人发展同祖国的命运相联系，进而激励广大社会成员坚定理想信念，走中国特色社会主义道路。

（二）规范和约束功能

文化育人在传递科学文化知识和社会约定俗成基础上，对社会成员人格的塑造和道德修养上也发挥其巨大的作用。文化育人过程中所表达和传承的文化内涵和传统规范，在形成的周期上较长，其核心内容也较为稳定，是被广大成员所普遍接受和认可的。文化育人一方面向大众传播着社会法律相关文化知识，更重要一方面是通过"教化"的作用，使人达到自我规范和集体规范的一种自觉状态，进而达到自我管理的作用。而只有当文化育人在作用于社会人的同时，不断地将符合社会发展、符合人民大众期望、符合普通价值规律的规范内涵传递给成员，尽可能地使广大社会成员有着统一的思想。

现时代背景下，文化育人将传递以"八荣八耻"为主要内容的社会主义荣辱观，使社会成员形成牢固荣辱观意识，在文化思想的渗透下进一步规范和约束社会成员的行为，成员间达成默契，遵守文化内约定俗成的社会规范，进而提升了社会成员的道德自觉，久而久之，社会成员的人格素质得到发展，思想道德水平得到提升，社会成员文化素养和基本素质普遍得到提高，形成良性循环，推动人类文明不断向前发展。

（三）导向和引领功能

文化育人的导向和引领功能体现在对于社会主流文化的选择、宣传作用上。在改革开放的历史条件下，外来文化和思潮与我国传统价值观的各种交融，而这种情况在电子信息和网络产业不断发展的今天，文化的相互渗透越来越普遍，影响到社会生活的各个领域。坚持正确的、符合社会主义要求的主流文化方向，对于我国社会主义现代化建设带来有着极端的重要性。文化育人通过文化的导向和引领功能，将现时代要求的主流文化与非主流文化进行本质区别，进一步明确将时代要求和历史任务，引领着各项事业沿着客观规律的发展方向前进。

现时代背景下，社会主义核心价值体系是文化育人导向和引领功能中的主导性诉求，也是文化育人内涵的核心组成部分，是促进中华民族在中国特色社会主义道路上实现伟大复兴的力量源泉。社会主义核心价值体系既包括中华民族在几千年来的历史中，总结出来的一种代表中华民族优秀传统美德，又包括中国在革命、改革和发展过程中与世界各国优秀民族文化碰撞中产生的新的文化，是凝聚人心的强大精神动力。文化育人在导向和引领功能中，始终坚持以社会主义核心价值体系为统领，有利于我国社会主义现代化建设保持正确的前进方向。

（四）支持和保证功能

文化育人为社会文化乃至整个社会的发展不断提供智力支持和人才保障。随着时代的发展和社会的进步，文化育人的支持和保证功能越来越突出。社会建设是系统庞大工程，这就对人才的提出了很高的要求。既需要有一大批的优秀人才在各行各业发挥作用，又要有高精尖的人才去在国家重大产业中给予智力和文化支持，尤其是代表国家实力的科技、国防等产业。文化育人在注重培养人才的智力基础上，注意在全社会营造很好的育人氛围，凝聚人心，统一思想，使全体社会成员真正有向心力和凝聚力。

现时代背景下，社会主义现代化建设需要大量政治素质过硬、业务水平高、专业技术强的社会主义建设者，文化育人的根本目标就是培养社会主义合格建设者和可靠接班人，归根结底还是通过"以文化人"，使人成为社会主义建设中最活跃的因素，通过培养各类型人才，使各种人才在不同的岗位发挥着作用，为社会主义建设代建设提供强有力的智力支持和人才保证，从而实现"人才兴国""科技强国"。

第三节　文化育人的哲学省思

当代中国正处在传统、现代、后现代共同罗织的历史境遇中，传统要在现代中取得某种形式的复兴，进而使自身能够延续；现代需要在传统中寻找合法性，以便能立足。世界范围内的强势文化企图开拓中国的文化市场，以便推行文化殖民；中国社会的主流价值需要肩负抗拒文化殖民的压力，从而在与世界融合的过程中保持民族自身的特色。因此，中国传统文化的断裂与嬗变，世界多元文化的并立与挑战，互联网亚文化的甚嚣尘上，切切实实构筑起了我国当代教育所面临的多重文化困境。努力用中华民族创造的一切精神财富来以文化人、以文育人，凝聚共识，延续民族的文化血脉，构筑我们共同的精神家园，是当下学界需要认真加以探索的迫切问题。为此，从哲学存在论、认识论、价值论层面对"文化育人是什么""文化育人何以可能"以及"文化育人有何意义"三个重要问题予以全面审视，显得尤为必要。

一、文化育人的存在论审视：野蛮与文明

从哲学存在论的角度审视文化育人，以求在纷繁复杂的教育现象背后，帮助我们发现和确定文化育人的核心命题究竟是什么，为我们进一步去认识这一命题提供本体论上的依据。

人类文明与人类教育有着天然的渊源关系。从人类历史整体的发展演进来看，人类社会的存续是人通过文化的创造与传承，并不断超越野蛮趋于文明的过程，而教育在其中发挥着至关重要的作用。恩格斯在《反杜林论》中曾经指出："人来源于动物界这一事实已经决定人永远不能摆脱兽性，所以问题永远只能在于摆脱得多些或少些，在于兽性和人性的程度上的差异。"达尔文的生物进化论所陈述的事实表明，人类永远无法摆脱其动物性和野蛮性的遗传特征，因此人类必须借助于文化和教育将人自身的动物性和野蛮性加以改造和引导，以适应人类自身存续的需求。康德认为："人是唯一必须受教育的被造物。人只有通过教育才能成为人，除了教育从人身上所造就出的一切外，人什么也不是。""教育，就广义而言这一概念是指培养人适应文化生活的整个社会活动过程。"人类借助于生物遗传及文化教育而繁衍生息。人类的繁衍并非是一个简单的生物复制过程，而是通过在一定文化环境中的生活与参与，使不成熟的个体逐渐变得成熟，并成为特定文化环境中的适应者和参与者。在培养下一代适应特定文化的教育活动中，家庭、同伴群体、学校、社会等，都在不同程度上影响着个体的成长。从教育的起源而言，教育源自于人类的理性与理想。人的理性本质表现在：人不希望重复自己过去的错误，也不希望丢弃已经摸索出的成功经验，于是就希望把已经总结出来的经验直接传授给下一代，这就是教育活动产生的原初动因。因此，广义的教育活动在其发生学意义上与人类文明

的存续具有同样长久的历史。

从人类文明与人类教育产生的渊源关系来看,所谓文化育人,在哲学存在论层面即是指人类遵照教育的基本规律,以其创造的文化为内容,通过文明化的方式化育人性,以肯定人先天禀赋中的文明性,祛除人先天禀赋中的野蛮性,进而引导人文明化的生产与生活活动。因此,文化育人包含着以文明为内容的教育,可称之为"文明的教育化"和依靠文明的形式进行的教育,可称之为"教育的文明化"两个层面的含义。对于当代中国而言,文化育人面临着文明的教育化和教育的文明化的双重诉求。

(一) 文明的教育化

文明的教育化是文化育人的内容与实质。文明的教育化,意指文明作为教育的质料,作为教育的内容,作为化育和形塑人性的根基是教育得以存在和不断延续的源泉。文化育人的目的在于促使人不断地反省和觉悟,祛除人类本性中的野蛮性和动物性,以塑造出文明化的社会人,并使文明本身得以延续。诚如雅斯贝尔斯所言:"教育依赖于精神世界的原初生活,教育不能独立,它要服务于精神生活的传承,这种生活在人们的行为举止中直接表现出来,然后成为他对存在的关注和国家的现实态度,并在掌握创造性的精神作品中得到高扬。"

人类在认识和改造自然、社会与自身的过程中逐渐创造出了各种各样的文化形式和文明形态,并借助于不同的文化形式和文明形态调节着人自身以及人与自然、人与社会之间的关系。人类借助图腾、禁忌、神话与宗教以安顿自身的心灵秩序,抚慰人的终极关怀。人类借助道德与法律调节人与自然、人与社会之间既竞争又合作的关系以维系社会的有序持存,并力图把人类因不合理的竞争而引起的冲突控制在不至于毁灭人类自身的程度之内。人类借助文学、艺术以激发生命的激情,领悟崇高、优雅和人之为人的尊严。无论何种形式的文化，其以教育的内容展现出来，都是人类生产和生活经验的再现。教育作为人类经验的直接延续手段和有效方式，与文化存在天然的内在关联。作为中华文明渊源的儒家文化，主张行"六艺"之教。孔子曰："入其国，其教可知也。其为人也温柔敦厚，诗教也；疏通知远，书教也；广博易良，乐教也；絜静精微，易教也；恭俭庄敬，礼教也；属辞比事，春秋教也。"（《礼记·经解》）作为西方文明渊源的古希腊文化推崇"博雅"之育，故实行"七艺教育"。"七艺"不仅包含数学、物理、几何、天文以广博人的识见，同时更包含逻辑、文法和修辞以训练人的文雅表达。

人类文明在延续的过程中受到不同历史境遇的影响，进而出现了不同的民族样态和历史样态，教育受到文明本身的影响进而出现不同的类型。古希腊文明以其高度发达的民主政治文化著称于世，故在古希腊以苏格拉底式的对话和亚里士多德式的诗教培养政治家和雄辩家的教育大行其道。中世纪基督教文明把人看作"精神的化身"，把一切置于信仰之下，因此教育就是"唤醒"，通过忏悔的方式，在上帝的启示下达到自我精神的形成和提升，进而去过一种有信仰的理智生活。启蒙运动之后，建基于《圣经》等经典之上的教育受到了重大的挑战。受启蒙文化影响，描述、解释和规定自然人的社会科学、知识社会学应运而生，以强调人类的天性、兴趣和需要为基础，以活动、设计和解决问题为内容的教育获得长足发展，并使教育逐步走向科学化和学科化的轨道。现当代以来，人类理性高扬，受自然科学突飞猛进和科学主义思潮中价值理性与工具理性分野的影响，教育的科学主义倾向日益凸显，人文主义精神日渐衰落。呼吁教育回归本源，强调知识与能力并重、人文与科学融合，成为当代教育追求的主流价值。

人类的进步往往以新的文化形式的出现和新的文明形态的形成为标志。人类文明的演进在某种程度上如同人类自身的生物进化，人类生物进化中的遗传变异矛盾使得人类永远保留着动物性的一面，这既为人类的持存保留着某种稳定性，同时也为人类不断创造文明，以教育和改善自身预留了可能性的空间。因此，文化育人应始终坚守促使人不断地反省和觉悟，祛除人类本性中的野蛮性和动物性，以塑造出文明化的社会人，并使文明本身得以延续。文明面临着断层，人类自身的进化也面临着变异的风险，甚至不排除某种倒退的可能。对于当代中国而言，文明的教育化面临的最大挑战就是中国传统文化的断裂与嬗变，世界多元文化的并立与侵袭，如何挖掘民族优秀传统文化，如何吸收世界先进文明成果，如何创新当代文化是文化育人需要认真加以检视的首要问题。

（二）教育的文明化

教育的文明化是文化育人的形式与样态。教育的文明化意味着教育必须尊重人，按照人的方式去对待人。要使教育按照人的方式对待人，必须从宏观层面正确认识教育的领域归属，从中观层面改革教育制度、教育体制中的不合理之处，从微观层面祛除教育中方式、方法的粗暴性和野蛮性。

首先，在宏观层面，必须辩证地认识教育的领域归属，并科学遵循文化生产与再生产的基本规律。教育作为育人的活动，从广义而言，凡是增进人们的知识和技能、影响人们思想品德的活动，都可称之为教育。从狭义而言，教育是指教育者根据一定社会（或阶级）的要求，有目的、有计划、有组织地对受教育者的身心施加影响，把他们培养成为一定社会（或阶级）所需要的人的活动。无论何种意义上的教育，都必然受特定社会经济基础的影响和制约。但除此之外，以培养人为目标和根本任务的教育则应始终遵循文化生产与再生产的基本规律。刘献君教授认为文化是教育的根，他曾指出："教育即文化，教育的本质是人与文化之间的双向建构。"人既是文化的创造者，亦是文化的被创造者，在某种程度上而言，文化是人的存在方式。文化的生产与再生产离不开开放、包容、碰撞和争鸣，唯有百花齐放、百家争鸣，方能产生博大、精深，这正与教育的文明化相辅相成。

其次，在中观层面，国家教育体制的建构、教育制度的设计、教育政策的安排、教育资源的配置必须合乎正义的原则。所谓正义原则，即"所有的社会价值——自由与机会、收入和财富以及自尊的基础都应平等地分配，除非任何价值的不平等分配对每一个人都是有利的"。对于教育的文明化而言，教育要以促进人的解放、自由全面发展，增加人的自由和幸福，促进社会的公平、民主、法治、诚信、友善，乃至促进人类整体的福祉和世界的至善为目的，以教育公平促进社会的公平，以教育所追求的至善理念引领社会价值的至善，以教育的文明化推动文明的社会化。文化育人是以文化人，是文而化之，是一种整体性的熏染、感召和影响，这种整体性的影响不仅仅关乎一个家庭、一所学校、一个民族，甚至关系到整个人类的至善。

再次，在微观层面，必须遵从教与学本身的规律，文明地对待教育。教育作为一种培育人的文化活动，在具体的施教与受教过程中必须坚持主体间的平等原则、尊重原则和主体性原则。著名哲学家、教育家涂又光先生认为，文化活动是"讲道理"的活动，教育作为培育人的文化活动更需要通过"讲道理"的方式来实现。现代教育学理论的研究成果表明，充分尊重受教育者的人格，调动施教与受教双方的主体性，建立双方良好的主体间关系，既是良好教育效果取得的保证，更是教育文明化的具体体现。文化育人就是始终以人为目的，尊重人的自然需要，引导人的社会需要，提升人的精神需要，解放人、引领人、觉解人，在坚持促使人的社会化的过程中全面推进人的自由及其个性的发展。

二、文化育人的认识论审视：给予与生成

从哲学认识论的角度审视文化育人，仍然离不开野蛮和文明的问题。哲学存在论告诉我们，野蛮和文明是人类存续和人类教育活动持存所要面对的永恒命题，而认识论则要审视教育能否以及如何去回应和解决这一命题。

教育一方面把一些东西教给人，另一方面还要使某些东西靠人自身发展出来。祛除人的野蛮性是教育对人的否定性过程，而塑造出人的文明性则是教育对人进行肯定的过程。教育要化育文明人，仅仅依靠外在的否定和肯定远远不够。祛除人的野蛮性最有效的方式只能是依靠人自身的觉解来实现。所谓觉解，就是人自觉地、自行其是地去了解，去觉悟，去践履。觉解意味着人既要认识到其与生俱来、如影随形的野蛮性，更要认识到人之为人的使命、责任、信念、意志和理想。因此，觉解意味着人在外在的教化所能给予的条件之下，认识到自身的有"陷"并以有"陷"为立足，通过自身的觉悟，努力克服一切困难，自行其是地达致文明化之境。要促使主体觉解，就需要触及人的灵魂，让人从内心深处顿悟，这只有文化可以达到，技术和科学则显得苍白无力。诚如雅斯贝尔斯所言："教育活动关注的是，人的潜力如何最大限度地调动起来并加以实现，以及人的内部灵性与可能性如何充分生成，换言之，教育是人的灵魂的教育，而非理智知识和认识的堆积。通过教育使具有天资的人，自己选择成为什么样的人以及自己把握安身立命之根。"因此，哲学认识论告诉我们，文化育人能够回应并解决野蛮与文明这一人类存续和人类教育活动持存所要面对的永恒命题，而其解决的方式则是通过外在的给予和文明化的内在生成来实现。外在的给予提供文化育人的条件，文明化的内在生成促使人过文明化的生活，并最终将文化作为自身的生活方式。

（一）外在的给予

所谓外在的给予，不仅包含一切人为的教育制度安排、教育内容选取、教育方式方法设计，而且也包含人身处的历史阶段、文化传统和教育环境。通过外在的给予促使人觉解，为人的觉解创造各种便利性的途径和提供各种可能性的条件。

首先，对于文化育人而言，外在的给予必须通过文化的形式触及人的灵魂。文化育人就在于提升人的思想境界，涵养人的道德品性，激发人的生命激情，为人的觉解创造各种可能的条件，促使人成为文明人，过属于文明人的生活。正如涂尔干所言："通过教育成为的那个'人'，只有成为'个人'，才能成为'人'。这个'个人'的规定性，并非仅仅等同于社会化的过程，他通过理性认识和道德实践所开展出来的自由（主体的创造性、主观能动性），才是其自身有别于社会必然的那个最根本的规定性。"因此，在某种程度上来说，外在的给予通过文化的形式能够触及人的灵魂，并唤醒人觉解。作为西方文明史和教育史渊源的《理想国》，为人类通过文化的形式触及人的灵魂的教育提供了范导。柏拉图主张通过音乐教育和体育陶冶人的心灵。"用体操来锻炼身体，用音乐来陶冶心灵。先教音乐后教体操。""音乐教育的最后目的在于达到对美的爱。""音乐教育之后，年轻人应该接受体育锻炼。凭一个好身体，不一定就能造就好的心灵、好的品格。相反，有了好心灵和品格就能使天赋的体质达到最好。""在不畏艰辛苦练身体的过程中，他的目的主要是在锻炼他心灵的激情部分。"教音乐和体育主要是为了人的心灵。亚里士多德坚持"知识乃是通往德性之途"的主张，他也指出，人若获得最高的幸福，必在其对"理论知识"的求索之中。他主张过一种沉思的即爱智慧的生活，这种生活不仅意味着灵魂的欲望与感情部分地合乎道德性的活动，也不仅意味着灵魂的理智部分由于这样的活动而良好保全，而且意味着理智部分地合乎德性地和充分完善地发展。

其次，对于文化育人而言，外在的给予必须净化教育环境。

文化育人是一种整体的影响，需要家庭、社会、学校的合力才能达成。文化育人是大全世界在小我存在中的呈现，是小我存在于大全世界中的生成。卢梭曾指出："出自造物主之手的东西，都是好的，而一到了人的手里，就全变坏了。"卢梭在《爱弥儿》中反复强调了外在环境对个体成长发展所产生的重要影响。因此，对于文化育人而言，外在的给予必须净化教育环境。

马克思说："在某种意义上，人很像商品。因为人来到世间，既没有带镜子，也不像费希特派的哲学家那样，说什么我就是我，所以人最初是以别人来反映自己的。名叫彼得的人把自己当作人，只是由于他把名叫保罗的人看作是和自己相同的。因此，对彼得来说，这整个保罗以他保罗的肉体成为人这个物种的表现形式。"马克思强调了人作为一种对象性的存在，与特定的社会环境之间存在相互建构的关系。库利认为，人得以确立自身的"我"，并不是一个先在的设定，而是通过社会这面镜子反射构成的，因而所谓"我"，实质上是社会中各种图像所组成的集合，甚至连身体上的"我"，也是依照类似的途径构造出来的。依照库利"镜中我"的理论，教育就成了"照镜子"，任何教育所塑造的人，都是经过社会这面镜子的反射而凝聚成的人，"在社会学家或者今天已经被'社会化'的教育家的眼里，教育实际上是一种单纯的社会构成的过程，所谓人的自然，最多只是一块白板，'它'能够成为一个人并具有的一切特性，都是不同的他人、不同的社会环境、不同的事件在这块白板上描画而成的，在这个意义上，我们甚至可以说，本来没有什么所谓人的概念，人是通过社会生成的，有什么样的社会，才会有什么样的'人'；人之所以彼此不同，是因为选择了用来构成他的不同的社会要件"。

互联网世界的降临,多媒体时代的到来,各种网络亚文化的风靡,为教育环境的净化带来了巨大的挑战。在难以监管的网络空间中,充斥着各种各样的暴力、色情、怪异、荒诞,甚至乱伦文化。转型期的中国在遭遇后现代生存的碎片化、道德的虚无化、价值的多元化、审美的身体化乃至色情化,黄赌毒现象甚嚣尘上,笑贫不笑娼的价值扭曲,导致整个文化环境呈现出颓废、低俗甚至糟粕的乱象。因此,外在的给予必须净化文化环境,以社会主义核心价值观统领社会的文化建设,坚持古为今用、推陈出新,有鉴别地加以对待,有扬弃地予以继承,挖掘、吸收人类一切文明的成果来以文化人、以文育人。

(二)内在的生成

所谓内在的生成,即文明化的内在生成,是指文化育人是人与文化之间双向建构的活动,这种双向建构使得双方处在一个永恒生成的过程中。

苏格拉底借助希腊德尔菲神庙的名言"人啊,认识你自己",不仅改变了希腊哲学的发展方向,使哲学从关注"自然"进而转向关注"人"自身,而且也引导古希腊人将教育的目光从关注外在的给予转向关注内在的生成,并将知识与德性统一了起来。人认识自己,首先是要认识到自身的有"陷"性,这其中就包含着人的野蛮性。其次要认识到人能成为文明人的可能性。因此苏格拉底认为,自知自己无知者才最有知。人要认清自身的有"陷"性和成为文明人的可能性,既需要文化的参与,人借助文化反观自己,相形见绌,更需要人自身不断地觉悟和超越,而这将是一个永恒的过程。

首先,对于文化育人而言,文明化的内在生成意味着文化成为人的一种生活方式。

马克思、恩格斯认为,人类自身的再生产包括"种的繁衍"及"人类能力的发展"两个方面。"种的繁衍"主要是指生育,而"人类能力的发展"则有赖于教育。人类的教育活动在发生学意义上讲,源于人类的社会实践。人凭借自己的能动性不断地使自然界"人化",在自然界"人化"的过程中,自然界打上了人活动的烙印,而人的目的、愿望、理想不断地在自然界当中"对象化",即成为"人化的自然"。在人自身不断地对象化的过程中,自然界打上了人活动的烙印,人积累了改造自然的经验,发展了自身的能力。按照文化的最普遍的含义而言,"人化"即"文化","自然界的人化"和"人的对象化"就是人类通过实践创造的物质文化和精神文化的总和。

生活世界中的一切都处在永恒的变化当中,一切的现实都将成为非现实,这是生活世界本身的内在规定性。正是这样一种永恒的内在规定性,为人及人的生活从"此在"跃迁于"彼在"提供了无限的可能性,同时也为人及人的生活带来了未完成性与不确定性。杜威认为:"实践活动有一个内在而不能排除的显著特征,那就是与他俱在的不确定性。""自然把尚未完成的人放在世界中,它没有对人作出最后的限定,在一定程度上给他留下了未确定性。"对于人而言,面向过去意味着一切都是确定的,而面向未来,则只有死亡是确定的。人的出生与死亡,作为两种绝对的"存在"状态,最具有确定性。而介于出生与死亡之间的生命历程,充满着不确定性。正是因为在每个人的生命历程中存在一个不确定性的"区间",因此,人必须借助于人类创造的文化和文明来寻找自我,寻找属于人的确定性,在这个意义上来说,教育和文化就变成了帮助人实现确定性的重要途径,文化和教育也就变成了人的一种生存方式。"人是一个不断生成的过程,任何一个阶段既是下一个阶段的过渡环节,更是自具目的意义的一段人生。从这个意义上说,教育不应只是生活的准备,而是人的一种生存方式。"其次,对于文化育人而言,内在的生成意味着人的文明化处在一个永恒的生成过程中。文化是在传承中创新的，是一个不断累积和沉淀的过程。人的文明化既包含着人对以往全部人类文明的学习和继承，也包含着每一代人对其所处时代的回应和解决同类问题的创造，进而产生的新的文明形式。因此，文化育人是每一代人都必须面临的常谈常新的问题，人的文明化处在一个永恒的生成过程中。

人的文明化可以展现为多重维度，因为人本身的存在就是以多重维度的方式展现出来的。人的文明化可以表现为身体的强壮、知识的增加、智力的开发等，但所有这些都是文明在人身上外在的表现。鲁洁教授认为，人"最重要的发展还应当表现为一种自我发展内在动因的'发展'"。这种自我发展的内在动因主要是指："人对自我发展状况的不满与否定，对更高水平、更完善发展状态的企望与追求，以及实现这种种企望之'自我筹划'等。"文化育人能够帮助人获取知识，指导人强身健体，更能"化育"人的心性，使人心志完善，心体谐一，但文化育人的最大功用却不仅仅只是教人以知识与技能，而是授人以促使其发展的内在动因。涂尔干认为，教育是为孩子们提供对待生活的各种可能的终极态度。教育不能原原本本地为孩子们复制社会生活，相反，教育的终极目的，是为孩子们提供面对这个世界的各种可能的"终极态度"。生活世界在本质上是开放的、敞开的，这就要求作为自我的个体永远都处在"未完成的"状态中，永远处在不断的发展与永恒的生成之中。文化育人就是要不断地传承与创新文化，在文化的创新中造就新人。

三、文化育人的价值论审视：谐一与归属

文化以教育的形式得以延续和再造，教育则以文化的方式得以发展和显现。从哲学价值论的角度审视文化育人，就是要挖掘并发挥文化育人的最大功效，求同存异，以促进世界和平永续与人类文明化持存的至善。

从价值论层面而言，文化育人小到关系个体的身心和谐，心体谐一，大到关系民族国家的文化安全，乃至关系到未来社会和历史形态的成就。文化作为一种符号化的无形力量，为人提供了身份认同和社会归属，人只有在文化中才能获得人格的统一性、身份的确定性、价值的归属感、信仰的皈依感。因此，文化育人既能够培育个体人格的内在统一和外在持存，更能够为人的类塑造集体的文化身份。具体包括为民族文化培养认同感和归属感，这其中既关乎国家的文化安全与文化软实力，更关乎一个民族的核心价值观、凝聚力和向心力。塑造人的个体人格的谐一和人的类身份的确定，促进世界和平永续与人类文明化持存的至善，是文化育人追求的最高的善。

（一）个体人格的谐一

从价值论的角度来讲，人的存在本身就具有价值和意义的维度，这是动物所不具备的，同时也是人区别于动物的重要特征。"由于人的社会性存在维度，使得人建构起来了一个意义与价值世界。可能世界向人的敞开，意味着人的存在不是一个固定的、纯粹必然的存在，而是一个自由可能的存在。人作为一种可能的存在，就具有无限多样的发展的可能性。"优秀的文化能够涵养、陶冶和塑造人的心灵，使人的理智、情感、意志和谐一致，身心全面发展，人通过对优秀文化的领悟，能够形成人格的统一和促使个性的发展。

首先，通过文化育人，有利于促使人心体谐一，并形成统一性的人格。

文化学认为，没有文化即无人格。所谓人格是个体在特定文化状态下的生存样态，是一种文化的产物。有研究者认为："'人格'实质上是一种文化人格，即个体在接受特定文化熏陶时，通过对特定文化的内化以及个体社会化后所形成的稳定的心理结构和行为方式，具体表现为气质、性格、个性特征、价值理念、思维方式等。"每种文化中几乎都蕴含着相似或模式化的人格特征，同时每一个时代的教育也都预设了一个理想的目标或类型,"教育和自我塑造都假设了一个前提,即一个规范标准的人相,它规定了人应该是什么样子,规定了一个受过良好教养之人的'理想'或'类型'"。因此,文化与人格、人格与教育具有内在的一致性,文化的一致维系着教育与人格的一致。

文化以其系统、整体、贯穿、深入性的全面影响能够触及人的心灵深处,促使人们心灵内在、整体地成长。文化育人侧重于"育心",旨在使人心体和谐一致。文化育人是一个整体的濡化过程,需要人的情感、认知、意志的协同配合和共同参与。文化育人的目标在于形成人们的人格统一性,使人们获得教养和培养心灵品质,既能形成理智的认识,又能形成中道的情感赞同,并能形成意志上的践履。

其次,文化育人,有利于促使人的个体人格独立和人的个性的形成。

不能促使个体人格的独立和人的个性的形成则不是真正的教育。教育不是工厂生产产品的活动,按照既定的操作程序就能得到面面如一的成品。教育面对的是具有千差万别的活生生的人,即使身处同样的教育环境中,不同的人都会沿着不同的方向去完善自己。文化育人就是通过文化对人的浸染,让人觉悟,让人反省,让人反身而诚。

生活在文化的环境中,人必然会接受文化的影响,但人对文化的接受是有选择性的。这种选择性的出现,一方面在于个体对于文化领悟的机敏性不同,另一方面则与个体精神取向的差异有关。教育要塑造的对象是而且仅仅是人,人的塑造和成为人是活生生的整体性的塑造和"成人",是一个动态的、充满生命力的过程。这种成为人的教育,就是人格的教育、精神的教育,成为人的教育不是谁比谁更优秀,而是精神的养成,使人成为有独立人格、有精神、有追求的人。要成为有独立人格、有精神、有追求的人就需要文化的涵育。文化以其包容、并蓄、博大和精深，有利于促使人的独立人格和个性的形成。

（二）类身份的归属

从某种程度而言，文化为人类提供了属人的身份。古猿进化为人，人类摆脱蒙昧，离不开劳动和经过劳动而创造的物质和精神文明。美国文化学家克鲁伯和克拉克洪认为："文化是包括各种外显或内隐的行为模式，通过符号的运用使人们习得并传授，并构成了人类群体的显著成就。"马克思认为："人是类存在物，不仅因为人在实践上和理论上都把类——他自身的类以及其他物的类——当作自己的对象；而且因为人把自身当作现有的、有生命的类来对待，因为人把自身当作普遍的因而也是自由的存在物来对待。"人能够把自身的类及其他物的类当作自己的对象，正是文化给人提供了明确的身份标示。文化既可以区分一个群体与另一群体，又可以在不同的群体间实现共享，从这个层面而言，文化育人就是通过文化的传承与创新、碰撞与交融以化解人的文化身份焦虑和追求人类整体的至善。

首先，文化育人，有利于化解人的文化身份的焦虑。

人们时刻处在由各种关系组成的人类共同体之中，人们的创造性活动和行为选择，必须合乎共同体存在与发展的需要，并受到这种需要的约束。全球一体化进程的加快，网络世界的迅猛发展，各种文化与亚文化的兴起与衰落，在为人们提供和展现多种可能的人类文明的样态、生存理想与生活方式的同时，也导致人们陷入了现代性的身份危机与认同危机。"我是谁？""我生从何来，死往何处？""我与你""我们与你们"之间何以关联？与此同时全球范围内"返祖"和"寻根"现象的大量涌现，世界范围内三大文化圈的形成，都表明现代人正遭遇着身份与认同的双重危机。

文化育人要化解人的文化身份的焦虑，就是要在文化的传承与创新中培养人的民族文化认同感和归属感，为人提供身份的确证、情感的寄托和精神的皈依。

其次，文化育人，有利于追求人类整体的至善。

伴随着世界交往的进一步扩大，各种文化之间的碰撞与交流渐次从潜隐性走向明朗化的趋势日益显现。"文化和文化认同（它在最广泛的层面上是文明的认同）形成了冷战后世界上的结合、分裂和冲突模式。"这一方面说明，世界经济的发展给各种文明注入了强大的生命力与新的活力，拓展了人类文明的生存空间。另一方面也说明，在新的时代主题下，国家间的冲突与对抗以"文化的碰撞与交流"这种新的式样表现了出来。"这种冲突是跨国界、跨地区与国内、地区内冲突的交错，影响更广泛，隐蔽性更强，矛盾更尖锐。"各种文化之间的碰撞其实质是各种文化所负载的价值观念之间的碰撞。文化的价值观念对于一个民族而言，"它体现为一个民族的生存理想和对自己生活道路的选择。"文化观念之间碰撞的实质是以民族国家为主体的民族文化发展中所面临的异域文化，甚至是强势文化的同化、渗透和冲击的矛盾状态。其最根本的特质在于，"民族文化怎样在开放的环境中保持其自身的自主性和发展性的问题"。

文化育人要以人类整体的至善为出发点，挖掘和吸收人类一切文明成果，寻找各种文化间的"共相"，在尊重差异的基础上，努力促成世界和而不同的"共在"状态。

第四节 文化育人的价值导向

党的十七届六中全会通过的《中共中央关于深化文化体制改革推动社会主义文化大发展大繁荣若干重大问题的决定》（以下简称（《决定》））作出了"更加自觉，更加主动地推动社会主义文化大发展大繁荣"，"努力建设社会主义文化强国"的战略决策。高等学校作为文化建设的重要阵地，担负着文化传承创新和文化育人的重要使命。

一、必须时刻高扬社会主义核心价值体系的时代主旋律

社会主义核心价值体系是兴国之魂，是社会主义先进文化的精髓，决定着中国特色社会主义的发展方向。价值体系所包含的马克思主义指导思想、中国特色社会主义共同理想、民族精神和时代精神，社会主义荣辱观四项内容，既有对优秀民族传统文化精华的传承，又有对人类优秀文明成果的吸纳，既来源于社会主义现代化建设的经验总结，又植根于改革开放实践的沃土，是社会主义建设的思想引领和价值主导。

大学生是社会主义事业的建设者和接班人，我们在确立育人目标的时候，常常在"建设者"的前面加上"合格"，在"接班人"的前面加上"可靠"两个词，来描述我们的期望。那么，"合格建设者"与"可靠接班人"的界定，首先体现在价值观上。应该积极引导当代大学生通过比较、借鉴、独立思考，把马克思主义真理作为思想信仰来确立，作为思想武器来掌握。尤其要紧密结合中国特色社会主义的成功经验，启迪当代大学生对中国特色社会主义理论体系努力做到真学、真懂、真信、真用，学会运用马克思主义的立场、观点和方法来认识主、客观世界。应该积极引导当代大学生深刻认识中国共产党领导和中国特色社会主义制度的历史必然性和优越性，坚定跟党走中国特色社会主义道路的决心和信心。应该通过社会实践和人生体验，增强民族自信心、自尊心和自豪感。应该通过学习践行，增强当代大学生的道德判断力和道德荣誉感，自觉履行公民的法定义务和社会责任，守住道德底线，提升道德境界，在为国家、人民和社会不断作出贡献的过程中实现人生价值。

二、必须大力弘扬扬弃旧义、创立新知的创新精神

创新是人类文明进步的本质特征和独有品格，是实现国家富强和民族复兴

的根本动力。培养学生的创新意识和创新精神,是文化育人必须大力弘扬并始终坚守的价值导向。我们的历史和传统文化中,到处闪烁着中华民族乐于创新、勇于创新的壮举。从燧人取火的传说到四大发明的贡献,从"两弹一星"的问世到神舟飞船不断飞天的壮举,民族创新的脚步,从来都不曾停歇。《论语·宪问》中说:"裨谌草创之";《孟子·梁惠王下》中说:"君子创业垂统,为可继也";《汉书·叙传下》中说:"礼仪是创"。中国传统文化中这些精辟论述,蕴涵着中华民族先贤重视创新的思想,反映出我们民族创新意识的久远渊源和绵延不绝的传统。中国共产党人也把理论创新和实践创新看成自己发展进步的宝贵经验。邓小平同志向全党发出号召:"掌握新技术,要善于学习,更要善于创新。"江泽民同志指出:"创新是一个民族进步的灵魂,是国家兴旺发达的不竭动力。"胡锦涛同志指出:"人类正在经历一场全球性的科技革命,知识创新迅速发展,科技进步日新月异,科学技术越来越成为综合国力竞争的核心。我们比以往任何时候都更需要加快科技进步和创新的步伐。"

大学生是未来社会发展进步的重要支撑力量,他们的创新能力与创新意识,将直接影响着整个社会的发展与进步,因此,培养学生的创新品格和创新意识,造就一批批具有创新精神的创新型人才,是文化育人必须大力弘扬的价值导向。教育活动的任何进步,都是一个选择—传承—创新的过程,这与文化建设的过程是相契合的。在文化育人的过程中,我们要自然体现这样一个扬弃旧义、创立新知的必然规律,帮助学生树立批判性学习、选择性传承、渐进式创新的学习态度和学习意识,不把学习和创新割裂开来,而是看作学习的必然过程,形成固定的思维习惯。

三、必须始终坚持引领成长、服务成才的育人理念

文化育人和实践育人一样,其核心是"育人",文化只是一种方式或角度。

既然是"育人",就不能脱离育人的基本原则,不能抛弃引领成长、服务成才的基本理念。因此,文化育人应该从文化的角度出发,更加积极地探索当代大学生的成长规律。正确评估当前社会环境对当代大学生成长的影响,正确把握当代大学生的特点,帮助大学生运用全面、辩证、发展的眼光看问题,抓住本质而不被表象所遮蔽,正确对待形势,正确对待社会,正确对待自身。

当代大学生具有视野更加开阔,追求更加务实,普遍具有进取精神和主体意识强的特点。他们面临的问题与挑战,既有与以往相同的共性表现,如学业、职业和事业问题,又有伴随世情、国情变化而产生的新变化,包括社会转型、改革深化、市场经济、国外思潮、网络信息等因素或单一或交叉复合地对大学生产生的影响。目前中国正处在重要战略机遇期和矛盾凸显期,学生既能感受到国家发展带来的鼓舞与激励,也能感受到贫富差距、腐败现象、急功近利、社会浮躁、诚信缺失、竞争激烈所带来的种种问题,并由此产生焦虑、急躁、彷徨和迷茫等消极心态,甚至产生逆反心理。特别是国外思潮和网络信息这样极具文化特征的因素,对当代大学生的影响更是巨大。这就更加需要发挥文化的"化人"功能,通过传统与现代的双重文化体系柔性切入,针对大学生群体特点,直面问题与挑战,以真心帮助他们成长成才为动力,消解困惑,安抚焦虑,温暖心灵,促进文化认同,达到文化育人的根本目的。

第二章　文化育人的基础理论

第一节　文化育人的相关概念

一、文化与高职院校校园文化的定义

（一）文化的定义

人们对"文化"一词并不陌生，但要给"文化"这个使用率颇高的概念下一个简单而明确的定义，却非易事。随着研究的深入和文化热的几起几落，人们对"文化"的定义的分歧越来越大。有人曾做过一个统计，从1871年至1951年的80年里，社会学家和人类学家关于文化的定义有164种之多。

"文化"一词源于拉丁文，原意是对土地的耕种和对植物的培养，我国古代就有"以文教化"的说法。最早给文化下定义的是人类学鼻祖泰勒。他认为文化是复杂的整体，包括知识、信仰、艺术、道德、法律、风俗以及其他作为社会一分子所习得的任何才能与习惯，是人类为使自己适应其环境和改善其生活方式的努力的总成绩。

今天我们普遍使用的"文化"概念是19世纪末从日本语转译出来的，因为当时就没有对文化下定义，所以使用时都按照自己的需要来定。如此一来，文化在不同的使用背景下，就有着不同的解释。目前学术界对文化的划分有广义和狭义两种。广义的文化泛指人类在实践中所创造的精神成果和物质成果的总和。狭义的文化指人们普遍的社会习惯，如衣食住行、生活方式、行为规范等。文化是一种存在于社会中的普遍信仰和共同遵守的规范及惯例。当人类的物质条件达到较高的水平时，人们对精神和文化的渴望更为迫切，人们对文化的认

识也逐渐开始深化。随着社会的发展，大学和大学文化开始引起人们的关注。

(二) 校园文化的定义

校园文化是一个涵盖极为广泛的概念，学术界普遍认同的概念是：校园文化特指以大学生为主体、以课外活动为主要内容、以大学校园为主要空间、以校园精神为主要特征的一种群体文化。高职院校校园文化是在高职院校这个特定范围、特殊环境中产生和演进的，是文化的一个子系统，是一所大学在长期办学过程中形成的育人文化和影响社会的价值文化的综合，具有多元性、时代性、开放性和前瞻性等特点。

从文化的主体上说，高职院校校园文化主要包括教师文化、管理者文化和学生文化三种。从内容上说，高职院校校园文化可以分为物质文化、制度文化、精神文化、活动文化四个层面。高职院校校园文化是四个层面文化的有机结合，彼此相互依存、相互补充、相互强化，共同对高职院校教育产生影响。其中物质文化是基础，精神文化是核心，制度文化是保障。然而近年来，随着互联网的广泛普及和深入发展，网络育人的优势日益显著，并在高职院校文化育人中发挥着越来越重要的作用。网络文化大大提高了校园文化的科技含量，丰富和拓展了校园文化的形式，已经成为校园文化的重要组成部分，充分运用并创新这一载体是进行高职院校文化育人的有效途径，也是高职院校文化教育现代化发展的必然要求。从高职院校校园文化的理论结构上说，社会主义核心价值体系是高职院校文化育人的主导思想和精神指引。建设和谐文化是一所大学校园文化的核心内涵,高职院校校园特定的文化氛围是和大学的培养目标相一致的，那就是用和谐思想来教育人、引导人、激励人和塑造人，对校园人的价值观有明确的导向作用。

不同大学之间区分的一个重要标志就是高职院校校园文化，它作为一种独特的文化，对一所大学的生存和发展起着至关重要的作用。高职院校校园文化是社会文化的组成部分，同时又受制于社会文化。它是一所高职院校在长期办学过程中形成的育人文化和影响社会的价值文化的综合，体现了高职院校的特色、理念和精神，通过强大的感染力和凝聚力，受到广大师生的共同认可和守护。高职院校聚集了众多的知识分子，而他们以其自身的知识理性与道德良知赋予了高职院校校园文化独有的先锋性、独立性、批判性与开放性品格。高职院校校园文化的高度与指向，在某种程度上，代表着一个社会的精神高度与趋势。作为新思想、新文化的策源地和传播、交流中心，高职院校校园文化对社会文化的发展有着积极的引领作用。通过高职院校文化营造一种育人氛围，有助于形成良好的校风、学风，塑造人们健全的人格，激发他们的创造力，使他们在主旋律的指引下成长成才，最后再通过他们将这种文化信息传播给社会，形成更大的文化波。

二、文化育人与高职院校文化育人的定义

（一）文化育人的定义

我国最早的关于文化育人的内容来源于《易经》："刚柔交错，天文也；文明以止，人文也。观乎天文，以查时变；观乎人文，以化成天下。"文化是用人文去化成天下，文化的目的是培养和塑造人才，可以说人创造了文化，同时又是文化的创造物。

文化育人，即以文化培育、塑造人。学生在高职院校接受教育的过程，可以看作是接受文化熏陶的过程。爱德华·斯普朗格曾提出"教育是文化的过程"，他的理论不仅阐释了受教育者将客观的文化价值内化为主体精神的"化文成人"的过程，同时也突出强调了教育的意义在于"向文而化"。从语义的角度说，"文化"表示对人的性情的陶冶，品德的教养，"以文教化"是它的本义。所以，在

今天看来文化的核心功能或基本功能在于教化，它是属于教育领域的一个范畴。

相对于知识育人，文化育人更强调文化整合能力的提高与培养，这种文化的整合能力往往通过内化，积淀为人的心理结构，形成一定的人格。只注重"知识育人"可能导致人的片面发展，而"文化育人"则能促进人的能力和素质的全面发展。知识育人侧重给学生传授更多的知识或技能，而文化育人不以学生获得了多少知识和技能为主，而是以育人过程要给学生一种成长的体验和掌握学习的方法为主，注重培养学生的人文主义精神。文化育人的过程离不开知识育人，提倡文化育人实质上是在学校的知识育人过程中，借助校园环境、学科专业、课外活动、学风、校风等文化载体，将教育内容融入学生的思想理念中，达到文而化之的效果。

（二）高职院校文化育人的定义

关于高职院校文化育人的定义，由于理论视角和认知构架的差异，学者们所下的定义不尽相同。关于高职院校文化育人的概念，学术界也主要是从高职院校校园文化、文化育人等概念入手加以研究。笔者整理相关文献后发现，目前学者们往往从三个维度来进行理解：

第一，把高职院校文化育人看作一种培育人的途径。

大学要传承创新文化，"积极发挥文化育人作用"，使我们感受到高等教育与文化的紧密联系。大学只有通过"文化育人"的理念，才能真正培养出符合社会发展需要的高素质人才。"文化育人"作为我国素质教育观的一个教育模式，反映了目前我国高等教育界已经形成了对高职院校使命更全面深刻的认识。高职院校校园文化，它是一种教育文化，育人功能是大学文化的本体功能。教育部部长袁贵仁曾认为："在一定意义上可以说，大学即文化。大学的教育教学过程，实质上是一个有目的、有计划的文化过程。所谓教书育人、管理育人、服务育人、环境育人，说到底都是文化育人。"因此我们能更加清楚地认识到高职院校文化与育人的关系，即大学文化的根本任务就是传承文化、传播文化、创造文化，培养健全的人、完善的人，实现"文化育人"的功能。高职院校在教育教学工作中通过文化这个载体，帮助人们形成科学的世界观、人生观、价值观，促进他们思想道德素质的自我完善与全面发展，最终成功、成材。在目前众多有关大学文化研究的视角中，基于提升学生学习的研究视角，是一个离大学文化的育人内涵最为切近的角度。

第二，把高职院校文化育人看作一种育人的内容。

高职院校文化是人类社会长期发展中所积累的优秀文化的缩影，高职院校文化是以文"化"人，即通过优秀的大学文化促进大学生的全面、自由、充分、和谐、健康的发展。高职院校教育一方面是以优秀的校园文化对大学生进行教育，并最终内化为引导大学生健康成长的价值观念。另一方面是大学生经过自身高职院校的优秀文化熏陶，呈现出可以反映高职院校特色的精神状态。"文化育人既是高职院校的重要任务，也是大学文化自觉的重要体现"，教育和文化有着天然的紧密联系，大学作为文化的有机组成部分，也可以看作是文化的一个标志，可以说大学是文化发展到一定程度和阶段的产物。

第三，把高职院校文化育人既看作是一个途径又看作是一种内容。

高职院校文化育人，不仅仅是借助文化这个载体来培养和塑造人才，更是人们接受文化熏陶的过程，是"文化化人"。高职院校通过文化来培养人才，可以增强教育的吸引力和渗透力，因为文化直观、形象、生动，具有渗透力强、影响持久的特点，将高职院校教育融入文化之中，更容易被人们接受。同时，文化又包含着大量的教育内容。一般来说，文化是由符号、语言、价值观、道德规范等构成，会对人们产生全面的影响，不仅包括科学知识、专业技能，还包括思想观念、道德规范等影响。因此高职院校通过文化来化人，有利于人们思想道德素质和科学文化素质的全面提高。王明清认为："文化育人是高职院校价值体系的核心和灵魂。先进的高等教育观倡导'以人为本'的理念，其实质就是重视教育的文化价值或者说文化育人。"高职院校师生很容易受到校园文化的影响，因为它总是以潜移默化、润物无声的方式产生很强的导向性和示范性。高职院校应该把文化育人同教书育人、管理育人、服务育人、环境育人一起，体现在教书育人的全过程、各方面，牢固树立高职院校文化育人的理念。

综上所述，"文"是育人的核心内容，"化"是育人的基本方法。高职院校为了学生的自由全面发展，应坚持以优秀文化对学生进行教育，而通过优秀校园文化熏陶的学生，必定自身已具备良好的素质，成为社会发展所需要的合格人才。因此，笔者认为，高职院校文化育人既可以作为培育人的一种途径，也可以成为对人才培养的内容。

高职院校文化育人既不同于西方高等院校的通识教育，也不同于中国普通本科院校的文化素质教育。通识教育（general education）的概念是美国等西方发达国家提出的一种教育思想和教育形式，通常指跨学科、交叉学科的基础教育。通识教育是专业教育的基础，目的在于培养学生较为全面的知识结构，强调的是知识结构的系统性和全面性。"大学文化素质教育"可以理解为：以文化为导引，以人文、艺术、科学等文化知识的传授、熏陶潜化、实践体验等为路径，以提高大学生的人文与科学素养、审美与文化品位，促进大学生人格健全和谐成长为目标的素质教育。文化素质教育强调从文化的角度出发，关注的是学生在人文、科学等方面整体文化素质和能力的提高。

高职院校为什么选择文化育人，而没有选择通识教育或者文化素质教育呢？一是与高职院校的培养目标以及高职学生的特性有关。一般而言，普通本科院校培养研究型或工程型人才，高职院校培养技术、技能型人才。因此对高职院校来说，不可能像美国高职院校那样，单纯通过阅读经典或开设通识教育核心课程的方式来培养学生。二是国内普通本科院校开展文化素质教育的效果并不十分理想。20世纪90年代中期以来，我国普通本科院校开展的文化素质教育，其目的是通过文、史、哲的基本知识和艺术的基本修养来提升大学生的人文素养，对学生加强自然科学教育，提高其科学素养。然而，10多年的文化素质教育虽然在推进课程体系改革、提高大学生全面素质方面取得了比较显著的成绩，但是由于文化素质教育注重的是有意识的文化教育，而对无意识的文化熏陶重视不够，重视知识育人，而忽视文化育人，尤其是忽视大学文化的整体育人功能，致使大学文化素质教育明显存在学校热、学生冷的虚无现状，并没有达到预期的效果。三是与价值教育的特性有关。通识课程的本意是为了传授共同的价值观，文化素质教育及文化育人也不例外。价值教育具有整体性、弥散性、渗透性的特点，更强调春风化雨、潜移默化、润物无声的教育方式。因此，在继承通识教育、文化素质教育精神内核以及有效实施途径（课堂教学、校园文化活动、社会实践）的基础上，高职院校文化育人强调大学文化建设要与文化育人相统一，营造良好的大学文化氛围，让学生在潜移默化中接受大学文化的熏陶，实现文化育人；更强调文化育人的系统性和整体性，不仅要对学生进行专门的思想道德教育和文化素质教育，更要把文化育人理念渗透到专业教育、大学文化建设、校园文化活动、社会实践活动和大学管理、服务的各个环节中去，真正落实全员育人、全过程育人和全方位育人。

文化育人是要引导人的正向发展，引导人走向道德理性、走向真善美，摒弃人身上的假丑恶。当前，高职教育已占中国高等教育半壁江山，高职院校应当增强自身的文化自觉，回归和追求教育的本义，把文化育人作为技能型人才培养的根本理念，作为学校价值体系的核心和灵魂，以文化引领技能型人才培养，为社会培养出更多更好的高素质高技能应用型人才。

第二节　文化育人的特点与内容

高职教育作为高等教育的一种类型，既具有高等教育的一般特征，也具有自身的特点。高职教育是一种重在培养高技能应用型人才的教育类型，它对"就业导向""职业能力""校企合作""工学结合"等办学特质的强调，使之明显区别于普通学科型高等教育，这种教育的"类型性"是高职院校文化内核建构的基质性因素，决定了高职文化的品性特征。高职院校实施文化育人战略，关键是契合高职教育的类型特征，彰显高职文化特色，形成高职文化育人的独特风格，探索一条适应技能型人才培养的文化育人之路。具体来说，我们认为高职院校文化育人具有如下几个鲜明的特点：

一、高职院校文化育人的特点

（一）职业性

职业性是指高职院校的文化育人必须体现高职教育的职业性特征，彰显高职文化特色，这是由高职教育的职业性决定的。高职教育培养的是面向生产、建设、管理、服务第一线的高素质高技能人才，职业性是高职院校人才培养的重要特征。这就要求高职院校文化育人的重点应该是：依据学生职业发展的需要，以提高学生的综合职业素质为目的，拓展学生的职业能力，为学生全面发展和成长成材奠定基础。高职院校的文化育人要以"职业人文精神"培养为核心，紧紧围绕学生职业品质的形成来进行，重点培养学生诚信、责任、创业、敬业等职业人文品质。要高度重视学生职业行为习惯和职业意识的养成教育，包括规范意识、安全意识、良好的行为习惯、成本意识和节约习惯等，这些职业行为习惯和职业意识的形成不是开设一两门专门的课程或是进行一两次专门的教育就能解决问题的，而必须在学生的学习和生活过程中进行严格的养成教育才能达到目标。

（二）实践性

实践性是指高职院校的文化育人不仅要重视对学生的教育，更要重视学生的实践和自我体验，让学生在实践和自我体验中提高自身的思想道德品质和文化素养。具体来说它包括两方面的含义：一是高职院校的文化育人离不开实践，实践是提高学生综合职业素质和文化素养的重要途径。学校对学生实施的教育，无论是知识、技能还是思想品德教育和日常行为规范教育，无论是课堂教学和课外教育，最终都必须通过学生的实践，才能将相关知识和能力内化、升华为学生的素质。从这个意义上说，高职院校学生文化素质的培养和职业素养的养成，不是一个理论探讨的问题，而主要是一个如何在实践中训练和养成的问题。二是对高职院校学生来说，实践能力是学生综合素质的重要内容。这种实践教育既包括社会实践能力的培养，也包括技术实践能力的培养；既包括学生热爱实践、勇于实践的品质养成，也包括学生善于实践、科学实践的能力培养。

（三）地方性

地方性是指高职院校的文化育人要坚持立足地方，因地制宜，体现地方文化特色。高职院校多半是地方高职院校或行业办学，培养的人才主要满足地方经济或本行业发展的需要，学校办学经费主要来源为地方政府，专业设置以地方经济支柱产业为主，学生就业以本地为主。因此，高职院校的文化育人应当充分体现出地方文化特色，专业设置要与地方经济社会发展和产业结构的变化相适应，校园的文化建设要与地方风土人情、城市规划相融合，文化活动以地方社会为大舞台，主旨文化追求与核心价值观也要紧紧植根于地方经济和社会发展需要。只有融入到地方经济社会主流之中，高职院校培养的人才才能真正适应地方社会经济发展需要，更好地为地方经济社会发展服务，高职院校才会成为地方的一个重要文化传承与创新基地，形成独特文化品牌。

（四）创新性

创新性是指高职院校的文化育人要注重培养学生的创新精神和创业能力，要突出高职院校自身的特色。这种创新性主要体现在两个方面，一是要重视学生创新精神和创新能力的培养，有意识地训练学生应用基本技能、专业技能和相关知识解决实际问题的综合能力。二是要高度重视学生创业精神和创业能力的培养。高职教育的培养目标要求学生具备一定的创业精神和创业能力，教学实践中要高度重视学生的创业教育，帮助学生改变单纯寻求岗位的就业思想，树立和培养创业意识和创业心理品质，提高他们的创业综合能力，帮助他们实现自主创业，打开一片创业新天地。

（五）渗透性

渗透性是指高职院校文化育人不可能脱离其他教育形式而孤立地进行，其育人方法与途径主要是隐性、间接和渗透式的。渗透性是文化的重要特点之一，也是文化育人的重要特点之一。高职院校文化育人固然要开设一定的文化素质教育专业课程和讲座，但更重要的是要将文化育人的理念渗透到专业课堂教学、技能实训、顶岗实习、职场素养、校园文化、社会实践、日常思想政治教育、学校的管理和服务等各个层面和环节，渗透到学校办学和人才培养的全过程，实现文化育人与专业教育、日常思想政治教育及学校管理服务的有机融合，真正形成全员、全过程、全方位推进文化育人的整体育人格局。

（六）开放性

开放性是指高职院校文化育人不是一个自我封闭的系统，而是一个全面开放的育人理念。政校行企合作联动、开放办学是高职院校办学模式的一大特点。与此相对应，高职院校的文化育人也要走出象牙塔，打破彼此封闭的格局，形成全方位开放的文化育人新局面。对外来说，要努力整合政府、行业、企业和社会的资源，充分发挥政府、学校、行业、企业四方的优势和作用，通过与地域文化、行业文化、企业文化的有效对接，实现产业文化进教育，工业文化进校园，企业文化进课堂，共同构建高职院校实施文化育人的开放平台。对内来说，必须彻底打破部门之间的壁垒，整合各方的育人资源，强化部门与部门之间、学院与学院之间的合作，形成校内协同育人的格局。

二、高职院校文化育人的主要内容

这里所讲的内容不是指高职院校文化育人的任务或做法，而是指高职院校文化育人所包含的内涵和实质。高职院校文化育人的目标是以产业和社会需求为导向，以人的全面发展为指归，突出职业能力，提高思想与职业道德、人文与科学素养、审美与文化品位等综合素质，以培养复合式创新型高素质高技能劳动者为目标，全面实现技能型人才培养质量的提升，使学生成为"有文化的技术人才"。因此，高职院校文化育人的内容既要反映我国高职院校文化育人的一般要求，又要与高职院校的培养目标高度一致。具体来说，我们认为，高职院校文化育人的内容主要应该包括如下几个方面：

（一）社会主义核心价值体系教育

党的十七届六中全会明确提出"社会主义核心价值体系是兴国之魂，是社会主义先进文化的精髓，决定着中国特色社会主义发展方向"。大学作为以育人为根本任务的文化组织，也必须把社会主义核心价值体系作为大学文化的灵魂，作为文化育人的主体。

社会主义核心价值体系的基本内容包括：马克思主义指导思想，中国特色社会主义共同理想，以爱国主义为核心的民族精神和改革创新为核心的时代精神，"八荣八耻"为代表的社会主义荣辱观。这个体系体现了先进性与广泛性的统一、继承性与时代性的统一、规范性与导向性的统一、民族性与包容性的统一，具有广泛的指导性和适用性。不仅是高职院校文化育人的主体，而且应该成为高职院校价值体系的灵魂和核心。

社会主义核心价值体系本身富含深刻的人文内涵，仅靠简单的灌输和说教，不仅无法准确地传授其深刻的人文内涵，也不可能引起大学生思想的共鸣。因此，大学应在社会主义核心价值体系基础上建设自己的核心价值观，必须体现大学的基本理念、大学精神、文化传统、现实态度、行为规范和价值标准。必须把核心价值体系的内容融入到大学的文化和环境中，渗透到学校教育教学和管理的各个环节，才能使大学生正确地理解和把握社会主义核心价值体系的内容，并将其内化成为自己的思想和行为准则。

（二）中外优秀文化教育

中国是一个拥有五千多年历史的文明古国，这本身就说明了中国文化的强大生命力。各民族的文化之根深深扎入历史的土壤。在我国丰富的传统文化宝藏中蕴含着大量的体现社会主义核心价值体系要求的思想精华和文化传统，是我们文化育人的重要资源和内容。随着经济全球化的加深和中国改革开放的不断深化，多元文化的交流与冲突也是大势所趋，不同的文化中均包含着与社会主义核心价值体系一致的思想内核，必须充分挖掘和吸收，不断丰富文化育人的内容，以提高文化育人的吸引力与感染力。因此，高职院校的文化育人必须广泛吸收各类优质文化资源，把主流价值观融入到大学的精神文化、制度文化、环境文化、学术文化和行为文化中，不断丰富文化育人的内容，实现主流价值观教育的人文化，以收到良好的育人效果。

（三）职业素养教育

职业素养是指职业内在的规范和要求，是在职业过程中表现出来的综合品质，包含职业道德、职业技能、职业行为、职业作风和职业意识等。一个人，能力和专业知识固然重要，但是，在职场要成功，最关键的并不在于他的能力与专业知识，而在于他所具有的职业素养。因此，作为高职院校来说，加强对学生的职业素养教育非常重要，是高职院校人才培养的重要特色，是高职院校文化育人的重要内容。高职院校不仅要对学生进行职业技能训练，培养学生的技术实践能力，而且要对学生进行职业素质的训导，培养学生良好的职业素养；既要教会学生做事，更要教会学生做人。

一般来说，职业素养可以分为两个层次：第一层次是不论什么专业的学生都必须具备的一般职业素养，如敬业乐业、刻苦耐劳、执着追求、一丝不苟、讲究效率与效益、准确守时、恪守信用、公平公正、遵纪守法、崇尚卓越、团结协作、完全彻底的服务，等等。第二层次是由本专业的特殊性所决定的专门的职业素养，如服装专业的学生要具备敏锐的预测流行款式的能力；室内设计的同学要具备高雅的审美能力及很深的美学素养；机电维修的同学要练就一身熟练的故障诊断能力。职业素养的养成教育不一定要靠专门的职业素养课程来完成，在很大程度上要渗透到专业教学、学生的日常教育和管理过程中，对学生进行严格的职业素质训导。学生的职业意识、职业道德和职业态度等，也是在专业教学和日常教育管理过程中伴随着严格的职业训练逐步养成的。

（四）人文素质教育

人文素质教育是"包括人文知识、人文思想、人文方法与人文精神"的教育，以提升人文素养为旨趣。高职院校的人文教育就是将人类优秀的文化成果通过知识传授、环境熏陶以及自身实践使其内化为人格、气质、修养，成为人的相对稳定的内在品质的教育，是高职院校素质教育的重要内容，也是文化育人的重要内容。高职院校人文教育既具有高职院校人文教育的共性，即都是通过习得人文知识形成人文精神和人文素养的教育活动，但同时又具有特殊性，它不同于那种"通识形态"或"一般形态"的人文教育，而是一种"职业形态"或"特殊形态"的人文教育。高职院校人文教育应该围绕学生职业品质的形成来进行，重点培养学生诚信、责任、创业、敬业等职业人文品质。在人文课程安排上，要充分考虑高职院校学生的知识起点和接受能力，不可盲目追求高、全、深，要根据专业的实际和学生未来职业发展需要合理安排课程。在人文教育的实施途径上，不能仅仅依靠课堂教育，而应该注重专业渗透和实践体验，注重教职员工的言传身教，将人文教育融入专业教育，融入学生的专业实践和社会实践活动之中，融入校园文化环境建设之中。

（五）创新、创业教育

对学生的创新精神和创新能力的培养是高职院校文化育人的重要内容。因为随着科学技术的不断进步，产品科技含量的日益增加，生产工艺的复杂程度进一步提高，对应用型人才的素质提出了更高的要求，学生不仅要掌握熟练的操作技能，还要具有较强的分析判断能力、解决实际问题的综合能力和一定的规划、设计、开发能力和创新能力。同时，民族科技的振兴，也需要大批具有很强动手能力的创新性人才。

高职院校也要高度重视学生创业精神和创业能力的培养。这一方面是应对日趋激烈的就业竞争的需要。随着我国市场经济改革和劳动用人制度改革的不断深入，高等教育大众化步伐的加快，大学生就业形势日趋严峻。在目前社会上仍普遍存在看重高学历、高学位的不科学用人观情况下，高职院校毕业生本身就处于相对劣势地位。因此，高职院校除了注重提高学生的就业能力外，更应该高度重视学生的创业教育。另一方面，也是实现高职院校培养目标的内在要求。高职院校是培养高素质应用型专门人才的阵地，这种应用型专门人才应该是能够将科技成果、技术成果转化为现实生产力的工程技术人才和管理人才，善于物化和实现是应用型专门人才的一个重要特征。这种物化和实现过程就包含某种创业和开拓的因素。因此，高职院校的培养目标要求学生具备一定的创业精神和创业能力。而且，即使是作为一名单纯的求职者，面对日益激烈的市场竞争，用人单位也越来越重视受雇者的首创精神、冒险精神和开拓创业能力。因此，加强创业教育，培养学生的开拓精神和创业人格，提高他们的创业能力，也是高职院校文化育人的重要内容。

（六）科学素养教育

良好的科学素养是现代人必备的基本素质，也是高职院校毕业生应该具备的基本素质。因此，科学素养教育应该成为高职院校文化育人的重要内容。当然，应该指出的是，这里的科学素养并不是指专业的科学知识，而是指科学的思维方式、思维习惯和科学精神。

第三节 文化育人的理论依据

挖掘文化育人的理论依据，为高职院校文化育人提供理论支撑，是高职院校文化育人效应及其实现研究中的重要问题。文化育人作为古今中外延续不断的实践活动，可从中国传统文化、马克思主义先进文化以及思想政治教育学科中寻找理论依据。

一、中国传统文化中"文以载道"的教育思想

我国传统文化中文以载道的教育思想最早可追溯到《诗经》中的德音，如《小雅·鹿鸣》中的"我有嘉宾，德音孔昭"，含义是神圣庄严的话语，特别是指先王的命令，具有约束教化臣民的作用。随着进一步的流传，德音更多地与文学联系起来，具有道德伦理的意义。古代文论《文心雕龙》中的《原道篇》

多次出现"德音",并指出"文之为德也大矣",即文章的本源是道德,是圣人进行教化的工具。其后,唐代文学家、思想家韩愈提出了"读文著书,歌颂尧舜之道"。韩愈门人李汉指出"文者,贯通之器也"。柳宗元也提出:"文者以明道"。周敦颐继承了前人"文以明道""文以贯道"的思想,在《通书·文辞》中明确指出:"文所以载道也。"在古代,文以载道的文是指文章、文论、文学等,道是指儒家之道,文以载道的目的是为了教化臣民。文章、文论、文学作为文化的具体表现形式,承载着伦理道德观念,文能够载道,故文化能够育人。

二、马克思主义获得性遗传的文化思想

马克思主义是科学的世界观和方法论。它的内容涵盖自然界和人类社会,涉及政治、经济、文化、军事、历史等具体领域。其中,马克思主义的文化观,剖析了文化的社会形态、结构和功能的机理,揭示了文化起源、文化生产和文化发展的规律,论述了文化的内部构成、实践品格、民族特质等规定性,并指出:文化起源于物质生产实践,并通过文化积累,形成获得性遗传因素,优化人的心智。在马克思、恩格斯那里,文化具有记忆和存储社会历史实践经验的功能,文化的复制、传播和交流,能够使社会信息的传递,突破空间和时间的限制,超出个人直接经验的范围,把过去、现在和将来,把直接经验和间接经验都联结起来,整合为"传统""遗产",成为新一代人乃至人类的实践活动的土壤,并以获得性遗传的形式推进人的心智、能力提高。文化之所以能育人,是因为其具有固化、储存、加工、传递社会信息功能,个体能够在社会实践中,不断地获得这一遗传密码,并最终影响个体的发展和人类社会的前进。

三、思想政治教育学的熏陶感染思想

思想政治教育学认为:环境和情境对人的思想品德的形成和发展具有重要

影响作用，并制约着思想政治教育实践活动的效果。教育者要将思想政治教育寓于环境和情境之中，尤其是情感之中，催化、推动思想认识的形成，引发受教育者的情感共鸣，使受教育者在自由、民主的氛围中被感化、感染。因此，教育者可充分利用环境或情境隐蔽性、无意识性、非强制性的特点，选择环境中积极的因素，渗透思想政治教育的目的，促使受教育者产生积极、健康的情感，形成良好的思想政治品德。同时，教育者要注意规避环境中不良的因素，并注重环境和情境的创造、设计和建设，为有效地对教育者进行渗透、熏陶和感染服务。高职院校文化育人实质上是高职院校利用文化环境、创设文化氛围，在潜移默化中熏陶感染学生的理想信念、世界观、价值观、人生观、道德品质、综合素质等等，是思想政治教育学熏陶感染思想的直接体现和运用。

第四节 文化育人的载体

改革开放的不断深入和国际竞争的日趋激烈，要求大学向社会输送大批具有创新精神和实践能力的高素质人才。这种人才的培养光靠课堂教学是培养不出来的，需要良好的大学文化环境和诸多载体的共同作用。

一、载体及分类概述

（一）载体

"载体"一词最早出现在化学领域，后来被广泛运用于科学技术的各个领域。《现代汉语词典》中对载体的定义为：科学技术上指某些能传递能量或载运其他物质的物质。如工业上用来传递热能的介质，为增加催化剂有效表面，使催化剂附着的浮石、硅胶等都是载体；泛指能够承载其他事物的事物：语言文字是信息的载体。从语义来看，第一种解释主要是从自然科学领域对载体进行了概述；第二种解释则是载体的引申意义，是从社会科学领域对载体定义基础上的拓展。从这两种解释可以看到，对载体内涵的理解，需要以它发生作用的领域基础上加以概述。本书所研究的载体，引申为能够承载高职院校教育内容的各种文化事物。

高职院校文化的育人不能脱离载体，育人过程载体无处不在，无时不在。高职院校文化育人工作的开展、任务的完成都离不开一定的载体。尤其是在经济全球化、世界多极化和信息网络化的背景下，在社会经济成分和经济利益、社会生活方式和社会组织方式、就业岗位和就业方式日益多样化的情况下，高职院校文化育人如何选择和运用合适的载体具有重要价值。

高职院校文化育人的载体，是指在高职院校文化育人过程中承载和传递教育信息、能为教育主体所操作并与教育对象发生联系的一种方式和外在表现形态。常见的高职院校文化育人载体，包括物质载体、制度载体、精神载体、活动载体、网络载体等。高职院校文化育人的载体并不是固定不变的，随着社会历史条件的变化和高等教育的发展，传统的文化育人载体已经不能满足人们日益增长的精神文化需求。载体也发生着变化，传统的育人载体被赋予了新功能，新的载体应运而生，改变了原本单调的校园生活。作为高职院校文化育人的主体应当保持清醒的头脑、敏锐的观察力，及时注意到这些变化给高职院校育人工作带来的影响，对教育教学工作做出适时调整，以保证育人效果。

（二）载体的分类

划分高职院校文化育人载体类型，有利于对不同类型的文化载体加以开发与利用，从而服务于高职院校文化育人实践的需要。到目前为止，对高职院校文化育人载体的界定和分类尚无统一标准。根据不同的划分维度，可将高职院校文化育人载体划分如下不同的类型：

第一，按照时间维度来划分，高职院校文化育人的载体可划分为传统文化载体和新兴文化载体。

传统文化载体,是指在高职院校文化育人发展历程中早就产生并在继续发挥作用的文化载体。如,通过阅读文学作品、欣赏绘画、书法、观看爱国电影等。

新兴文化载体,是指伴随科技进步和社会发展而产生的,具有时代特征的高职院校文化育人载体。如,移动多媒体的发展催生了像红色网站、名师博客、政府微博、文明手机短信教育等新兴文化育人载体。高职院校文化育人有诸多的载体,随着网络信息技术的广泛普及和深入发展,网络载体的优势凸显,并在思高职院校文化育人中发挥着越来越重要的作用,充分运用并创新这一载体是进行高职院校文化育人的有效途径,也是高职院校文化教育现代化发展的必然要求。

第二,按照空间的维度来划分,高职院校文化育人的载体可划分为校内文化载体和校外文化载体。

校内文化载体是指通过利用大学内部各种资源结合师生的需要对师生进行的文化教育的载体形式。包括高职院校各种看得见、摸得着的物质文化形态,主要指校园环境、教学科研设备以及各种文化体育生活设施等;高职院校的各种规章制度、道德规范、行为准则和工作守则等;学校全体成员共同认同并遵奉的价值观念、思想意识、道德规范、发展目标等校园精神因素的综合。

校外文化育人载体指的是通过利用各种社会的文化资源结合高职院校师生的需要对师生进行文化教育的载体形式。例如教育实习基地、爱国主义教育基地、校友会等。高职院校的教育需要与生产劳动和社会实践相结合,大学生在学校接受了关于本专业的系统理论学习之后,需要理论联系实际,参加一些社会实践活动,这就需要借助校外的一些企业、医院、工厂等载体。爱国主义教育基地包括各类博物馆、纪念馆、展览馆、烈士陵园等。红色文化作为诸多校外文化类型中的一种，是具有特别意义的文化现象，它可以向大学生传递一种积极的精神，一种崇高的理想，一种坚定的爱国主义信念，具有强烈的社会实践效应。充分利用红色文化育人，可以加强社会公民尤其是在校大学生的思想政治教育，帮助他们树立正确的世界观、人生观、价值观。校友会作为一个社会组织，可以促进母校与校友、校友与校友之家的沟通，让更多的人了解到高职院校的成就，是高职院校文化育人品牌传播的一个重要载体。

第三，按照存在形态的维度，可划分为物质载体、制度载体、精神载体和活动载体。

物质载体是指具有文化信息的，能够承载和传递文化教育的内容或信息，使文化教育主客体间相互作用的物质设施和物质环境。传统的物质载体包括校园环境、教学科研设备以及各种文化体育生活设施等。主要表现在宿舍、道路、图书资料、仪器设备、校园人文景点和校史陈列室等方面。校园环境是校园文化的物质基础，是物质层面上的校园文化，具有强大的隐性教育功能，对学生产生着潜移默化的熏陶作用，具有渗透性强和长期性的特点。

制度载体，包括高职院校的各种规章制度、道德规范、行为准则和工作守则等。科学合理的制度文化可以对师生的行为起到规范和约束作用，使高职院校倡导的观念文化成为现实，可以促进师生健康成长，保障教育方针的全面贯彻和培养目标的最终实现，具有重要意义。制度载体包括显性制度载体与隐性制度载体两种。显性的制度载体指国家或高职院校制定的规程、条例、准则等，隐性的制度载体是由规章制度辐射出来的价值观念和生活方式。

精神载体，指能够承载和传递高职院校文化育人的内容或信息，促使教育主客体之间相互作用的精神文化形态。学校全体员工共同认同并遵奉的价值观念、思想意识、道德规范、发展目标等校园精神因素的综合，对人们形成社会所倡导的思想道德观和价值信念具有引导作用。高职院校文化育人的精神载体具有润物细无声的作用,主要表现为学校的校风和校训。

活动载体指的是通过设计活动方式、活动形式,承载文化育人的内容,达到高职院校教育的目标。高职院校文化育人的活动载体的类型很多,常用的有本职工作、竞赛活动、文化活动、社会活动、休闲活动等,这里所说的作为高职院校文化育人载体的活动主要是指可以满足人们精神生活需要的一些载体。活动是高职院校文化育人理论付诸实践的过程,是广大师生践行价值观念、政治观点、道德规范的过程。人们在参与文化育人活动的同时,对活动中承载的文化信息加以吸收和实践。新时期对活动载体的运用需要在继承传统的活动形式基础上进行改革和发展,要在改革的过程中赋予传统活动载体新功能。现在高职院校的活动形式已不再局限于文艺晚会、联谊晚会或篮球比赛,多了一些富有商业气息的商品交易会,如高职院校的跳蚤市场为大学生提供了更多的创业机会,让他们锻炼了能力,学会自力更生。还有一些富有文学气息的书法绘画比赛等,让同学们在紧张的学习之余,放松身心,陶冶情操。

第四,按照对象范围的维度,可划分为群体文化载体和个体文化载体。

群体文化载体,是指针对全校成员或特定校园群体进行教育文化载体。如:图书馆、陈列室、科技馆、烈士陵园、文化馆、博物馆等文化服务设施和爱国主义教育示范基地建设等。群体文化载体的运用不仅能陶冶人们情操,并且能通过集体舆论的力量对人们的行为产生约束力,扩大文化育人的受众群,有利于集体价值观的形成,进而强化文化育人功能。

个体文化载体,是指针对个人进行教育的文化载体,如:开展图书馆阅读活动、名师博客、文明手机短信教育等。个体文化载体,是对群体文化载体的进一步细化,更具针对性和实效性。适合于不同独立个体的文化载体,有助于文化育人工作的有效实施，从而达到提高文化育人效果的目的。

二、不同分类中几种典型载体

因为物质、制度、精神、行为、网络几乎几乎涵盖了高职院校文化育人工作所借助的载体，因此本章着重列举这五个层面的典型载体进行论述。

（一）物质文化载体

课堂教学。它是高职院校教育教学中普遍使用的一种载体，是教师给学生传授知识和技能的重要场所，侧重对学生理论的灌输。课堂教学中，教育客体往往是来自同一个专业的学生，教育主体会按照固定的时间表同时对多个学生进行教学，而教学的内容也是有学校的统一规定，有计划、有组织的进行。其中，多门课程交替着进行，这样可以减轻学习疲劳，学生也愿意主动去学习。传统的课堂教学有时候会忽略学生的主体性，照顾不到每个学生知识程度、兴趣、爱好和特长，难以做到协同发展。为了促进学生的全面发展，适应科学技术的发展需要，高职院校文化在育人过程中应本着对学生负责的态度，做到因材施教，善于运用多种教学技巧。例如，幽默的语言可以活跃紧张的课堂气氛，拉近师生距离，也可陶冶学生的高尚情操。教育主体还可以适当地给予学生语言上的鼓励，用恰当的赞美词表扬学生，使学生产生一种积极的心理暗示，从而受到感染和启发。另外，教室内张贴的名人字画、班级标语等也会给学生一种潜移默化的教育作用。

校园环境。古代墨子在《所染》提出"染于苍则苍，染于黄则黄，所入者变，其色亦变"，意思是（丝）染了青颜料就变成青色，染了黄颜料就变成黄色。染料不同，丝的颜色也跟着变化。他以染丝做比喻，认为环境会对人的思想品德产生影响。因此，我国古代书院在选址上往往是依山傍水。近现代以来，马克思、恩格斯曾提出："而发展着自己的物质生产和物质交往的人们，在改变自己的这个现实的同时也改变着自己的思维和思维的产物"，即"环境创造人"的思想。校园环境文化是学生成长进步的重要影响因素，学生可以通过自己的感官直接体验到校园环境的魅力，从而促进身心的健康。校园的环境建设中要做到使校园内的每一种物化的东西都能体现学校的精神和特色，能起到教育学生的作用。著名大学都非常重视校园环境的育人作用，如北京大学的每一棵树、每一块碑、每一条路，都暗含着历史的沧桑，凝结着文化的久远。蔡元培和李大钊的半身铜像，象征着北大民主和科学精神，激励着一代又一代北大人。

（二）制度载体

大学校园中日常生活应遵循的基本准则和规范。大学师生在校园中的日常生活不是随心所欲，而是大学管理者通过组织性、规范性制度为群体成员提供基本准则和规范。如：《高等学校学生行为准则》中指出"遵纪守法，弘扬正气；诚实守信，严于律己"。通过建章立制，制定行为规范和文明公约，用规章制度约束师生员工的言行，在制度化层面体现出大学校园日常行为的基本准则和规范。

大学校园中日常活动的组织性和规范性制度。大学校园中的日常生活丰富多彩，形式多样。大学校园文化活动的启动、开展、评价都要有组织性和规范性。如开展大学生课外文化活动、举办学生学术报告等。这些活动的成功举办都有一定的组织制度做保障，不是随主观意愿来安排。学生参与活动的过程也是制度化的教育过程，让学生知道参加群体性活动必须遵循基本准则和规范，不能随意举办校园文化活动。

（三）精神载体

校风是一所学校全体师生员工在长期的教育教学工作中形成的相对稳定的

精神状态和作风,主要包括领导的作风、教师的教风和学生的学风。良好的校风往往表现为领导勤勤恳恳,教师谆谆善诱,学生勤奋好学,整个学校教学秩序井然,活动丰富多彩。优良的校风具有很强的凝聚力,它一经形成,能够激发广大师生奋发向上的精神,有形无形地影响着广大师生的思想和行为。

校训作为一个学校的灵魂,体现着高职院校文化的核心内容。它是校园人共同遵守的基本行为准则与道德规范,它既是学校办学理念、治校特色的反映,也是一所学校教风、学风、校风的集中表现。作为高职院校文化育人的重要载体,校训往往通过名言、警句、座右铭等表现出来。例如,浙江理工大学的校训"厚德载物、博学敦行",从"德、志、学、行"四个方面阐述了学校的教育理念和内涵,要求师生重视道德修养,树立远大志向,勤奋学习,博采众长,淳厚朴实,身体力行。可以说,这四个方面是理工人的一种理想和期望,体现出理工追求的目标,是理工精神的理想状态,它影响了一代代理工人,成为其宝贵的精神财富。

(四) 行为文化载体

实践活动是高职院校文化育人工作的一种重要载体,通过组织开展各种实践活动,寓教于乐,在活动中达到育人的目的。丰富多彩的课外实践活动可以弥补第一课堂教学的不足,通过自主参与,以更愿意接受的方式,在参与中独立思考探索,充分展示个性才能,培养锻炼自己。

第二课堂的活动内容丰富,形式多样,既包括学校统一组织的活动,又包括各类学生社团组织的活动。在活动中,大学生可以把课堂上所学的知识运用于实际,做到理论与实际的结合,把活动内容与所学专业和自身素质结合起来,思考如何解决实际问题,在探索未知与追求真理中促进自身的全面发展。当然大学生由于个人性格、爱好、成长环境等不同因素的影响,呈现出身心发展的差异性。这就要求高职院校中组织和设计开展各类实践活动时，要按照因材施教的原则，考虑到不同学生的成长需求，从而为学生提供品种多样的活动。

（五）网络文化载体

中国互联网信息中心（CNNIC）2013年10月发布的《第32次中国互联网络发展状况统计报告》显示，截至2013年6月底，我国网民规模达到5.91亿，手机网民规模达4.64亿，网民年龄结构在20~29岁。虽然我国网民正在向低学历人群扩散的发展趋势，初中及以下学历人群是中国网民的主要增长点，但高中和大学及以上学历人群中互联网普及率仍处在较高水平，目前青年学生仍是我国网民主要群体。通过报告可以看出，我国大学生已经成为网络的主要用户群，而高职院校也已经成为网络用户的最密集区域。互联网以其传播速度快、信息量大等优势吸引着越来越多的大学生，并对他们的学习方式、生活状态、价值观念等产生深远的影响。

1.网站。随着我国互联网的迅猛发展，很多高职院校开始在网络上建立了自己的门户网站。一些高职院校在自己的门户网站上还建立了专门的校园文化网站、思想政治教育论坛、网上课堂等，为大学生学习提供了丰富资料，也为不同学校之间的大学生相互交流提供了良好的网上平台。例如，浙江理工大学的阳光网站、阳光论坛。它提供的平台可以实现资源共享，让学生及时了解和关注时事政治、发表意见和相互讨论。网站和论坛不再局限于社会热点问题或招生就业的内容，多了许多交流学习和娱乐休闲等版块，用户可以根据自己的兴趣和需要自由地在网站寻找适合自己的主题，极大地丰富了大学生的课外生活。

2.即时通信软件。目前多数人网上在线交流工具多使用QQ，MSN、飞信、微信等，这些新通讯软件最初是用于好友间的沟通交流，后来伴随互联网的普及和个人交往范围的扩大，有着相同兴趣或者利益的个人及团体开始在网络上结成"群"。在这个以网络即时通讯技术建立起来的"群"里，可以汇集各个方面的信息，大家可以在线讨论、交流。例如，有人会以专业为单位建立一个群，而这个群里的人都是本专业的同学，也有准备参加研究生考试的同学组建的"研友群"等。大家既可以分享生活中的趣事，也可以讨论学习中的问题。充分利用这些通讯工具进行高职院校的文化育人工作，有着独特的优势。在网络中交流可以隐去自己的真实姓名，这种匿名性使受教育者在面对教育者时少，更容易打开心扉，畅所欲言，忽略双方身份的差别，使大家可以在一个平等、和谐的氛围中交流。

3.论坛。它是互联网上一种电子信息服务系统，它为广大网民提供一块公共电子白板，使大家都可以在上面发布信息或发表看法。按照上网者的爱好，根据不同的主题和分支主体划分成多个布告栏和版块，在不同的布告栏或板块中，上网者可以阅读别人的信息或者发表个人的观点，其他人也可以随时回复。论坛上的成员通过"发帖"和"跟帖"的方式，以一种类似于讨论和交流的方式将话题延续下去，并使参与者的意见得到广泛的交流。高职院校的教育者通过浏览论坛准确而真实的把握受教育者的思想动态，通过参与论坛的讨论，可以积极引导受教育者思想意识向好的方面转化，同时避免一些消极、错误言论影响的扩大，有利于净化网络文化教育环境。目前，许多高职院校的文化建设开始参与到论坛的建设中。

第五节　高职院校文化育人的实现路径

高职教育作为高等教育的重要组成部分，其培养目标是培养生产、建设、管理、服务第一线需要的高素质技能型人才。构建高职特色文化育人对于推进高等教育改革、发展，实现高职人才培养目标具有深远的意义。

一、高职院校必须提升文化自觉

近年来，高职院校如雨后春笋般迅猛发展，若要实现高职内涵式发展，必须坚持科学发展观，以反思促发展，增强文化自觉，完善高职人才培养模式，重视文化育人。

对于文化自觉，费孝通曾说："文化自觉是一个艰巨的过程，只有在认识自己的文化，理解并接触到多种文化的基础上，才有条件在这个正在形成的多元文化世界里确立自己的位置，然后经过自主的适应，和其他文化一起，取长补短，共同建立起一个有共同认可的基本秩序和一套多种文化都能和平共处、各抒所长、联手发展的共处原则"。对于高职教育来说，文化自觉主要是指高职院校对于自身文化历史要有明确把握，了解其特点、性质、作用、规律，及其现阶段存在的问题，以担当高职教育的历史责任。

当前的高职院校文化还存在着很多不容忽视的问题，比如，重技术轻人文，重物质轻精神，这些都影响着高职育人目标的实现。因而对高职院校而言，首要任务是增强文化自觉，使高职校园人认识到文化育人的重要性，正确定位自身，促进高职教育理性发展。

（一）高职学生方面

高职学生要从心理上认同自身所在高职院校文化。不同于大学的本科生，高职学生在进入高职院校后，或多或少都有一些自卑，无法认同高职院校，向往本科院校，甚至对高职院校的校园文化活动有些排斥，不愿深入、细致的去了解高职文化，这些都不同程度的影响了高职人才的培养。

若要实现高职人才培养目标，高职学生应从心理上放下自卑，走出自己所设的不平衡与差异感，正确认识高职院校，了解其形成历史、特点、文化发展等，努力学习专业技能，积极参加校园文化活动，提升各方面素质，用实力来证明自身能力。而只有对于自身文化的深入了解和准确定位，才能对高职院校的文化既不妄自菲薄，也不夜郎自大，才能从心底对自身所处的高职文化形成认同感和归属感，产生一种精神寄托，增强文化自觉，为社会主义大发展、大繁荣贡献力量。

（二）高职教师方面

高职教师应明确育人责任。育人目标的实现必须依靠高职教师的高度责任感。高职教师应转变自身"功利"的想法，改变以往只关注学术成绩，只注重评职称、晋升的做法，坚持育人为本的理念，真正做到教书育人。

高职院校的教师应该在潜心钻研专业知识的同时提升职业道德素质，考虑学生所需，学生所想，用知识和文化熏陶感染学生，在技能教育的同时，加强人文教育，增强文化自觉，培养出社会需要的有用人才。

（三）高职院校方面

高职院校应反省自身，加强文化自觉。高职院校应该摒除急功近利的想法，根据自身院校文化历史，结合时代发展现状，了解自身特色及优势，既不盲目自卑，也不夜郎自大，理性看待自身文化发展。

高职院校应该认识到高职文化是高职教育发展的内生动力，实现自身的责任担当，提升文化自觉，用高职的先进文化引领社会进步：一方面要在思想上保持对高职院校文化意义、文化地位、文化作用的深度认同；另一方面要在加强高职院校物质文化建设的同时，关注精神文化，尤其重视思想教育文化的建设，注重学生心理健康教育，帮助学生树立正确的世界观、人生观、价值观，引导学生用积极的心态处理问题、解决问题，用长远的眼光看待高职教育发展，营造文化育人氛围，促进高职教育新发展。

显然，高职院校文化提升，不是仅靠高职院校就能解决的，需要全社会共同努力，营造理性的文化氛围。高职院校作为文化育人的主导者，应以高度的文化自觉为起点，坚持育人为本的办学理念，正视高职文化育人存在的问题，"一针见血"的解决高职教育在文化发展中所遇到的瓶颈，实现文化育人。

二、高职院校必须增强文化自信

文化意识的自我觉醒是高职文化育人的第一步，如何从文化自觉上升到文化自信，实现文化育人的动力源泉，显得至关重要。

我们所讲的文化自信，指的是高职院校要正确对待自身文化，关键是不忘本来，吸收外来，着眼将来。保持这样的文化自信，要求高职院校理性审视历史传统文化、正确认识高职院校自身文化、积极借鉴和包容其他高职院校优势特色及各国文化成果。

（一）构建中国特色高职院校文化

中国的教育历史源远流长，从古代的私塾教育到现今发展为全球最大的教育规模。这其中，高等教育的巨大成就是有目共睹的，但提高高等教育质量，赶超世界领先水平的高等教育仍需要有很长的路要走。

而高职教育虽然发展历史短，但其发展态势却令人瞩目。所以，高职院校要增强自信，坚持文化传承，实现文化创新，彰显中国特色高职文化魅力。

在增强高职院校文化自信时，消除自卑心理是树立自信的第一步。在高职教育的发展中，无论是国内的本科教育还是国外的高职教育，其先进文化都在"挤压"着中国高职教育，使中国高职教育在文化领域争夺话语权时都显得不够自信。其实，文化多元化是当今经济全球化发展的必然趋势，各种不同的教育类型都有其赖以生存的基础和独特的历史文化，不同文化之间有差异但无高低贵贱之分。

鉴于此，高职院校首先应该直面国内、国际各种不同教育类型文化的挑战，了解高职教育历史文化传统，理性审视、科学对待自身文化，既不夜郎自大，也不固步自封，摒弃糟粕，保留精华，不断学习吸收，创造中国特色文化产果，树立信心；同时高职院校应该扬长避短，深化改革人才培养模式，发挥自身特色，通过培养社会需要的技能型人才推动社会经济发展，实现高职教育的社会价值，不断扩大高职院校文化影响力；通过传承中国千年文化成果，创新高职教育，形成中国特色、中国气派、中国风格的文化育人模式，扩大中国高职教育影响力。

（二）关注中外高职院校文化多样性

文化多样性是人类社会的基本特征，也是人类文明进步的重要动力。中国高职文化有厚实的传统文化积淀，而且通过政策支持、人才支持所构建的中国文化品牌是其他国家难以达到的。但随着经济全球化的发展，各种文化的相互交融不可避免，任何一个组织或群体都不能游离于这一环境之外，高职文化也不例外。

作为高职院校，在正确认识中国特色高职院校文化的同时，必须关注外来文化，对外来文化关注的越多，中国高职院校文化的养料就越充足。诸如美国、德国、日本的先进的高职人才培养模式是我们望尘莫及的，因此，我们应该坚定中华民族文化立场，通过开放交流，采取去它国学习、参观、访学等形式融入它国文化，取其精华，去其糟粕，为我所用。而对外来文化的包容、借鉴、吸收的态度，本身就是对本国高职文化自信的表现。同时，在此基础上，应该进行高职院校文化的创新再造，站在世界高职教育的高起点上，洞察中国高职的缺陷和不足，结合自身实际，创新高职院校文化，不断增强中国高职教育的免疫力和发展力。

（三）推动高职教育国际化

胡锦涛在清华大学百年校庆上指出：高职院校"要积极开展对外文化交流"，高职院校也理当如此。而构建中国特色职业教育体系，增强高职院校文化自信，必须坚持开放办学，推进高职教育国际化。

教育国际化是经济全球化的必然趋势。从本质上讲，高职教育国际化就是依照国际标准、国际规则开展高职教育，一方面高职院校要以国际视野定位高职教育，在各方面与国际接轨，如培养目标、教育理念、评价体系、教育手段、教育模式等，以国际理念培养具有综合素质的人才，加快中国高职教育国际化；另一方面把国际标准引进专业教育中，用国际眼光和国际思维去看待问题，改变传统的人才培养模式，借鉴国外先进经验，制定符合中国特色的"国际化"人才培养方案；第三，在送高职学生去国外高职院校学习、交流的同时，不断拓展交流渠道。同时，可利用自身优势，吸引国外学生转向国内学习，从"输入"转向"输出"，多种文化相互借鉴、融合，以促进中国特色高职教育的发展，扩大中国高职教育在国际上的话语权，增强高职教育信心。

三、高职院校必须实现文化自强

提升文化自觉、增强文化自信的最终目标是为了实现文化自强，促进文化育人。文化自强是指高职院校根据自身实力，突出自身特色，建立具有强大吸引力、创造力和竞争力的高职院校文化。

（一）院校文化建设要融入工业文化

目前，我国工业化发展迅猛，高职教育作为高等教育的重要组成部分，承担着传承工业文化的重要使命。工业文化是指在工业发展进程中所产生的物质文化、精神文化的综合，其特点是服务性、行业性、创新性。高职院校应该根据工业文化的特点，从多个角度改革创新，建设与工业文化相融合的高职院校文化。

首先，通过建立"校中厂"，以工业文化感染院校文化。所谓"校中厂"指的是工厂被企业设在校园内，包括企业的生产装备、生产环境、管理制度等企业要素完全引入"校中厂"，由企业全权运作，学生参与全程的生产流程，相当于学生的实验实训基地。这种"校中厂"式的教学方法在遵循教育规律的同时，高度仿真企业的生产流程和生产环境，使学生能够"身临其境"，体验企业的生产要求，管理规则、质量标准等，感染工厂的文化氛围，实现高职文化育人目标。

其次，通过"厂中校"，学习工业文化。"厂中校"是指高职院校为了扩展教学空间，实现育人目标，在企业内设立实训基地，为教育教学营造企业真实的工业生产氛围。

高职院校文化若要融入工厂文化，可采用以下几种模式建立"厂中校"：第一种模式是由高职院校筹措资金进行投资，建立自主经营、自负盈亏的实训基地；二是高职院校与企业建立"协作型"合作关系，由高职院校支付给企业一定的资金，换取企业对于学校教育教学的支持；第三种模式学习德国"双元制"模式，由企业和学校共同在企业内承担教学任务；最后一种模式是围绕学校建立工业园区，或者在工业园区内设立高职院校，形成工业文化与高职院校文化的和谐共生。

（二）教学组织要融入行业企业文化

企业和学校作为社会中的不同主体，目标不同，利益亦不同，但是两者的文化都是"育人"的文化。如何根据专业需求不同，通过企业文化与院校文化的对接与融合，传承创新行业企业文化，实现文化育人目标显得至关重要。

首先，高职院校要实现文化育人目标，必须加强基础文化素质教育。高职院校应以专业发展为动力，文化素质教育与专业教育相结合，促进高职教育的可持续发展；通过实践能力的培养与理论知识的学习，使学生能够培育自己的价值观与人生观，在专业能力、性格养成、价值目标等方面实现高职教育的深化发展。

其次，根据专业需求，可把不同行业企业文化融入教育教学环节。高职院校应根据行业企业的不同要求，建立具有自身特色的专业文化，促进专业素养的培育，包括专业课程内容、教学计划、教学大纲等教育教学环节；在编制教案时，可根据不同专业的需求，把著名企业的经营理念、工程案例融入其中，让学生在无形中浸润于与自身专业相关的行业企业文化中；通过学生的顶岗实习，使学生直面行业企业文化。

最后，通过科技服务，传播创新企业文化。高职院校可与企业联合举办科技服务活动，传播优秀企业的高品质服务概念，同时还可以邀请优秀企业家和学者开设职业人文的讲座，传播企业文化，使高职学生了解、认知行业企业文化。

（三）通过职业训练培养优秀企业精神

根据高职教育的培养目标，要求高职学生必须具备优秀的企业精神。企业精神具体表现为公平公正的竞争制度、相同的奋斗目标，鲜明的集体意识和强烈的社会责任感。企业精神优秀与否，决定着企业市场竞争力的强弱。因此，高职院校应通过校企合作，采取"学校—企业"合作育人的方法，使高职学生浸润在优秀企业文化中，提高学生职业素养，使高职学生逐步成长为职业人。

首先，设计职业训练体现"真刀真枪"。高职学生可走进企业参观学习以及通过随岗、跟岗、顶岗，培养学生解决问题的能力，通过"耳濡目染"，了解、认知企业的价值取向、经营目标、管理制度等，从而使学生逐渐成长为具有专业素养的职业人；高职教育的"订单式"培养中，由企业所提供的教学大纲和课程内容，也鲜明的表达了企业所要求的员工素质，使学生能清晰的感受到在今后的职业生涯中所必须具备的素质，从而为之奋斗和努力。

其次，组织实施职业训练要体现"真实企业"。在培养高职学生职业素养的过程中，必须根据专业不同，按照真实企业的标准来实施，包括企业的管理制度、生产标准、着装规范、奖惩机制等，用企业对员工的标准来要求学生在学校的行为规范，开展组织纪律性教育，严明时间观念，严格按照企业流程上岗生产。

最后，职业训练结果考核要体现"奖惩兑现"。职业训练的考核应像企业验收产品一样有要求、有标准、有验收过程、有奖惩措施。高职院校应根据专业的不同，依据企业评价指标，根据高职学生具体情况，制定出一套符合高职学生特点、与企业接轨的奖惩制度，验收其学习、实习成绩，给予相应的奖励或惩罚措施，培养高职学生优秀的企业精神。

总之，在社会主义建设的新时期，高职院校要承担起文化责任与文化育人的使命，必须提升文化自觉，对自身有清醒的认识与定位，加强文化自信，既不妄自菲薄，也不夜郎自大，通过校企合作，实现校企文化融合，实现文化自强，促进高职教育跨越式发展，引领社会主义文化大发展、大繁荣。

第六节 文化育人的现实意义

一、有利于深化社会育人

文化育人是社会育人的重要途径。社会育人是一个系统工程，是通过文化的手段，使自然人向社会人转化历史过程。社会育人的途径有很多，包括家庭、学校、网络、环境等等。而文化育人通过文化承载的社会风俗、约定俗成、一般规律等向社会成员传递，达到社会成员社会化的作用。文化育人与其他途径育人相比，不仅有着丰富全面的内容，更有着强大的生命力。文化育人将内涵丰富的文化作用于社会各个层次、各个领域、各个环节，从而形成影响人的庞大体系，即育人系统。文化育人统领社会育人体系，作用于社会育人的各各环节，社会育人通过文化渗透的方式发挥作用。

文化育人为社会育人提供了有效载体，社会育人为文化育人提供了巨大资源。社会育人在通过文化发挥作用的同时，将独立个体的社会人相互影响，相互作用，使社会人整合为有机体，这就使得文化育人在社会育人中的重要地位凸显出来。社会育人在育人体系也发挥着巨大作用，社会育人以文化的方式育人，影响人数最多（涉及到全体社会人），影响范围广（涉及到社会组成的各行各业和各个层次），作用时间特别长（从自然人的出生到灭亡）。此外，从社会育人内容上来看，信息量极大，社会各有机组成部分都形成其特有的文化，每个有机组成都能过其特有的文化对成员进行改造、引导，因此，从微观角度分析社会育人会得出这样的结论，即社会育人是各领域文化育人的有机汇总，也就决定了文化育人是社会育人的重要途径。

二、有利于加强文明建设

文化育人是文明建设的有力支撑。社会的进步依赖于人类文明的发展，人类文明的发展又取决于人的素质的普遍提高，人的素质的提高又反作用于社会文明的进步。首先，各行各业都参与到社会生活中，从各个层次表现着社会文明的程度。文化育人将高尚的精神文明传递给社会人，人又通过参与各行各业的工作生活，继而将文化的辐射作用不断延伸，起到了文明的支撑作用。在我国中国特色社会主义建设的现时代背景下，文化育人所承载着的文明内涵既是指中国特色社会主义精神文明。文化育人作为社会主义精神文明的支撑，提供了强大的思想动力和精神、物质支持，同时，文化育人内容也牢牢把握住社会主义精神文明建设的原则方向，如若背离社会主义精神文明建设的要求，也就难以实现文化育人的根本任务和历史使命，文化育人也就失去了意义。文化育人中所包含的社会主义精神文明是现时代文明建设的重要内核，直接影响着公民的文化素养和道德水平，公民道德的普遍提高，标志着社会文明发展的层次。文化育人的根本是"以文化人"，是一个以知识为核心的复杂的有机系统，是传播知识的追求者，是引领社会新风尚的坚强后盾，文化育人的理想就是现实社会成员精神文明素质的普遍提高，并推动社会文明建设的不断向前。

现实社会具有丰富的智力资源，同样也是先进文化的重要传播场所，受众主体为社会成员，而这些成员在又是社会主义建设者的一分子，在社会生活中也充分的参与到社会精神文明建设，同时文明建设的成果也会反作用于他们，通过他们表达出来，换言之，人类既创造了文明，同时文明也通过人类的思想、行为等表现出来。在文化育人的过程中，将社会主义核心价值体系内容融入其中，从道德维度给成员传递文化内核，旨在提升成员的个人素质、道德水平和社会责任意识，这些成员在各自的社会工作岗位工作时，就会将这些通过内化成为观点，从而指导自身行为的展示文明成果，进而影响周围的更广泛的群体，使精神文明建设进入良性循环，文化育人也必将成为文明建设的有力支撑。

三、有利于提高文化素养

文化育人是文化素养的培育平台。文化素养是人体现在言行举止、思维表达等方面的，稳定的文化涵养、修为。文化素养不单单是指人对当前科学技术知识的了解和应用的程度，更深层次的内涵是包括对人与人、人与社会、人与自然的等人与人之外的一切事物的认知水平及应用能力。就人类社会历史发展总体而言，文化素养决定了一个社会的历史存在与和谐发展。同时，文化素养是人的科学文化知识水平和个人德行修养的统一体，而文化育人的基础功能之一，科学文化知识的传播既决定了其能通过教育手段来提高人的文化素养的功能，又通过耳濡目染、润物细无声的方式，将人类道德真善美使之作用于人，培养社会成员文明之举，塑造崇高的道德情操，进而全面提升人的文化素养。

首先，文化育人为文化素养的培育提供时空范畴。众所周知，文化素养的形成不是一朝一夕完成的，是通过后天的文化来对人进行传递、渗透和影响的，是通过教育的手段来完成的。文化素养的形成，一方面要有一定的时间量作积累，在人的发展过程中，这个作用是分步骤分阶段的，同样，文化素养的形成注重的是文化的内化，强调通过文化的内化从而得升华，而这种升华最终成为人的一种文化自觉的社会现象，客观上需要相当长的时间积累。而文化育人则在这个时间过程中，把文化价值、文化理念等有机的融入于科学、人文知识中，通过时间这个"量"的积累，而达到文化升华的"质"的转化。另一方面要有一定的空间使其成为客观存在。文化具有地域性，不同的文领域、地区，其文化内涵有着明显的区别。文化的存在也通过一定的空间表达出来。学校、社会、家庭等等，都是文化素质形成的重要场所，也是文化育人发挥其作用的重要平台。

其次，文化育人是文化素养培育现实的有效途径。"文化育人的过程与一般的强调知识的教育不同,文化育人则更关注从文化从客观到主观再到客观的转化过程,这一过程的实质是把客观的文化内化为个体的精神活动。"①而文化素养的培育,也不单单是科学技术知识的教育,而是一个复杂的综合的心理过程,文化育人在这个过程中,注意将文化价值等非智力因素的融合,以有机的、灵活的方式,共同构成对文化素养形成的内在动力,这种动力使人在文化素质上有所追求,进而实现了人的文化素养的塑造,从最根本上实现了文化素养培育的目标,因此从这个意义上说,文化育人是文化素养培育的现实的有效途径。文化素养培育的有效途径,就是通过文化环节。文化育人的终极目标是实现"人的全面发展",而文化素养在"人的全面发展"中有着基础性的作用和地位。一方面,文化素养的层次和水平,是衡量一个人综合素质的重要指标,而只有在具备了一定的文化素养基础之上,人才能发挥起主观能动作用,向着德智体美等更高层次发展。另一方面,文化素养并不是与生俱来的,而是通过后天的教化而形成的,而不同的人由于天资禀赋不同,对于文化的理解也不同,文化育人则是在后天的教化过程中,通过理性的整合,使人逐渐的形成基本的或不同层次的文化素养,从而现实不同的人的身体和心灵的充分发展。由此,可以认为,文化素养是文化育人在实现"人的全面发展"过程中的重要环节。

四、有利于实现文化强国

文化育人是文化强国的支撑基础。胡锦涛同志在党的十八大报告中指出,"扎实推进社会主义文化强国建设。"并提出了四点意见,"一是要加强社会主义核心价值体系建设。二是要全面提高公民道德素质。三是要丰富人民精神文化生活。四是要增强文化整体实力和竞争力。"文化的大发展大繁荣是文化育人的神圣使命,以文化的方式增强国家综合实力,发挥了文化育人在文化强国过程中的支撑和基础作用。文化强国不紧体现在一个国家文明发展,悠久历史，更表现在全体国民素质上。而文化育人活动正是通过为文化强国营造了文化氛围、提供强有力的人才支持和保障文化的先进性三个方面，成为文化强国的支撑基础。

首先，文化育人为文化强国营造强大文化氛围。文化强国需要强大的文化氛围，需要大多数的社会成员有着高度的文化认同和文化自觉。要充分认识到文化氛围对于文化强国的形成所起到的能动作用。对以公民教育传承主流文化。文化是以价值观为核心的智慧结晶，是人类劳动实践和和智力思维结合的产生，是最需要传承的领域。教育是为人之学，文化则是教育的核心灵魂。文化事业是民族的事业。教育的重要职责在于保留、传承优秀文化，通过文化育人，把自然人转变为社会人，促进青少年健康成长，成为社会的合格公民。文化氛围的形成主要体现在育人的活动中和实现培养人的目标的过程之中，尤其体现在对社会成员的核心价值引领上。文化育人向社会成员广泛的传递核心的、主流的价值观，形成价值观的总体认同，进而形成强大的、普遍的文化认同，营造出强大的文化氛围和舆论氛围。文化强国归根结底要靠育人，育人之要在价值观。"价值观关乎人心的终极皈依与认可，是文化的灵魂，是民族的血脉，是民众的精神家园。"一旦形成普遍认同的价值观，一个国家便可提升士气，凝聚力增强，文化强国的目标也就指日可待。文化育人应当把社会主义核心价值体系融入国民教育全过程，形成具有征服人心的文化力量，塑造共同价值观，形成强大的社会主义核心价值文化氛围，把社会主流文化一代又一代地传承下去并发扬光大，为文化强国提供强大精神动力和文化环境。

第二，文化育人为保障文化的先进性提供支撑。文化强国需要先进文化的支撑，这种文化不是倒退的、腐朽的，而是时刻站在时代前列的、优秀的人类文化成果。只有这种先进的文化，才能不断的满足人民群众对文化的需求，才能保障文化对国家的发展起促进的作用。文化育人其自身的特点，决定了文化育人内涵是辩证的、与时俱进的、先进的文化。文化育人在现时代被赋予的神圣使命也决定了其内涵与社会主义核心价值相违背的、腐朽的、落后的文化相排斥。在文化育人活动中，主动的去其糟粕，取得精华，把外来文化与传统文化相结合，形成适合我国国情的文化，进而推动文化创新，使先进的文化更具有生命力和活力，为文化的先进性提供了有力支撑。

第三，文化育人为文化强国提供了强有力的人才支持。文化育人的根本任务是培养人，而人才又是保证文化强国的基础环节。没有人才，文化强国的实现也不可能。高素质专业人才是文化建设的中坚力量，文化育人也担负着为文化事业输送各类人才的责任。现时代背景下，国家的竞争实质上是科技的竞争，科技的竞争的核心在于人才的竞争，文化育人的目标不仅仅是为了传递科学文化知识，更重要的是使人全面发展，成为有理想、有道德、有文化的人。文化育人坚持科学精神与人文精神并举，就是我们在培养人的过程中，要注意人的"智商"和"情商"同步发展且达到一定的平衡。而只有这样的人才，才能真正把文化领悟透彻，才能对文化不断的加以思考，才能认识到科学技术的本质，最终为文化强国奉献力量。

五、有利于打造大学文化

文化育人是大学文化的核心内容。"在高职院校的人才培养、科学研究、社会服务三大职能中，文化传承、文化融合、文化创新是其主导性诉求，文化育人是高职院校价值体系的核心和灵魂。"高等教育是文化育人活动的重要表现形式，文化育人是高等教育的核心内容。文化育人无论以任何形式存在，或者发生作用，高等教育都是其最重要的实践平台。高等教育不仅是专业上育人（科学、知识），还要在文化上育人（精神、理念），更要在人格上育人（品德、修养）。

首先，文化育人使高等教育回归育人本质。高等教育担负着人才培养的重要社会责任，与文化育人的目标有着极端的统一性。当前，高等教育不单是对学生的智商培养，更重要的是通过大学文化对学生全方位的培养。科学文化知识经过专业的学习，可以被学生所习得，但如何运用及如何把专业所学与实践相结合，学以致用，便是文化育人的功能体现之处了。事实证明，掌握了一定的科学文化知识，并不一定能在市场的竞争中取得绝对优势，而人才在各个领域被认可，往往是人经过文化育人而内化在人性中的一本精神。而文化育人在根本上化解了短视的功利性理念，还原了高等教育的本质属性，消除了急功近利的高等教育思想，摒弃了学术科研浮躁的现象，使得高等教育回归到育人的本质。正因如此，高等教育应明确"文化育人"为其核心，使其发展回归"育人"本质。

其次，文化育人实现了高等教育对人才培养的要求。高等教育的根本任务是培养社会主义建设者和接班人，而高职院校就是通过文化培养人才。人是文化的创造者，也是文化的创造物，高等教育就是通过文化培养人、创造人的。高等教育的存在，是为了传承文化、传播文化、创造文化，通过文化的继承、传播和创造，促进受教育者的社会化、个性化、文明化。高等教育的过程，实际上是一个有目的、有计划的"化人"过程。而文化育人的目标即是通过一定的手段和方式，把人培养成为有知识、有能力的全面发展的人的过程。

第三，文化育人提升了高等教育的特色和竞争力。文化育人为高等教育营造了特色的大学文化。高等教育需要凝结高等教育机构的精神文化、学术文化，文化育人是特色兴校的支撑基础。大学文化作为现时代文化育人的重要内容之一，是高等教育在长期育人实践中所累积、沉淀、凝练所形成的稳定的区别于其他文化的一种物质精神文化，被普遍认同和遵循，并且不断在时空中传播，更重要的是该文化具有高等教育机构特色的内容，它包括育人的定位和理念、大学精神的实质和标准、师生行为的规范和学风等，及其他蕴含在高等教育机构软硬环境中的特色文化。坚持文化育人，有利于提升高等教育水平和特色发展有着重要的支撑作用。

"特色"是提高高等教育竞争力的理性途径，是高职院校的立足根本和竞争优势，一方面有要坚实的科研后盾，另一方面要具有其他高职院校所不具备且不能简单效仿的特色之处。高等教育要走特色和内涵发展之路，其生命力才越持久、旺盛。文化育人能有效提高大学的核心竞争实力，随着改革开放和高等教育体制改革的不断深入，高职院校在发展和建设的过程中，越来越注重结合自身实际，发挥自身的能动性，由高职院校本身来解决自身发展和建设方向，使各高等教育机构学术派别各具特色，自成一派。文化育人在竞争中成为增加高职院校竞争力的有效手段和实施平台，是顺应时代和历史发展潮流的。而在竞争中，拥有自己独有的特色的文化的教育机构，优势逐步显现出来。文化育人帮助高等教育机构明确和形成特色大学文化，进而不断传递和扩大其影响范围，在时间和空间维度上进行延伸，进入良性循环，从而推动高职院校自身实现科学发展。衡量高等教育机构生命力的普遍价值观认为，科研学术水平和社会影响力是其实力的重要标准。事实证明，高等教育的社会影响力越大并具有良好的社会声誉，其发展空间就越广阔，社会认同度越高，校园师生员工的凝聚力越强，发展的潜力越大。同样，具有以上特征的教育机构对于社会各方面优势资源也具有吸引力和凝聚力，通过文化育人的方式打造具有特色的高职院校文化，为吸引优秀资源创造了充分的条件，进而形成推动学校科学发展的关键动力。文化育人作为学校的发展战略，为高职院校的发展打下坚实基础，为学校育人提供优秀软硬件环境，为高等教育高速、全面、协调发展提供有力支撑。

在当代，尤其是在改革开放不断深化的历史背景下，中西方思潮不断碰撞，文化交融现实越来越普遍，能否把握住主流文化，引导当代青年紧跟时代步伐，成为社会主义合格建设者和可靠接班人具有重要现实意义。文化本身承载着巨大信息，在育人功能上有着巨大潜能作用，文化育人在中国特色社会主义建设的新时期，有着重要的时代内涵，即以社会主义核心价值观为统领，在此基础上，实现人的全面发展，进而增强国民素质，最终达到提高国家综合国力的作用。文化育人之所以力量之强大，因具有着区别于其他育人的特点，正是文化育人的生动性、贴近性、多元性、包容性和交互性等时代特征，才与它的基本功能有了较强的逻辑关系。

文化育人的潜力巨大，但在现实生活中，文化育人过程中也存在诸多问题。文化育人的功能是随着时代不同而有着不同内容的，在实施文化育人的过程中，我们也发展文化育人的学科体系还不完善，评价体系还不健全，内涵发展还不平衡，另外，文化育人的重要功能就是与非主流文化的一种力量抗衡，只有重视和加强文化育人，才能充分利用文化育人，争得更多的社会思潮，把握整个社会的价值理念，坚定社会主义的前进方向。文化育人的现实意义重大。本书用社会育人、文明建设、文化素养、文化强国、高等教育五个维度来支持文化育人，五个维度的核心都是"以人为本"，目的是实现"人的全面发展"，能充分认识到文化育人的重要意义，有利于社会主义先进文化发展方向，有利于中国特色社会主义现代化建设的各个方面。

第三章 文化育人的实践与启示

古今中外高职院校文化育人的实践为我们当今探索高职院校文化育人效应及其实现奠定了基础。其中，中国古代书院、西南联合大学、哈佛大学和剑桥大学在文化育人方面独具特色。本章以此为案例，具体分析其文化育人的具体做法，为高职院校实现文化育人的效应提供借鉴。

第一节 中国古代书院文化育人的实践和启示

书院成于唐，兴于宋，延续一千多年，是我国教育、文化的宝贵财富。它自产生以后，在育人方面独树一帜，培养出大批的人才。它将儒家的仁义伦理体现在文化教育的各个方面，致力于培养生徒的理想人格。

一、以儒家经典，浸润生徒的精神

中国古代书院作为组织化、制度化的教学组织，把有强大生命力和不断发展的儒家文化作为自己的书院的教学内容。在书院的藏书中，大部分是儒家典籍。书院的主持者或讲学者通常也是儒家文化的集大成者，如兴复白鹿洞书院的朱熹、建濂溪书堂的周敦颐、创办龙岗书院的王守仁、讲学于嵩阳书院的程颐、程颢等，他们主张生徒自修和研究儒家经典，在钻研经典中接受儒家价值观念和人生理想的浸染。对中国书院影响深远的朱熹还为生徒制定了读书课程，要求生徒先读"四书"，依次从《大学》《论语》读到《孟子》《中庸》，之后，再读"五经"。理学家程端礼，为了使生徒贯通经史，制订了系统的读书课程计划《程氏家塾读书分年日程》。程端礼按年龄划分将读书阶段，主张生徒八岁前读《性理学训》《童子须知》；八岁至十五岁读儒家经典的正文，如《小学》《大学》《论语》等；十五到二十岁，依次读《大学章句》《或问》《论语集注》等，后再抄读本经，并兼读《通鉴》《韩文》《楚辞》等。《程氏家塾读书分年日程》因其科学性和合理性，也被其他书院广泛效仿和采用。儒家经典也是书院教学的重要组成部分，如张栻的《论语解》《孟子说》、朱熹的《四书集注》都是书院师长们围绕儒家经典潜心研究而获得的重要的成果，也是书院教学的主要讲义。生徒在自我研读和师长传授儒家经典的过程中，不知不觉地将儒家"穷则独善其身、达则兼济天下"的思想内化为自我的精神内核，指导着自身修身、齐家、治国、平天下。

二、以升堂讲说和会讲，启迪生徒的道德理性

中国古代书院生徒主要以自学为主，大部分时间专心读书、循规遵礼、自考自醒。书院生徒除了讲、读、习、写、观摩、醒思等日常活动外，也会举行升堂讲说。升堂讲说是师长面对众多学徒讲学的教学组织形式，类似于班级授课制，陆九渊在白鹿洞书院讲《君子喻与义，小人喻于利》是升堂讲说的典型实例。在讲学过程中，师生、学生之间可以进行问难论辩，师长提问，学生回答，学生也可以反问老师，达到释疑、解惑的目的。持不同学术观点的学者也会举行会讲。会讲相当于今天的学术研讨会，是与书院教学、学术活动相关的聚会。例如，1175年，由吕祖谦发起的，朱熹、陆九渊、陆九龄等人在鹅湖寺的关于理学和心学的鹅湖之会。会讲是学者的学术辩论，生徒也可参与其中。鹅湖之会，朱熹的门人连崧、范念德，陆九渊、陆九龄的门人邹斌、朱㭿、朱泰卿也参加了这次聚会。会讲可以十天举行一次，也可以一个月、两个月举行一次，还可以按季节举行。随着书院的发展，形成了讲会。讲会是不同学术流派、学术团体或学术组织定期举行的讲学、会讲等活动，讲会活动有时间、地

点和具体内容的规定。总而言之，不管是升堂讲说的问难论辩，还是会讲的学术辩论，以及不同讲会组织的学术争鸣，都是为了穷理、致知，穷理和致知又是生徒获得道德理性的基础。因此，生堂讲说、讲会和会讲的活动是启发生徒道德理性的重要手段。

三、以日常礼仪规范、祭祀，潜化生徒的行为和心智

书院将生徒的日常生活置于礼仪之中，通过礼仪的约束和训练，周旋揖让、洒扫应对中，培养生徒形成良好的道德习惯和行为模式，并使生徒的心智筋骸、志意性情发生变化。在书院的学规、学则中记载了很多关于生徒日常礼仪的内容。程端蒙和董株制定的《程董二先生学则》，最具有代表意义，其规定了生徒上课、下课、出入、会见宾客、称呼师长等公共礼仪，还在生徒的个人礼仪，如坐、走、听、看、说话、容貌、衣冠等提出了明确要求，详细如下："凡学于此者，必严朔望之仪。谨晨昏之令。居处必恭。步立必正。视听必端。言语必谨。容貌必庄。衣冠必整。饮食必节。出入必省，读书必专一。写字必楷敬。几案必整齐。堂室必洁净。相呼必以齿。接见必有定。修业有余功，游艺有适性、使人庄以恕，而必专所听。"每一条下面还有具体的说明，以必严朔望之仪为例，其内容是："以直日一人主击板。始击，咸起，盥漱总栉衣冠。再击，皆著深衣或凉衫升堂。师长帅弟子诣先圣像前再拜，焚香讫，又再拜，退。师长西南向立。诸生之长者，率以次东北向，再拜，师长立而扶之。长者一人前致辞，讫，又再拜，师长人于室，诸生以次环立，再拜，退，各就案。"书院通过这些详尽的礼仪规范，达到教育和训练生徒行为和心智的目的，使其习与智长，化与心成，从心所欲，不逾矩。祭祀、讲学和藏书并列为书院的三大功能。书院祭祀的对象可以是孔子，也可以是学派的代表人物，也可以是与本书院相关的先贤、先儒。祭祀有专门的仪式，根据《礼记》的记载，书院的祭祀

典礼分为"释奠"和"释奠"两种，祭祀过程的每一个程序都有严格的规定，包括设香案、陈列祭品祭器、奏乐、行三献礼等。很多书院还设有祭祀用的祠堂。祭祀虽然有封建迷信、神灵崇拜等消极的一面，但对生徒道德、礼仪、行为也产生过积极影响。通过隆重而宏大的仪式，用先贤、先师等模范人物的力量，在践履中使生徒的思想和行为得到潜化。

四、以自然环境和人文景观，陶冶生徒的性情

孔子曰：仁者乐山、智者乐水。书院大多建在远离尘世的山林之地，清净、幽美的外部自然环境，为生徒们提供了修身养性的最佳处所。周敦颐开办的濂溪书堂坐落于庐山北麓莲花峰下，堂前有溪，干净凛冽；岳麓书院位于岳麓山下，湘江西岸，风光秀丽；嵩阳书院位于五岳之一的嵩山脚下，景色宜人。生徒们在宁静的山水间隐居读书，涵养心性。书院除了注重外部自然环境的选择，还重视书院内部建筑、景观布置，来感染生徒的习性，提升生徒的审美情趣和生活理想。书院的书楼、斋舍、讲堂、祠堂等布置的整齐严肃，各种院规学则悬挂于书院内部的门壁四柱上，祠堂中挂有或塑有先师先贤的像，使生徒置身于严谨的秩序和氛围之中。书院的建筑群周围，通常环绕着梅、兰、竹、菊、荷、松等植物，还配有亭、台、楼、阁、桥等建筑景观，增添生徒的生活情趣。清代岳麓书院设置了风荷晚香、柳塘烟晓、桃坞红霞、竹林冬翠、碧沼观鱼等书院八景，使生徒置身于优美的园林环境中，精神、性情得到感染和熏陶。除此之外，师长还会带生徒去游山玩水，考察名山大川、游历古城幽乡，在结伴游学中，在林泉山石中，在人文景观中给予生徒启示和教诲。

五、中国古代书院文化育人实践的启示

中国古代书院可看作是高等教育的形式之一，其文化育人的具体做法对当今高职院校文化育人有着重要的启示意义。首先，高职院校要借鉴书院以儒家

经典浸润生徒的精神的做法,继续推进社会主义核心价值体系"进课堂、进教材、进头脑",开设《马克思主义基本原理》《毛泽东思想和中国特色理论体系》《中国近现代史纲要》《形势与政策》等课程,开展马克思列宁主义教育、党的基本理论、路线、纲领和经验教育,中国革命、建设和改革开放教育和基本国情教育,努力通过课程和教材使学生树立起崇高的理想信念;其次,高职院校要借鉴书院以会讲和讲会,感染生徒的道德理性,以祭祀、礼仪,潜化生徒的行为的做法,改进思想政治理论课的教学方式、方法,将思想政治教育渗透到教学、科研等各个方面,使所有教师负有育人职责,各门学科都发挥育人功能,并注重日常生活中的隐性教育因素对学生行为的规范和潜化。最后,高职院校要借鉴书院以自然环境和建筑,陶冶生徒的性情的传统,注重物质文化环境建设,发挥环境的熏陶、感染作用。

第二节 西南联合大学文化育人的实践和启示

西南联合大学,是由清华大学、北京大学和南开大学在抗日战争时期联合而成的一所综合性大学。联大学人在民族精神的凝聚下,在艰苦的卓绝的环境中,师生抱着救国之志,发愤图强,创造了中国文化教育史上的奇迹。

一、以"文化抗战,学术救国",凝聚学生的思想

西南联合大学诞生于民族危亡之时,联大学人清醒地认识到,抗战,不仅是军事、经济方面的抗战,更是道德、精神、文化学术的抗战。主持校务的梅贻琦校长认为,学生和教师,最切实的救国方法就是致力于学术。当时,联大学生有两种选择,一是投笔从戎,亲赴前线,参与战斗;二是继续学业。师生虽然对投笔从戎的行为颇为赞赏,但都选择了后者,通过文化创造和学术竞争

承担文化抗战和学术救国的使命。历史学家、诗人、语言学家陈寅恪的父亲陈三立在卢沟桥事变后,拒绝吃饭,以死殉国。陈寅恪没有选择父亲的方式来表达自己的爱国之情,而是在处理完父亲的丧事后,随清华大学南迁至西南联大,将知识传递给联大的学子,用研究保存祖国的文化血脉。他坚信"救国经世,尤必以精神之学问为根基",只要文化不绝,中华民族就有希望,他的行为也激励着学生勤奋努力的学习。联大的学子在艰苦的环境下,学习非常刻苦,他们感到在抗战时期,没有扛枪去同敌人打仗,就应该好好读书,许多学生的讲义、课本封面上赫然写着"读书救国"四个大字,时刻提醒自己发愤图强。两弹元勋邓稼先在日本侵华战争爆发之时,还在上中学,在一次日本人举行的庆祝会上把日本国旗愤怒地撕碎、踩在脚下,为防遭迫害,其父邓以蛰将其送走,在临别之际对他说:"儿啊,你要学科学,学科学对国家有用。"邓稼先于1941年进入西南联大学习,受业于王竹溪、郑华炽等物理系著名教授,在校求学期间,发愤图强,学习成绩优异,圆满完成了大学四年的学业,为他后来领导设计原子弹和氢弹,把中国国防自卫武器发展到世界先进水平打下了坚实的基础。联大教授的课程中也更多地融入中国元素,通过向学生授课来延续民族文化的血脉。联大教师将研究治学、学生将读书、学习与抗战救国紧密地结合在一起,深厚的爱国之情和振兴中华的志气为师生提供了源源不断的精神动力。

二、以现实性和会通性的课程,提升学生的才能

为了适应抗战的需要,联大新开设了很多现实性的课程,培养直接为抗战服务的人才。土木工程系开设了军事运输、堡垒工程、要塞建筑、飞机场设计等18门新课程;机械工程系开设了兵器制造、兵器学等课程;化学工程系开设了国防化学、高等国防化学等课程。航空工程系本身就是为抗战应运而生的,开设有飞机概论、空气动力学、飞机设计等课程。抗战中后期,随着滇缅公路、

中印公路的开通，云南成为抗战的前沿。地质地理气象学系、社会学系、中文系、历史的师生对云南的地质、气象、人文等方面进行了大量的研究，如《昆明高空气流》《中国南部季候风的问题》等。并以研究基础为支撑，开设了《西南边疆社会》《汉越语研究》等课程，满足抗战的现实需要。这些课程的开设，让学生接触到了最新的实用知识，为抗战的胜利提供人才保障和智力支持。值得一提的是，1943年，美国盟军来华，迫切需要翻译人员，联大为此开设了译训班，800名学生应征入伍，这些有志青年为保卫国土奉献出了自己青春甚至生命，联大也为抗战的胜利奉献出一大批有为青年。人才的培养不仅要满足现的需要，也要考虑长远的发展。在此基础上，联大在以远见卓识在专业教育的基础上，开设了会通性的课程，并形成了会通中西、古今和文理，重视人格培养的通才教育模式，为国家的发展造就高素质的人才。联大一年级所有同学必修科目有国文、英语、中国通史、西洋通史、伦理学、哲学概论和逻辑学7门基础课。名教授上基础课也是联大的一个特点，通过他们的高水平的讲授，培养学生对课程的浓厚兴趣，打下博学的基础。学校还规定理工学院的学生要在人文科学、社会课程中选修一门；法学院的学生要在数学、物理、地质、化学、生物等自然科学中选学一门。这些课程开设使学生具有宽广的学术视野、良好的人文素养和较强的社会适应性，为中国的建设和发展、民族的复兴提供了一大批专家、学者和栋梁之才。朱光亚、王希季等正是在联大专业教育和通才教育下，提升了才能，后来为民族和国家做出了巨大的贡献。

三、以大师的爱国情怀和研究治学，感召学生的学习热情

在联大，聚集了大量兼通中西、融合文理的大师，如陈寅恪、吴宓、汤用彤、朱自清、闻一多、冯至、冯友兰、潘光旦、吴有训、郑桐孙、华罗庚、曾昭抡等，他们的爱国情怀和研究治学深深感召着联大的学子。七七事变后，正

在剑桥大学做访问学者的华罗庚不顾世界数学盟主哈代大师的挽留，拒绝优厚的条件，毅然决然地回到风雨飘摇的祖国。1938年，在剑桥大学攻读博士学位的王竹溪放弃即将获得的博士学位，回国担任西南联合大学物理系教授。像这样的例子还有很多，当民族国家需要时，远方的游子义无反顾地放弃优越的生活和研究条件，回国效力。大师认为国运衰微之乱世，扛枪打仗、弃学从军并非学人所长，应以文化传播、文化创造、维系名族血脉为使命，将自己的爱国热情投入到研究和治学中，钻研学术，多出成果，为国育人，多出人才。在陈家营，闻一多一家八口与华罗庚一家六口隔帘而居，在油灯下，华罗庚埋头搞数学，写出了《堆垒数论》，闻一多专心研究诗经，完成了《伏羲考》。冯友兰认为没有民族兴亡和历史变化的激发和启示，他的《贞元六书》是写不出来的。大师们还把为立国建邦、培育人才作为自己的职责，以高度认真、严肃的态度进行教学，对学生的要求也非常严格。沈从文上《中国小说史》时没有资料，他就手抄发给学生，批改作业会留有很长的读后感；朱自清身患痢疾，仍然连夜批改作文；陈寅恪每次上课坚持背上涉及的所有书籍，并亲自把引证的材料写在黑板上，一字不落，也不请学生代劳。联大教授对学生要求严格也是出了名的，化学系女教师朱汝华每周都要测验学生，且事先不通知；吴晗讲授中国通史时，300多人上课，考试时只有10人及格。很多教授还将研究和教学结合起来，将其研究成果作为教学内容，如闻一多的楚辞、江泽涵的点集、吴有训的普通物理学等，让学生接受最前沿的知识。在联大教师严谨教学、严格要求以及民族危亡的激发下，学生们学习热情高涨，成就了一批驱除敌寇的兴业人才。

四、以艰苦卓绝的环境，砥砺了学生的意志

长期的战争使联大师生的生活都处于苦难之中，日军的轰炸空袭使师生时常面对死亡。1940年10月13日，日军23架飞机飞入昆明市区，投弹百余枚

进行轰炸，文化巷无一幸存，有一家六人全被炸死。物价飞涨、物资供应紧张，同学们营养不良，衣衫褴褛，困苦不堪，极端艰难时吃掺杂着泥沙、糠皮的公米，穿着打着补丁的袜子、制服。校舍简易，书籍、仪器、研究工具缺乏。铁皮屋顶的教室一到下雨天便叮叮咚咚地响个不停，气象系连最基本的雨量筒、温度表、风速风向仪也没有；物理系吴大猷教授要开展光谱研究，没有光谱实验的仪器；化学实验室，做实验，没有加热仪器，连足够的蒸馏水也没有……但艰难困苦砥砺了学生的意志、激发了学生的动力，激励他们苦干实干。同学们在跑警报时携带着书籍，在郊外自习功课；晚饭后去图书馆抢位置抢书，每次开馆前十五分钟，三层台阶上便满了人，如果迟到两分钟，只能拿着书站着在灯光下阅读。上课没有参考书，高年级把用过的书一届一届地往下传；没有分光仪，吴大猷教授用三棱镜在木架上拼成最原始的仪器来支撑学生们研究；没有加热仪器、蒸馏水，用做饭用的炭炉子、烧开过滤的井水来代替。那时候，同学们晚上读书最成问题，图书馆常常没有座位，宿舍的灯光又太暗，同学们就找到了一个新的方法——"泡茶馆"，尤其是理工科的同学吃完晚饭拿起书包就去寻找有电区的茶馆，泡上一壶茶，在茶馆里交流、学习、讨论，很多人的论文、读书报告、实验材料分析等都是在茶馆中完成的。联大的教授们生活也非常艰苦，甚至卖书来维持生计。在这样的环境下，同学们明白物质有限、精神却无穷，仇深事亟、更宜努力的道理，取得了学术成就，创造了教育奇迹。

五、西南联合大学文化育人实践的启示

西南联合大学是我国高等教育史上光辉的一个，它存在时间短，却培养出大批卓越的人才，西南联合大学文化育人的一个关键点是以民族精神激发师生的爱国情怀，它以"文化抗战，学术救国"，凝聚学生的思想；以会通性和现实性的课程，提升学生的识见；以大师的爱国情怀和研究治学，感召学生的学习热情；

以艰苦卓绝的环境，砥砺学生的意志。当今，高职院校要实现文化育人需借鉴西南联合大学的办学治学特点，根据时代的要求和学校的具体情况，大力弘扬民族精神和时代精神。民族精神是一个民族生存和发展的灵魂，爱国主义是中华民族精神的核心。高职院校可利用十一国庆节、五四青年节、一二·九运动纪念日等等重大纪念日和节庆日，开展以爱国主义教育活动，把源远流长的中华民族精神传递给学生，树立学生的民族自尊心、自信心和自豪感。时代精神代表着时代发展的潮流，是我国兴旺发达的不竭动力，其核心是改革创新。高职院校站在文化的前沿引导学生冲破落后的思想和陈腐的观念，通过课程教学使学生掌握丰富的知识，通过课外活动和社会实践使学生练就过硬的本领，这些都是改革创新的必备条件。自1989年，高职院校举办多届全国大学生"挑战杯"科技学术竞赛，动员学生广泛参与理论创新、制度创新、科技创新、文化创新以及其他各方面的创新，收到了良好的育人效果。

第三节 哈佛大学文化育人的实践和启示

哈佛大学作为美国高等教育的象征和世界著名大学的杰出代表，在文化育人方面也表现出独特的特征，主要通过课程改革、专业学院和社团体现出来。

一、以课程改革促进学生的全面发展

课程在高职院校文化育人的过程中占据重要位置，哈佛大学把课程看作培养人才的基础，当课程不能适应经济、社会、文化的发展需要，备受争议时，课程评价委员会就会对旧的课程体系进行评价，并提出新的课程体系。按照时间先后顺序，哈佛大学的课程改革大概经过了六个阶段，从古典必修课程、自由选修课程，到集中分配课程、通识教育课程，再到核心课程和课程国际化，

每个阶段的课程改革都试图在前一阶段的课程基础上有所改进和超越,使学生通过课程学习,朝更全面的方向发展。古典必修课程主要是沿袭中世纪大学的七艺,学生把基督作为学习的基础,宗教氛围浓厚,课程制度僵化。19世纪,随着社会的发展,美国的大学理念突破了宗教的限制,逐步发展成了重视个人自由、崇尚学术研究,在这一理念下,哈佛对课程进行了改革,实行自由选修课程,尊重学生的个体差异,赋予学生自由选择的权利,但完全的自由选修使学生漫无目的、避难求易地选课,学生的学习质量有所下降,出现了博而不专、泛而不精的现象。为了弥补这一缺陷,哈佛大学又进行了课程改革,实施集中分配课程,重点是进行专业教育,并通过主修专业、课程分配、自由选修等培养既通又专的人。但第二次世界大战,使美国文化更加多元化,需要建立美国共同的文化和价值观,因此哈佛大学推出了通识教育课程,把公民教育和专业教育结合在一起,培养美国社会的自由公民。由于通识教育课程在发展过程中出现了课程混乱、目标缺失的情况,哈佛大学又提出了强调基本技能和思考研究方法的核心课程,也使哈佛大学的课程体系也发展成了专业方向课程、自由选修课程、核心课程相互平衡的课程体系。随着全球化的加深,哈佛大学又试图在已有的课程体系基础上,通过课程改革,培养学生的国际视野。哈佛大学的课程经历了一次又一次的改革,但基本目标都是培养全面发展的人,通过课程的合理设置达到育人的目的。

二、以专业学院培养专业领域的领袖人才

哈佛大学的法学院、商学院、医学院、文理研究生院等专业学院实力都非常强,在培养各个领域的专家和领袖方面具有重要的影响力。哈佛大学的法学院建立于1871年,是哈佛建立最早的专业学院之一,也是美国最古老的法学院。法学院最著名的就是案例教学法,通过真实的事件和情境,促进学生参与课堂

讨论，这一方法已成为被各大学广泛使用的、最为有效的教学方法之一。法学院的校友大多是美国法律界的领军人物，其中的32名是美国最高法院的法官，现任美国最高法院的九名法官中，有六名在哈佛大学法学院学习过。它开设了260多门课程，几乎覆盖了所有的法律分支领域，学生来自世界上一百多个国家和地区。商学院也是哈佛大学最为著名的专业学院之一，美国教育界有这样一个说法：哈佛大学是美国所有大学中的王冠，而王冠上那最耀眼的宝珠，就是哈佛商学院。作为培养总经理、主管、商人的西点军校，哈佛商学院培养了世界五百强公司三分之二的高级管理人员。它通过开设专业必修课程和选修课程以及大量的案例教学，使学生快速地成长为能够独立思考和具有创造力的总经理。哈佛大学医学院因具有13名诺贝尔奖获得者而举世闻名，它的8074名全职教师中，有67名是美国国家科学院院士，还拥有49个附属医院和高额的捐赠资金。哈佛大学的文理研究生院知名度也不亚于其他学院，尤其是在历史学、英语语言文学、心理学、经济学、物理学等方面，它培养了三十三名诺贝尔奖获得者，也是哈佛大学实施国际化战略的一个重要学院。其他的学院比如教育学院、肯尼迪政府学院等也颇负盛名。总而言之，哈佛大学的专业学院通过雄厚的师资、充足的经费、不断的研究和教学为美国各个专业领域输送了一批又一批的顶级优秀人才。

三、以学生社团发展学生的个性

学生社团是高职院校文化育人的重要载体，它突破了课堂教学的限制，拓展了学生成长空间，衔接了学校教育和社会生活，如果说课堂教学是集中性、普遍性的教育，那么社团则为学生的个性的张扬和创造力的发挥提供了平台。哈佛大学培养出了众多的政界、商界、科技界、文艺界人才，如肯尼迪、罗斯福、奥巴马等，他们都是学生社团的领军人物和社团活动的积极分子。哈佛大学有600多个学生社团，大约平均30个学生就有一个社团，其中，学校官方认可的社团有302个，建立自己网站的社团有546个。哈佛大学的社团大致分为六类：一是信仰型社团；二是学术专业型社团；三是艺术类社团；四是服务型社团；五是地域性社团；六是社交型社团等。哈佛大学对于社团的成立、审批、经费、活动开展、指导老师配备等有着严格的管理，确保学生社团育人作用的发挥。哈佛大学的学生可在种类丰富的社团中，根据自己的实际情况，选择感兴趣的社团，通过丰富多彩的社团活动，使自我得到个性化的发展。

四、哈佛大学文化育人实践的启示

哈佛大学以课程改革促进学生的全面发展，以专业学院培养专业领域的领袖人才，以学生社团发展学生的个性，体现了高职院校文化育人的一个重要目标：培养学生的综合素质。当代大学生不仅要有全面的知识储备、完整的能力结构，而且要在艺术、体育等方面获得长足的发展；不仅要有求真务实的科学精神，也要有尊重人的价值、尊严的人文素养。哈佛大学文化育人的实践启示我们高职院校要实现文化育人，要着力于培养学生的综合素质。高职院校可实施"大学生素质拓展计划"，建立包括思想道德、科技创新、社会实践、文体艺术、社团活动等多方面的综合评价体系，组织讲授教学、课堂讨论、专题讲座、主题活动、实践体验，并举办大学生科技文化节、艺术节、运动会等，完善学生的素质能力结构，促进学生的成长成才。同时，高职院校要实施"大学生全面素质教育工程"，建设素质教育基地，整合教育资源，加强师资队伍建设，把科学精神和人文素养教育涵盖到课堂教学、课外活动和社会实践中，并通过课程体系调整，要求文科学生学习工程技术与自然科学方面的知识课程，理、工、农、医科学生开设人文社会科学课程，如文学、历史、哲学、艺术等。通过以上措施和做法，不断提升大学生的综合素质。

第四节 剑桥大学文化育人的实践和启示

剑桥大学是世界上最古老的大学之一，培养出了大批自然科学大师和社会科学方面的栋梁之才，其深厚的历史底蕴和文化沉淀，哺育了一代又一代的剑桥人，它有很多值得我们借鉴的地方，但单从文化育人的角度，具体表现为以下四个方面：

一、以优良的校风启发学生的才智和潜能

在剑桥大学，"此乃启蒙之所，智识之源"一直是其沿用至今的校训，彰显了深厚的历史文化背景和人文精神所造就的优良的学风。在剑桥，随处可见学生自觉刻苦学习的学生，学生入学时要宣誓："我已成为剑桥大学的一名学生，我要努力学习，努力为剑桥的发展做出贡献，以剑桥为荣。"剑桥大学本科生开设的必修课并不多，但学生的学业负担并不轻，学校鼓励学生独立参加各种学术活动和实践技能培训；研究生的课程则量多面广，学生需要花费大量的时间阅读和学习，并定期做好研究报告。在学习的过程中，剑桥提倡学生自己去探索和发现，并注重学生对现实社会状况进行批判性的理解和评估。剑桥大学在教学内容和课程设置上，也重视学术性课程和专业，主张教育目的的内在性，追求知识本身的价值，重视学生才智和潜能的开发。在剑桥，最受尊敬的学科，永远是最基础的学科，例如神学、数学、语言学、物理学等等。在剑桥三一学院的图书馆屋顶上，伫立着四座石像，分别代表神学、法学、物理学和数学这四门最古老的学科，彰显出尊重知识的传统，激励学生不懈追求。剑桥的教师们把大学看作是传授和发展知识的殿堂，注重原创性研究，不断开发新课程，创造新发明。剑桥还广泛邀请海内外学者到学校讲课或进行学术研究，使师生在学习研究中不断地挖掘自身的才智和潜能。

二、以人文教育提高学生的人格、气质和修养

剑桥大学具有崇尚人文教育的传统，也是世界上最早设立人文和艺术学科的大学之一，认为教养比具有高深的学识更重要。建校之初，剑桥除了培养神职人员、牧师、教师等，就是要培养具有才智、趣味高雅、沉着冷静、坦率公正、行为高尚、彬彬有礼的绅士。学生到剑桥学习的目的也不是单纯地为了从事某种职业，而是要掌握英国上流社会精英人士的生活方式和艺术。因此，在近代科学兴起以前，古典人文科学知识一直都是剑桥教学的主要内容。剑桥大学认为，古典学科是古代的优秀文化遗产，如果教授得法，可以奠定学生正确的情趣，放开学生思维想象，使学生的智力修养得到提高。即使在受到实用科学的冲击下，剑桥也依然保持人文教育的传统，通过文、史、哲课程的学习，对学生的官能进行训练，使学生吸纳和认同人类千百年积淀下来的精神成果，促进精英人士的人格养成、思维发展、心智完善，提升其气质修养。

三、以导师制和独立学院制提升学生的学习能力和品格

导师制是剑桥大学独特的教育制度模式。优秀中学的毕业生进入剑桥后，受到指定导师的指导。导师关注学生从入学到毕业的学习、生活及全部相关情况。导师与学生进行一对一、面对面的交流，每一门课程，导师针对个体差异，与学生共同制订适合学生的教学计划，因材施教，并鼓励学生独立钻研、开拓创新。导师在辅导时，学生事先要进行探索，阅读相关文献，建构和再建构对知识的理解，写出论文，做好讨论和辩论的准备。导师在与学生交流和探讨的过程中，注重启发学生思考，锻炼学生的思维能力和应变能力，并培养精英人才自尊、自信和自我展示的热忱。导师不仅关心学生学业上的进步和发展，还关心学生品格的培养。剑桥的学者认为，要把学生培养成为精英人才，仅有学识是不够的，"品格是人生的桂冠和荣耀，是一个人在信誉方面的全部财产，

是人性最好的表现形式，是一个精英人物地位和身份的象征"。导师制为学生提供广阔的自由发展空间，调动学生的积极性和主动性，促进学生学习能力和品格的全面发展。独立学院制是剑桥大学培养精英的管理体制。独立学院是给学生和教师提供食堂、宿舍、图书馆和教堂的地方。学院里各种专业云集，不同背景的学生和学者相互接触，互相研讨，在跨学科交流和文理交融中扩大视野、活跃思想、塑造人格，成为一专多能、全面发展的复合型精英人才。

四、以图书馆、博物馆、实验室资源为学生追求真理和创新提供保障

图书馆、博物馆、实验室等资源是剑桥大学的重要组成部分，为剑桥大学的学子们追求真理和创新提供了重要保障。剑桥大学建立了多级图书馆系统，除了剑桥大学总图书馆之外，每个学院、系或研究所，都有自己的专门的图书馆。图书馆藏书丰富，1709年英国颁布《版权法》规定：凡在本国出版的图书都要免费缴给剑桥大学一本，这一规定使剑桥大学图书馆的馆藏迅速增加。丰富的藏书、良好的借阅服务为学生提供了丰富的信息，满足了学生对知识和学术的需求，为学生的学习和科研创造了一流的条件。剑桥大学同时拥有举世闻名的博物馆，例如藏品数量巨大、体系完整的菲茨威廉博物馆、收藏着达尔文航海旅行带回的标本的动物学博物馆等等，为学生提供最原始的学习材料和数据。这些博物馆会举行各种展览、讲座、演奏会等，并为不同学院提供教学协作计划，如艺术史系在讲授中世纪手抄本时，为了使学生对实物有直接的了解，就会把课堂搬到图书馆。博物馆代表着剑桥大学的教学科研水平，也是其悠久历史和文化传统的象征，更直观地向学生传递着人文精神和科学精神。剑桥大学也十分重视实验室的建设，有分子生物学实验室、大分子材料实验室、微软剑桥实验室等20个实验室，其中最具代表性的就是产生过29位诺贝尔奖获得者的卡文迪什实验室。功能完善、设备齐全的实验室为人才培养提供了良好的

学习和实验环境，推动他们的创造出更多的科研成果。总而言之，剑桥大学之所以能够培养出一批又一批的精英人才与图书馆、博物馆和实验室这些优质的教育资源是分不开的。

五、剑桥大学文化育人的实践的启示

高职院校文化育人离不开高职院校在长期发展过程中所形成的传统，剑桥优良的学风经过历史的沉淀，熏陶了一代又一代的人，剑桥的人文教育也很早就产生，并一直延续至今。独立学院制和导师制也起源于剑桥大学，并保持着旺盛的生命力，启示我国高职院校在文化育人的过程中，要注重自身历史传统的挖掘，提炼独特的育人因子，更好地实现文化育人。剑桥大学以独立学院制和导师制提升学生的学习能力和品格，充分说明了制度文化育人的重要作用，启示高职院校要不断完善和创新文化育人制度。实验室、图书馆、博物馆等资源作为学生追求创新和真理的保障，在剑桥大学得到了高度的重视，对我国高职院校的启示是要丰富教育资源，为高职院校文化育人的实现提供充足的物质条件。

第四章 高职院校文化育人的现状及问题

改革开放之后,我国的高等学校逐渐从半封闭状态走向开放。中国高职院校仅仅用了20多年时间,就走完了西方大学上百年从单一职能到多项职能的发展演变历程。在这个快速发展的过程中,我国高职院校在文化育人方面,特别是在理念、途径等方面取得了可喜成绩,然而在发展过程中也遇到了许多问题。

第一节 高职院校文化育人的现状

一、教育主体认识到文化在高等教育中的重要性

在我国汉语体系中,文化的本义就是"以文教化",它表示对人的性情的陶冶、品德的教养。在知识经济时代,中国大学更多的是沿着知识传递、知识创造和知识应用的逻辑来培养大学生,而文化育人的功能得不到正位。英国哲学家怀特海曾说过:"我们要造就的是既有文化又掌握专门知识的人才。专业知识为他们奠定起步的基础,而文化则像哲学和艺术一样,将他们引向深奥高远之境。"所以,文化离开了知识,就像树木丢了根;知识离开了文化,就像舟丢了舵。文化育人,浅层次上可以说是对人品、素质的培养,深层次上是对文化的传承与发展。

受市场经济的影响,高职院校在对学生进行教育时,要注重他们的全面发展。不仅要向他们传授科学知识、专业技能,同时还要传输思想观念、道德规范,以促进他们的科学文化素质和思想道德素质的全面提高。要达到这样的效果,文化则可以提供有效的途径,它以熏陶和渗透的方式,将人类优秀的文明

成果传递给学生。高职院校文化育人在于帮助学生学会做事的同时，学会做人，指引学生正确处理与他人、自然、社会之间的关系。其实早在20世纪40年代，梁思成先生就呼吁教育走出"半个人的时代"，但当时的大学教育人文精神有所失落。而近年来，我国教育界内外都在倡导素质教育，虽效果不十分明显，未能突破"知识教育"的教育体制与教育模式的窠臼。但我国高职院校为推进高等教育事业的发展，真正实施素质教育，让教育趋于文化层面，我国高职院校逐渐将知识育人与文化育人有机地结合在一起，还教育以和谐。

二、育人过程尊重教育对象的主体意识增强

高职院校文化需要有人文、科学、开拓、奋斗的精神，以人为本作为高职院校文化的精髓，体现着强烈的人文精神。优秀的高职院校文化代表的发展方向应该是"以人为本"的，即以绝大多数具有平等权利的个体的人为本的文化发展方向，而不应当是以物或以经济为本或者以少数人的利益实现为本。高职院校师生同时也是学校教育的主体，高职院校的教学、科研、管理和服务始终围绕着生活在校园里的师生进行。高职院校校园文化要以促进人的全面自由发展为目标，体现出人文关怀和道德情感，把教育同人的自由公正、尊严幸福、终极价值紧密结合起来，坚持以人为本。

新时期，国家对高等教育更加重视，高职院校也多了经费渠道，扩大了办学规模，校园环境在美化，教学设备在日益完善。重视硬件建设的同时高职院校也认识到校园"软实力"在育人中的作用。大学的一切办学活动的目的是培养学生成人、成才，因此高职院校在文化育人过程中必须以人为本。高职院校文化建设的各个环节都在强调将以人为本落到实处，充分尊重广大师生在教育中的主体地位，始终围绕着培养和发展人这个核心来开展工作。北京大学的王义遒先生曾把学校文化环境概括为四个字"文、雅、序、活"，其中的"文"

体现知识，为了使学生置身于校园中可以随时学到知识，北大的教师、图书馆和实验室里，甚至学校的花草树木、名胜景观、历史文物、道路宿舍等都有文字说明。除了北大的学子，任何去北大观光的人只要进入校园就能感受到一种科学与人文气息的熏陶。学分制在我国高职院校的普遍实施，也是以人为本的一个很好体现。随着我国经济体制和教育政策的调整，学年制严重限制了学生个性的发展，抹杀了学生的多样性。学分制的优势为："有利于学生教育教学中主体性的提高，有利于教学资源的有效利用，有利于教师改革教学、管理者改进服务"。师生关系上进一步明确学生是主体的理念，同时注意到对学生的限制太多反而容易消磨学生的积极性，不利于培养出杰出的人才。

三、高职院校文化育人的途径多样化

改革开放三十年，各种思想文化相互激荡，大学是社会的一个缩影，它也反映着社会环境的变化。传统学年制条件下，学生步调一致，在课堂上接受着教学管理和集体主义教育。相比较于传统课堂教学，课堂外教学在时间与空间上更加开阔，教育形式上更加多样，教育内容上更加丰富，课堂外教学在培养青年大学生方面有许多优势。新时期高职院校的文化育人工作可以通过组织开展各种文化活动，广大师生广泛参与，寓教于乐，在活动中达到育人的目的，比如：挑战杯、大学生科技文化艺术节、歌咏比赛、辩论演讲赛、书画摄影展、文娱体育赛事等。目前，高职院校各项课堂外活动的组织大多是由学生社团来承担的，呈现出社团化的特点，高职院校社团文化在育人方面发挥了重要的作用。

高职院校文化育人应该利用一切可以利用的资源来进行，不能够仅局限于课本知识和校内资源。红色文化资源的开发和利用，不仅能够丰富充实高职院校文化的内容，同时有利于改进高职院校文化育人的途径，它表面看来虽然年代久远，但是离学生最近，是教学中理论联系实际的最好内容。例如，河北省的西柏坡是全国著名的革命圣地，具有历史意义的七届二中全会便是在这里召开的。在会议的所在地西柏坡形成了以西柏坡纪念馆为代表，由西柏坡中共中央旧址、西柏坡石刻园、五位书记铜铸像、国家安全教育展览馆等极为丰富的红色文化资源和宝贵的精神财富。利用西柏坡丰富的红色文化资源在高职院校开展红色文化教育，在高职院校德育教学中用"红色文化"指导大学德育工作全过程，从班级教学、实践活动、环境熏陶、网络建设等方面创新红色文化育人的载体，将极大提高高职院校育人的实效性。

第二节　高职院校文化育人存在的问题

一、高职院校文化育人的理念有待更新

不光是中国，整个世界都在不断发展、不断变革之中，人们的思想、生活、价值观念等，受到了政治格局多元化、经济全球化、科技现代化、社会信息化的巨大影响，高职院校的教育工作也迎来了新的挑战。由于长期受到"应试教育"的影响，全社会"重理轻文"的现象依然存在，人文社会科学被边缘化的趋势仍然明显。加上功利主义、市场经济的影响，有些高职院校意识到专业和职业教育对于学生未来择业的意义，但培育过程却忽视人文和科学基础教育，结果出现有知识没文化的现象。如果高职院校教育中缺乏人文精神，那就意味着高职院校在文化育人中不能很好地完成文化传承创新这项使命。缺少优秀传统文化的熏陶，更谈不上再去创新，因为对传统文化的继承目的是创新，创出新时代的社会主义先进文化。

我国高等教育面对的教育对象缺乏创新观念，因为我国在培养人才的过程中鲜少做到对学生探讨自身兴趣和爱好的鼓励，给予学生更多的自我发现的机

会。进入大学之后，学生被动式的创新现象普遍，文化育人过程中学生往往习惯"拿来"知识，学校、老师指导学生追求什么，学生们就去追求什么，缺少原创性的创新意识和创新思维。鉴于此，高职院校需要积极转变文化育人理念，因为理念是先导，科学的教育理念才能培养出合格的人才。高职院校在文化育人过程中要重视优秀传统文化对学生的影响，让广大学生在继承传统的基础上不断开拓思维，培养创新精神。

二、高职院校文化育人内涵建设薄弱

高职院校文化包括物质、制度、精神、活动和网络多个方面，高职院校文化育人的内涵也应囊括这几个方面的内容。其中，物质文化可以说是高职院校文化育人的基础，制度文化是高职院校文化育人的保障，而精神文化则是高职院校文化育人的核心内涵，这三种文化都可以通过活动文化表现出来，网络文化作为一种新型文化在现代高职院校教育中发挥着越来越重要的作用。在新形势下有些高职院校对校园文化的教育意义缺乏深入认识，狭义地认为完成这项工作就是搞好校园文体活动，把育人工作简单理解成做好学生的思想教育管理工作。

目前许多高职院校，在具体的文化育人工作中存在重心偏低的问题，太过重视实用性教育，只抓物质、制度方面的建设，忽视精神文明建设。在校园建筑的整体布局上忽略和谐美，只讲规模不讲内涵，盲目扩建，许多学生感觉校园比以前漂亮了，但商业气氛也更浓了，缺乏文化气息。有些高职院校虽然强调精神文明的重要性，但也存在认识上的误区，将校园行为文化停留在一些浅层次的娱乐性、消费性活动上。例如，有些学生社团出于丰富课外生活的目的，只讲娱乐性不求学术性，经常举办一些歌曲比赛、棋类比赛，而鲜少涉及知识竞赛、读书报告会等专业性、学术性较强的活动。高职院校的文化育人工作应将校园文化建设与学科设置有机结合起来,才能娱乐、教育效果兼具。有的高职院校把文化育人工作局限在学生管理和思想教育层面上,把校园文化育人附属于学生管理部门,强调其控制功能、导向功能、凝聚功能、激励功能,以及改善生活、学习条件的物质功能,把校园文化育人工作看作是教育活动的管理方法和管理手段,并没有把校园文化育人放在整体办学规划的大背景下来实施。

三、高职院校文化育人机制不健全

当前,我国高等学校运行机制改革方面取得了一些进展,如建立以教职员工"能上能下、能进能出"为特征的合理流动机制、以"效率优先、兼顾公平"为原则的教职工分配激励机制等。我们知道,文化是一种特殊的社会现象,校园文化是社会文化的一部分。创新的学校文化,既是对传统教育的尊重,又是对未来教育的重视,在教育中起着举足轻重的作用。但从适应社会主义市场经济体制和满足文化育人发展的需要来看,大学机制建设仍存在一些问题。

不管是何种类型的管理,都要实行人本管理,这是管理的一个核心要求。有些高职院校领导将主要精力放在业务工作上,抓业务工作硬,抓文化建设软,队伍建设有名无实,或有人无岗。高职院校的文化育人贵在坚持,要在日常的工作、生活、学习中常抓不懈。而有的学校忙于应付检查评比,文件下来时红红火火地去搞,检查过后又没了踪影。高职院校购买图书资料、仪器设备,维修体育馆、活动中心,举办各种文体艺术节等都需要大量的经费支持。由于经费紧张,许多高职院校物质文化建设跟不上,没法满足广大师生日益强烈的文化需求。为了保障文化育人工作正常进行,高职院校要广开门路,保证经费投入。可见,没有健全的体制,高职院校的文化育人工作也很难完成。

四、高职院校文化的品牌意识缺乏

品牌是大学的名片,是实力的标志,正如美国著名广告专家莱利·莱特（Larry Light）所说:"未来的营销是品牌的战争、以品牌互争长短的竞争,商界与投资者将认清拥有市场比拥有工厂更重要,而拥有市场的唯一途径是拥有具有市场优势的品牌。"任何一种文化都会拥有属于自己的内涵,高职院校文化也有其独特之处,例如,区域不同,层次不同,学科不同的高职院校有着区别于其他高职院校的特色文化,发展好也可以成为一种品牌。高职院校文化品牌作为高职院校校园文化教育的旗帜,是一种无形的资产,可以让高职院校在激烈的竞争中吸引更多的关注度。目前我国一些历史较为悠久的知名大学,在其文化育人过程中都重视自身的特色,而一些新兴院校总是有从众、跟风的现象,没有根据自身的优势和专业特点来制定文化建设发展模式,也就缺少了独具魅力的校园品牌文化。高职院校文化品牌的建设离不开创造精神,高职院校领导者要有品牌意识,要根据教育环境的改变适时调整学校的教育内容,在充分把握自身高职院校优势的基础上合理借鉴校内外知名品牌构建的经验,给学校的文化品牌准确定位,定位成功之后需要通过各种物质和精神载体传递给学生。

新时期,高职院校文化品牌的培育面临着市场经济、多元文化、校区分离等问题,使得一些学校为了发展,提升办学竞力,在构建和谐的校园文化过程中不根据本校的实际,不尊重自己学校的传统,不发掘学校自身的优秀文化,仅仅通过考察、模仿别人的经验,在校园文化品牌培育过程中存在许多误区,例如:重包装不重内涵、求数量不求质量等。"十年树木,百年树人",真正的品牌不是一蹴而就的,它是一个长期积累塑造的过程。然而有些高职院校缺乏长期规划,在品牌培育上心情过分急躁,只期望速成品牌,跨步进入品牌的成熟期，对品牌本身内涵的育人价值和实际成效不多考虑。这种只注重培育了多少文化品牌，忽视校园文化品牌潜移默化的育人功能的行为，与打造校园文化品牌的初衷背道而驰。

五、高职院校文化育人合力尚未形成

一所高职院校的文化包含着十分丰富的内容："要做好文化育人工作，必须做到各种文化要素的有机融合和相互贯通，重视不同形式的文化育人合力的重要性，切实提高育人工作的实效性。"高职院校的文化育人工作是一个复杂的工程，不是哪一个部门能单独完成的，需要各个部门形成一种合力，集结高职院校的各种文化资源，实现多渠道育人。学院机关、图书馆、陈列室、教室、学生社团、宿舍等各种类型的组织文化都属于高职院校的基层文化组织，是文化育人的重要载体。然而有些高职院校在育人工作中忽视这些载体的合力，不把文化育人工作融入到学校的总体办学规划中，将文化育人与学校整体教学工作割裂开来，使育人效果差强人意。一些学生社团组织的文化活动由于缺少专业教师的理论指导，不能将校园文化对大学生的成长成才的意义凸显出来，活动主题缺乏内涵，学生也只顾娱乐，没有学术效果，这样也间接缩小了受众群。

还有一些高职院校在育人工作中忽视理论课程与其他文化载体的合力，认为搞好文化育人工作，就是做好学生的思想政治教育，开设相关的思想道德课程就可以。没有做到各个部门的有力配合，学校的课程开设、专业设置、师资配备、课外活动等割裂开来。高职院校的育人目标是追求学生的德、智、体、美全面发展，这就不是单独的哪个部门就能完成的，对内需要课堂教学与校园活动、宿舍生活等形成合力，对外需要借鉴其他大学先进的文化育人理念，需要引进企业文化、地域文化等共同完成。因此，高职院校在发扬校园精神文化的同时，应加大力度促成文化育人合力的形成，积极开拓文化育人途径，提高文化育人工作的实效。

第三节 高职院校文化育人存在问题的原因分析

随着国际化竞争的加剧，高素质技术人才的需求越来越多，高职教育也逐渐受到重视，高职院校的文化育人工作刻不容缓。而在现阶段，高职院校的文化育人却存在很多问题。因此，对高职文化育人存在的问题进行原因分析具有重要的意义。

一、认识不够深刻

（一）高职院校领导人不够重视

一个学校的领导对于整个学校的办学目标和办学方向具有决定性的作用，而高职院校的领导由于其办学理念、办学思想的不同，因此在学校建设中，出现了部分高职院校的发展重点以生源为主，盲目扩大办学规模，宁愿建新校区，也不愿花精力进行文化建设，以增强学院的文化底蕴，提升文化品位。

（二）未真正理解文化育人的深刻内涵

一是简单地将文化育人工作理解为校园文化活动，例如社团活动、文艺晚会等，二是认为文化育人就是思想教育，没有站在育人的高度深层次地理解文化的功能。因此在制定高职院校的办学目标上，未考虑文化育人，在文化建设中，单纯地以开展各种校园文化活动为主，没有真正地理解文化育人的深刻意义。

二、定位不明确

（一）培养目标定位的理解停留在表层

高职院校的培养目标要求培养技术性、应用型人才，而如何在坚持文化育人的理念的同时准确定位高职培养目标，是高职教育需要认真考虑的问题。然而，当前部分高职院校在高职人才培养过程中，只是简单地理解人才培养目标，过分注重"工具性""技能型"的培养，在"情"与"意"上缺乏文化熏陶，难以真正实现育人目标。

（二）办学定位趋同

大部分高职院校在办学定位上都千篇一律，缺乏自身特色。究其原因，一方面是由于教育评估的压力，高职院校为了评"优"，竞相模仿，建新校区，升本，缺乏自身特色；同时，因为高职办学历史不长，大多高职院校的发展还处于摸索阶段，缺乏一定的自信，高职院校的领导只是盲目地扩招，与同级院校攀比，对如何办出质量，如何运用自身文化实现育人目标，如何实现跨越式的内涵发展甚少考虑，偏离了高职的办学宗旨。

三、缺乏系统规划和理论指导

（一）办学条件有限、办学时间不长

高职教育作为高等教育的一部分，其办学时间并不长，有的是由中职院校升格而来，有的是几所院校的合并，没有统一的文化历史底蕴。在高职院校形成后，原学校的文化影响还在，未经过整合的院校文化导致现行高职院校的文化特色难以体现出来。相应的理论也尚不成熟，同时缺乏实践经验，故高职教育还处于"摸着石头过河"的阶段，缺乏系统的规划和成熟的理论指导。

（二）急于求成

为了应付教育评估，为了扩招实现效益，部分高职院校急于求成，在高职文化建设中摆空架子，理论很多，但是实施的难度和可信度值得商榷。文化育人是一项长期工程，需要高职院校的系统规划与切实的理论指导，就像酿酒，时间越长，酒就越香醇，若是急于求成，只会适得其反，难以实现育人目标。

四、教师主导作用有待加强

（一）教师的参与度不够

教师对营造高职院校的育人环境具有重要的作用，其既传播文化知识，又担负着创新文化的重任。然而，现存高职院校的部分教师却只注重知识传授，轻视校园文化参与，认为校园文化专属于学生，导致学生盲目地开展校园文化活动，浪费人力、财力、物力，在活动结束时，却没有受到任何教育意义，偏离高职人才培养目标。

（二）音区分教师的素质偏低

高职院校若要营造浓厚的精神文化氛围，需要具有高素质的教师与优秀学生的共同参与。然而，随着高职院校的扩招，由于部分高职院校在教师招聘时未能做到"严把关、高要求"，致使一部分低素质的教师鱼目混珠地进入学校，降低了学校教师的整体水平；部分高职教师把心思集中于评职称、写论文，没有与学生深层次地接触，在思想上没有高度重视文化育人，未能真正做到教书育人，发挥教师的主导作用，传承创新高职文化。

总之，高职院校的文化建设对高职院校提高办学水平和办学质量，培养高素质人才具有重要的作用。对高职院校文化育人进行实践研究，深入剖析高职院校文化育人现状及存在的问题，有利于高职院校坚持走内涵式发展的道路，提升文化自觉，树立文化自信，建成世界一流的高职院校。

第五章 高职院校文化育人对策研究

第一节 优化高职院校文化育人

国内外局势的变化和新一代大学生所表现出的新特征对高职院校文化育人提出了新课题，高职院校文化育人工作者只有针对这些新特点，有的放矢，对症下药，才能提高文化育人的实效性。本章试着从以下几方面分析：

一、创新高职院校文化育人的理念

（一）内容上重视优秀传统文化的德育功能

自党的十八大以来，习近平总书记多次强调传统文化的重要性。他指出，要重视中华传统文化研究，继承和发扬中华优秀传统文化。实现中华民族伟大复兴的中国梦，必须要有中国精神，而中国精神必须在坚持社会主义核心价值体系的前提下，积极深入中华民族历久弥新的精神世界，把长期以来我们民族形成的积极向上的思想文化充分继承和弘扬起来。优秀传统文化中的天下为公的爱国精神、推己及人的仁爱精神、兼容并蓄的包容精神、自强不息的进取精神、笃学致用的求真精神、与时偕行的创新精神，涉及了中华民族的风俗习惯、道德情操、思想价值观念、礼仪制度和行为方式等。这些优秀的传统文化与高职院校其他层面的文化一起优化着校园德育环境，使身处其中的师生在自觉与不自觉中受到道德教育，形成正确的思维方式和行为方式。高职院校文化育人最主要的目的是立德树人，为国家培养德才兼备的优秀人才。因此，努力挖掘中国优秀传统文化中的德育资源，形成文化育人的机制，增强高职院校文化育人的实效性。

马克思说过:"人们创造自己的历史,但是他们不是随心所欲地创造,并不是在他们自己选定的条件下创造,而是在自己直接碰到的既定的、从过去继承下来的条件下创造。"中国传统文化是我们的先辈传承下来的丰厚遗产,曾长期处于世界领先的地位。传统文化所蕴含的思维方式、价值观念、行为准则,一方面具有强烈的历史性、遗传性;另一方面又具有鲜活的现实性、变异性,它无时无刻不在影响着今天的中国人,为我们开创新文化提供历史的根据和现实的基础。全球化过程中,当今的中国也是世界的中国,而我们的文化也是世界的文化,这也是我国博大文化发展的必然趋势。为了弘扬中国传统文化,为了与世界接轨,在利用传统文化进行育人工作中,要做到与时俱进,富有创新精神,赋予优秀传统文化现代、崭新、世界的含义。要与西方先进文化实现对接,对世界历史文化、异域民族文化、各国文明成果的包容借鉴。

（二）目标上重视创新型人才的培养

有文化底蕴的学校能够最大限度地教育人,它不是以培养考试能手为目标,而是以培养具有创新能力的人才为己任。因此在高职院校的文化育人工作中,教育者要提高认识,转变观念,充分认识高职院校文化对创新人才培养的重要作用。创新离不开基础的科学研究,学校教育要体现出素质教育观,要把传统的知识与能力培养结合在一起。要在学生平时的理论知识学习和研究的过程中,鼓励他们自我强化创造性意识、创造性思维和解决问题的态度。要鼓励他们不断摸索创新能力培养的途径,即充分体验知识积累、悟性、感知、习惯、实践的能力。爱因斯坦说:"用专业知识教育人是不够的。通过专业教育,它可以成为一种有用的机器,但是不能成为一个和谐发展的人。"创新需要经济、文化、社会等要素共同作用,对创新人才的培养需要做到专业教育与人文教育的统一,从经济学、社会学、心理学等多学科进行培养,使创新人才达到智力结构与品质结构完整结合。

为了培养出具有崇高理想、优良品德、丰富知识、过硬技术的高素质创新人才，高职院校应做到育人观念的思想大解放，鼓励学生个性发展，树立终身学习和系统培养观念。改变考的分数高就是好学生，拿得证书多就是能力强的观点，不以标准化的模式来衡量教学质量，把促进人的创新能力、全面发展及适应社会需要作为衡量人才培养水平的根本标准。高职院校在文化育人中，以培养学生的健全人格为主线，以学生个体成长的内在逻辑为遵循，以不同阶段的大学生的不同认知能力和身心特点为依据，构建全面系统的文化育人体系，做到课堂教学与课外活动有机结合，重视教师在理论灌输教育的作用，主动挖掘学科知识中所隐含的健全人格教育资源，使学生发展创新能力的同时，人格得到塑造。

（三）途径上重视自由学术氛围的营造

在教学科研管理上，我国高职院校应借鉴国外高职院校所倡导的自由学术氛围，在坚持四项基本原则的基础上，鼓励师生解放思想，大胆探索，勇于创新。高职院校的一切科学研究活动必须只服从真理的标准，而不能受任何外界的压力。自由的学术氛围是高职院校生命力和精神的体现，它可以为师生发展思想、扩展思维以及教学、科研活动提供良好的环境。营造自由的学术氛围的根本目的在于为师生提供一个民主、宽松的学术环境，鼓励师生勇于追求真理，对事物进行理性的判断和实事求是的分析。

学术氛围作为校园精神层面的一种文化，指的是校园人在开展学术活动的过程中所形成的相对稳定和持久的，并能被人们所感受到的一种氛围。高职院校的文化育人要做到以人为本，充分尊重受教育者的主体意识，不管是教授，还是普通教师和学生，要以他们的需要为出发点，给予他们充分的自由。因为人是能动的，他们需要与校园环境产生一种互动。在学术领域里要想实现"百花齐放、百家争鸣"的局面，需要做到学术面前人人平等，鼓励不同学派和不同学术观点的交流。让教师在教学中自由地发表言论，自主地进行科学研究，让学生可以自由地选课、选教师，能够在知识的海洋里尽情地遨游。

二、丰富高职院校文化育人的内涵

（一）改进物质文化育人

校园物质文化是学校各种看得见、摸得着的物质文化形态，主要指校园环境、教学科研设备以及各种文化体育生活设施等，这些都是学生可以通过感官直接体验到的。加强高职院校的物质文化建设，营造良好的校园文化育人环境，强调"借山水以悦人性，借湖水以净心情"的效果。这就要求建设物质文化的过程使校园内的每一种物化的东西都能体现学校的精神和特色，都能起到教育师生的作用。苏霍姆林斯基说过："我们在努力做到使学校的墙壁也说话。"这里所提到的墙壁，是具有教育作用的环境建设的有关组成部分，属于校园文化的一部分。为了更好地发挥物质文化的育人作用，要对其进行总体规划、分区建设、分步实施。

首先，要对学校的建筑、设施、园区、道路等，从教育、艺术的角度，结合自身学校的特点，挖掘学校的历史文化内涵，整体规划、合理布局，使之既有教育价值，又具有审美价值。校园中建筑的造型、风格、色彩以及道路、广场、雕塑、路灯、橱窗等，不能混乱不堪，要讲究整体和谐和审美情趣。如果没有统筹安排，每建一栋楼、一个景点，就随意选一个位置，会破坏整个校园的和谐美，降低大学文化的品味。例如要在宿舍园区内建一个名人雕塑，若建在食堂门口就显得极不协调，不管是为了满足食欲进食堂之前，还是饭饱之后走出食堂，学生都不会在这里驻足欣赏雕塑，反而浪费了这一育人载体。如果将雕塑建在园区一个优美的花坛附近，当学生散步时在此停留片刻，欣赏雕塑的同时也起到了很好的教育作用。

其次，要从方便校园人学习、生活及相互之间联系的角度出发，把功能相同或相似的区域建在一起。不同的区域有不同的功能，要分工明确，划分清楚。例如，教学区是广大师生进行学习的地方，需要营造一种安静的学习氛围。如果将教学区与生活区或活动区混杂在一起，就会相互干扰，破坏学习环境，影响师生的工作和生活。

最后，利用物质文化进行育人时，要分步进行，不可急功近利。冰冻一尺，非一日之寒。历史较短，文化底蕴不深的新建大学，虽然缺乏历史遗留下来的名胜古迹，但可以从教育的视角，精心设计一些富有文化特征的人文景点，使之在潜移默化中转化为校园人特有的内在气质。例如，可以采用建立校史陈列室的方式，把学校成长和发展过程中所获得的有关荣誉收集起来放在一起，这是对学生进行集体主义教育的一种很好形式。

（二）推动制度文化育人

"大学校园文化的制度育人是以学生的全面发展为目标，遵循学生身心发展规律，制定科学、公正的校园文化制度，在制度的制定、实施过程中使教育主体认识到制度是重要的育人资源，通过建构良好的校园文化育人制度，形成和谐的制度化生活方式，提升大学校园文化的育人功能"。高职院校的文化育人需要在一定的制度规范下开展，它本身就是一种制度性的育人活动，制度应内含积极的教育价值，制度与育人都为"人"服务，实现校园人的幸福生活，这是制度育人得以存在的理论基础。

高职院校制度文化按照不同的标准，可以划分为不同的种类。按照制度文化的内容，可以将制度文化分为行政工作制度、德育工作制度、教学工作制度、体育卫生制度、后勤管理制度等。这些制度文化可以起到价值引导、行为规范、目标激励、精神陶冶、自我教育等功能，对学生的世界观、人生观、价值观具有润物无声的作用。具体到每所高职院校都会有自己的教学科研制度、实验室管理条例、宿舍管理条例、奖学金评定制度、毕业论文规范等，对这些规范条例的遵守过程实际上也是一种接受教育的过程。拿奖学金评定来说，文本的规范让大家明白不是所有学生都可以随便评奖评优，这个评选过程需要达到学校对优秀学生的各项要求标准，对于旷课、考试作弊、不尊重老师的学生则不符合评奖评优的条件。而对于大部分学生来说，为了达到这个标准而严格要求自己的过程，实际上就是一个自我教育的过程。为了使制度文化的育人特征更加明显，制度的构建过程需要融入立德树人等育人内涵。可以说制度育人的最高境界是将有目的、有计划、有组织的制度化过程，转化为学校全体成员的日常生活方式，将各项规章制度内化为指导人们学习生活的价值观念。

（三）深化精神文化育人

精神文化是一个学校本质特征、精神面貌的集中反映，是师生员工的共同理想、共同信念、共同意志、职业理想、职业行为的综合体现，它可以浸透到校园文化的行为主体和各种文化载体中。一所学校要有自己的文化信仰，要有适应外部环境变化的能力，更要有开拓创新的校园精神。优良的高职院校精神文化体现在良好的校风、浓厚的学术氛围及师生之间、干群之间和谐的人际关系上，会对高职院校育人产生广泛而深远的影响。

发挥高职院校精神文化育人功能，首先要通过良好的校风来育人。通过校风可以感受到一所高职院校的文化风采，在校风的培育中要做到领导勤勤恳恳、踏踏实实，教师谆谆善诱、言传身教，学生勤奋好学、善于探索，使整个学校教学秩序井然，活动丰富多彩。其次，通过良好的文化氛围来育人。努力把校园建设成为大学生立志成才、报效祖国的精神家园和勇于担当文化强国建设使命人才的摇篮。要着力培养大学生对中华民族文化有"自知之明"的认知能力，不断提升大学生对社会主义文化秉持"与时俱进"的创造能力,要使他们感觉到自己在高职院校文化育人中的主体地位,促使他们在内心真正认同高职院校文化。最后,通过和谐的人际关系来育人。身在校园中就不可避免地要与人打交道,课堂上要与老师相处、宿舍内要与舍友交流、工作中要与领导沟通。校园内良好的人际关系,可以让成员在一个轻松自在的环境中与他人交流协作,加深感情,提高效率,产生事半功倍的育人效果。因此要努力营造一个充满真挚、和谐、平等、友谊,令人轻松自然、心情舒畅的人际关系环境。要做到教师和学生相处亲如朋友,同学之间的竞争也光明正大,不伤感情。

(四)强化活动文化育人

活动文化,是校园文化的动态层面,它是校园文化在师生身上的具体体现,是师生员工的行为习惯、生活方式、各类群体、社团的活动,是校园文化及其相互作用、相互影响所形成的一种关系氛围。高职院校活动文化是高职院校的精神风貌和人际关系等的动态体现,这种在高职院校的日常生活中可以直接感受到的文化形态,也是学校价值观的反映,对于高职院校文化的育人工作起到重要作用,对于培养学生的高尚情操、挖掘个人潜能、提高综合素质起着至关重要的作用。

高职院校文化育人工作的一种重要形式就是以活动为载体,通过组织开展各种文化活动,寓教于乐。五六十年代的学雷锋、学焦裕禄等活动,在提高人们的思想道德素质方面,曾产生过广泛而深远的影响。日常活动中的"寓教于乐"即通过各种文体活动开展教育,可以产生很好的效果。过去的活动主要是经验型的,对活动方式的运用主要局限于文体活动及学习英雄模范人物的活动。随着高职院校活动文化建设发展,校园开展的活动日趋增多,内容更加丰富,形式也更多样化。

新时期高职院校文化育人对活动载体的运用，既继承了五六十年代思想政治教育的传统，又有了新发展。除了上述活动形式外，更创造了大量的新活动形式，如"文明寝室"活动、"讲文明、树新风"等，美化环境的同时也完善了大学生的思想道德素质。学习上，经常开展读书报告会、辩论会等，促进了同学之间的交流，也提高了他们的学习积极性。实践活动上，高职院校尽力为学生提供锻炼的平台，开展支教活动、志愿者服务活动等，这不仅强化了大学生的责任意识和奉献精神，更提高了他们的人生价值观。高职院校组织党团活动、思想政治讲座等，可以激发学生的爱国主义精神，提升他们的政治信仰。总之，搞好活动文化育人工作，要充分考虑广大师生的需求，工作要从师生中来再到师生中去，把对师生的服务与高职院校的培养目标始终结合在一起，全面落实以人为本的理念，促进人的全面发展。

（五）规范网络文化育人

在当今社会，信息传播的手段呈现现代化和大众化的特征，学生获得知识的手段已不再局限于课堂和书本上，而是可以来自网络的方方面面。学校可以采取多种形式把课堂延伸到网络，并及时把社会的主流思想引入网络教育。

网络文化育人中，要做到科学性与价值性相统一。要保证网络文化育人的社会主义性质，弘扬主旋律，传播先进文化，倡导科学精神。要做到以马列主义、毛泽东思想和中国特色社会主义理论体系为指导，以博大精深的中华文化为源泉，结合高职院校网络文化受众群的思想行为特点和网络文化教育规律，有针对性地开展教育，避免主观性与随意性。网络文化育人要在尊重个性差异的基础上，坚持用社会主义意识形态引领网络领域价值取向，引导人们的思想观念既合规律又合目的地发展，培养良好的网络信息素养，不断提高育人水平。同时还要加强校园网络文化的管理工作，严格制定高职院校网络行为准则，要让大学生认识到网络世界虽是自由的，但也有法可依。

网络文化育人中，要不断拓展新平台。结合网络覆盖面广、传播快、图文并茂等优势，运用即时通信软件、博客、微博、论坛、飞信等载体，借助文化网站、视频课件、电子期刊等进行知识传播和理论宣讲，丰富网络文化育人方式，增强感染力和吸引力，扩大高职院校文化育人的辐射面。充分利用手机这一网络育人新平台，经常关注学生的博客与微博，这样可以了解到学生最新状态，拉近与学生的距离。也可以通过QQ群、微信、短信方式进行交流沟通、发送学院的相关通知，在传统节假日给学生发信息提醒。这样既可以提高教育者的工作效率，又使学生在宽松的状态下受到教育。通过校园内的摄影、成像等科技手段，营造学校上下一起进行文化互动的氛围。当然，大学生必须正确认识网络文化，在对的时间里适当使用网络，不要沉溺网络而不能自拔。学生是我国网民的主体，他们是新技术、新思想的前沿群体，因此如何运用校园网络文化对在校大学生进行教育，显得尤为重要。

三、完善高职院校文化育人的机制

（一）优化管理体制

高等教育管理体制主要包括：高等教育领导体制、办学体制、教学体制、高等学校内部管理体制等。本部分着重从内部管理体制的角度来解释优化文化育人的对策，应该从以下几个方面进行改革：

一是进一步完善党委领导下的校长负责制，准确界定"领导"和"负责"的涵义，明确办学的政治方向和学校重大问题由党委集体决策。高职院校文化育人的责任重大，而且影响高职院校文化的内外因素越来越复杂，单靠个人或少数人的知识、能力和精力难以完成，实行党委领导下的校长负责制有利于形成强大的合力，保障科学决策并落实。

二是加强教授治学、民主管理，就学校内部管理制度而言要加强学术委员会的建设，设立以教授为主体的各类委员会，充分发挥教授在治学中的作用。通过实行民主管理，发挥以教授为主体的教师在学校治学中的作用，有利于形成自由民主的学术氛围，而学术氛围作为精神层面的高职院校文化，在育人中发挥着重要作用。

三是扩大高等学校办学自主权，政府拥有财产所有权，但不直接参与办学，也不把大学当作行政机构来管理。这样可以还教育以自由，高职院校可以在适应社会发展的基础上，根据自己的实际情况来进行教育教学。

（二）完善保障体制

俗话说，没有规矩不成方圆，制度建设是高职院校文化育人工作的重要保障。通过建章立制，把正确的政治方向和舆论导向体现在校园文化育人的各个方面和整个过程，进一步加强对校园舆论、网络、刊物、课堂、社团等监督，落实到人，坚持守土有责、守土有方、守土有效。近年来，中央出台了多份关于精神方面的文件，高职院校也修订了一系列与文化育人相关的规章制度，其中包括校园文化建设、师德建设、学生管理等方面的规章制度。当然，光有规章制度而没有执行规章制度的组织机构，学校正常的工作秩序同样无法保证。因此，在健全各种规章制度的基础上，还需完善组织机构，才能统一大家的意志，统一大家的行动，保障高职院校文化教育活动的有效开展。

高职院校文化育人贵在坚持，常抓不懈。为了防止高职院校文化育人出现"运动来时一阵风，运动过后了无踪"的不良现象，把高职院校文化育人作为高职院校教育的必修课，落实到日常的工作、学习和生活中，必须开展多种形式的高职院校文化育人评比活动。通过检查评比，对文化教育做得好的单位和个人，高职院校应给予表彰和奖励，以进一步调动其积极性。通过检查评比也可以及时发现高职院校文化育人过程中存在的问题和不足，有助于及时采取可行的措施加以改进，推动高职院校文化育人沿着正确的方向向深度和广度发展。

高职院校文化育人工作是一项复杂的工程，需要投入一定的人、物、财来完成，否则其效果会大受影响。高职院校的领导者要从培养社会主义事业的建设者和接班人的高度，把高职院校文化育人纳入到高职院校整体办学规划之中，保障经费的投入。同时，可以通过争取社会企业赞助、校友赞助等办法来广开门路，扩大资金投入渠道。例如高职院校文化育人的物质载体，图书馆、体育馆的建设，生活设施的维修，科研设备的购买等，都需要大量的经费投入。又如高职院校要举办一些文体活动，音响设备、服装的租赁也需要资金。

（三）加强协作体制

协作是指为了实现共同的目标，部门与部门之间、个人与个人之间的协调与配合。协作应该是多方面的、广泛的，一般包括资源、技术、配合、信息方面的协作。

1.校内协作

高职院校文化育人是一项复杂的系统工程，涉及学校的各个方面。它不是学校内部哪一个或者几个部门单独能完成的，更不像有些大学一样仅凭学生管理和思想教育部门的努力就能做好的。任何孤军奋战、单项冒进的做法，都不利于高职院校文化整体育人的发挥。因此，高职院校文化育人必须在学校党委、行政的统一领导下，动员学校各方面的力量，党政、工、学、团齐抓共管，齐心协力。

文化的主要功能在于"育人"，而高职院校文化的育人功能是将高职院校教育视野从智力领域拓展到非智力领域，致力于学生德志体美劳的全面发展，这个过程就需要高职院校的各职能部门以及工会团委的相互协作来完成。课堂文化对学生的影响需要老师的监督,活动文化对学生的锻炼需要校团委的组织,宿舍文化对学生的熏陶需要后勤部门的参与,为了实现高职院校的教育目标,各个部门或者个人要有全局观念,主动搞好协作配合,领导多下基层去关注学生的生活、老师多进宿舍去了解学生的心声、宿管员多与辅导员沟通了解学生信息等。

2.校际协作

校际协作,往往是通过学校联动开展教研活动,将原本各自为营的教研活动,成为一个整体,使教学研究有了同伴,有了参照体系。高职院校开展校际协作,可以实现各校的文化资源共享、优势互补,有利于相互分享文化育人经验,拓展文化育人思路和视野,培养具有健全人格的毕业生。校际协作也可以拉近各学校之间的距离,增强教师之间的交往,实现高等教育的和谐发展。

3.校企协作

高等教育体制改革的一条新途径就是企业与高职院校协作办学,企业参与学校办学。校企协作可以说是我国职业教育在对传统教育的反思过后不断探索出的一种新教育模式,职业教育强调对学生技能的培养,提倡在贯彻国家素质教育模式过程中,对学生进行"七分实践,三分理论"的教学。理论课的传授可以通过传统的课堂教学来完成,而实践的部分单靠有实践经验的老师难免有些纸上谈兵的遗憾,因此实践的锻炼必须依靠学生去社会上亲自经历。

企业通过对学校硬件建设的投入,对学校的校舍、文化娱乐设施、人文景观进行建设和改造。优化了校园环境,改善办学条件,丰富了校园建设的文化内涵,提高职院校园建设文化品位,为师生员工提供更加优雅舒适的校园环境,可以说,校企协作办学对校园文化育人起到推进作用。

四、打造高职院校文化育人的品牌

关于"文化育人品牌",周保平提出为了提升学生的综合素质,高职院校要逐步探索出品牌化的素质教育发展模式,深化校园文化内涵,营造文化育人品牌。也有其他学者认为,在高职院校文化的建设中,要树立品牌育人观念。由此可见,打造文化育人品牌,已经成为新时期高职院校提升文化育人效果的有效途径。

(一)树立品牌意识

高职院校文化育人品牌能够将一所高职院校的特色和优势体现出来,是大学实力的一种标志,又是一种无形的、价值极高的资产。一旦形成,与大学相关的人与事无不被打上品牌的烙印。清华大学是世界上最美丽的大学之一,其校训是"自强不息,厚德载物",清华的师生会像校训说的一样:为了成为有作为的人积极向上、奋发图强,努力使自己的胸怀宽广、品德高尚。在新时期、新阶段,校园文化呈现多元化特点,为了打造出优秀、卓越的文化育人品牌,需要高职院校继承校园传统文化的基础上,用心提取、总结、凝炼自身高职院校的文化优势,再通过定位、宣传与推广等途径,使其产生较强的影响力,号召更多的人们积极参与。

要打造一流的高职院校文化育人品牌,领导人的意识很关键,这种品牌建设意识不仅是高职院校的办学理念与事业追求,更是一种人文精神的体现。随着大学竞争的加剧,品牌意识理应在大学日渐觉醒起来,文化作为大学最为突出的亮点,其品牌的建设也应成为各大学着力打造的重中之重。要有清晰的文化品牌意识,校园文化品牌是很难用具体的标准来说明的,一般将"特色""一流""顶尖"等看作是品牌的代名词,像企业一样高职院校也将创世界一流当作自己品牌构建的目标。在我国,已经形成大学激烈竞争的态势,几乎没有哪一所大学不想打造出响当当的品牌文化，成为国内一流、世界一流大学，就算是已经有了自己的校园文化品牌的大学，也在为进一步传播品牌和维护品牌而作不懈的努力。

（二）找准品牌定位

定位在打造高职院校文化育人品牌过程中起着关键作用，它通常指一所高职院校对自己办学类型、办学层次、办学特色的目标性要求，这个过程需要高职院校结合切身实际和未来前景，以在校师生的发展为前提，考虑时代特征和同类高职院校的现状。定位过程要避免好高骛远，要实事求是。

一是考察，这是一所高职院校形成自己文化育人品牌的前提。考察过程中，高职院校需要考虑社会的发展形势，结合自身高职院校的实际情况，遵循高职院校的办学客观条件和教育的客观规律，根据自己学校的优势，从学校的历史传统中去概括出校园文化特色。高职院校文化品牌的定位也需要借鉴其他兄弟院校的发展经验，分析自己的发展定位、品牌的受众构成及其特点、品牌的优势与劣势、发展的机遇与挑战，在教育市场中找准自己的位置，建立自己的核心竞争力。

二是规划，这是一所高职院校形成自己文化育人品牌的关键。进行考察之后，下一步就是制定相应的发展规划。高职院校文化育人品牌的发展规划要同高职院校的整体发展步调一致，突出学科专业优势，借助师资队伍力量，在校园文化建设中形成品牌。为了扩大品牌的受众群，高职院校在品牌培育过程中，要加强同社会、家庭的联系。

三是深入发展，这是高职院校形成自己文化育人品牌的重点。打造高职院校文化育人的品牌时，要继承过去优良的传统，要不断地根据社会发展和高职院校自身的条件，立足于培养学生的创新精神和实践能力，创造出新的特色。

有些历史悠久的大学有综合优势，可以深入挖掘学校的历史文化内涵，利用历史遗留下来的名胜古迹、重大历史事件等，从教育的角度，精心设计一些富有文化特征的人文景观，形成自己的文化特色，使之在潜移默化中转化为广大师生特有的内在气质。而新建高职院校虽然没有那么悠久的历史，但它所在地区一定有较为丰富的文化历史资源，高职院校可以将地域文化融入到文化育人中，形成自己的办学特色。

（三）进行品牌传播

校园文化品牌的传播是一个让在校师生接受文化洗礼的过程，这个过程可以提高职院校园文化品牌的知名度、提升品牌竞争力，也可以扩大品牌的受众群。

1.内部传播

要想将文化品牌内化为广大师生的价值观念中，光靠口号喊出来或者书写的方式保存下来还不够。高职院校文化育人品牌内部传播的受众群主要是在校的师生，宣传的主阵地也就是高职院校校园，要借助课堂、典礼、会议等载体将高职院校文化的品牌定位、办学宗旨、办学理念等传播给内部的学生和老师，增加内部受众群体的认同感，加强师生的参与意识，激发内部群体对品牌的认同感、归属感。广大师生在接受了高职院校文化品牌的熏陶之后会形成自己的认识，继而通过思想内部的矛盾运动，进行评价与选择，调整认知结构，在丰富多彩的文化活动中通过自己的行动表现出对学校办学理念和精神风貌的认同，形成整体的品牌文化氛围。为使品牌意义的延续性更强，已经形成文化特色的高职院校应该将精神层面的文化物化为形象标识或图标。

2.外部传播

在高等教育大众化阶段，为了提高竞争力，有的高职院校表现出了一定程度的市场化特性，因此有必要适当地运用一些合理的传播方式来提高高职院校文化的品牌知名度、吸引生源、提高办学竞争力。高职院校文化育人的外部受众主要是学生家长、社会大众。

高职院校文化育人品牌要扩大受众群，必须要重视外部传播，要借助一些现代传媒载体，例如电视、报纸、杂志、广告等，尤其要凸显网络载体的作用，搞好高职院校网络建设。高职院校的网站，具有一定的公信力和权威，网站上会囊括办学的政策法规、学科建设、校园风采、学历认证等方面的信息，可以为高职院校文化品牌做一个很好的传播。为了让社会看到高职院校的成绩，让公众更加了解高职院校，也为了提高品牌知名度，获得更多的认可和支持，高职院校需要借助一定的活动载体来传播文化讯息，如校庆、学术交流会、总结表彰大会、招生和毕业信息发布等。

（四）强化品牌推广

高职院校文化品牌的推广指的是在人们已经对校园文化品牌认可的基础上，将这种认可心理转移到其他文化教育上，增加他们对高职院校文化的接受性。众所周知，产品都有一个从上市、大量销售到淘汰的过程，有生命周期。而高职院校文化育人也需要根据国情的变化适时作出调整，不同的时期有不同的育人内容。因此高职院校在办学伊始，就应为文化育人的品牌推广预留足够空间，对未来的发展作长远的规划。

1.文化品牌形成之前

在高职院校对文化品牌定位时，要考虑品牌文化育人的内涵和影响范围，使文化一次涵盖现在与未来，给品牌推广留下足够的发展空间。随着时代的变迁，新的教育环境的变化，要求高职院校重新界定育人范围和性质。商品经济的发展，使大学生认识到，只有掌握真才实学，才能成为有用之才。如何不根据环境的变化改变教育内容，依然沿用传统观念就会束缚大学生的成长发展。因此，高职院校要考虑到文化育人的时代性，科学界定影响范围。

2.文化品牌形成之后

高职院校文化育人的品牌要实现科学发展，必须重视创新，这也是高职院校科学发展的内在要求。文化育人是一个不断传承、发展与创新的过程，校园文化品牌的内涵体现在不断创新的内容与形式上。为了保持文化育人品牌的先进性，亮出高职院校特色，打造出精品文化，需要不断开拓高职院校文化建设思路，育人内容要贴近师生需求、贴近生活、贴近校园，育人形式可以借助各种载体实现多样化。只有这样才能才能不断凝练出个性化校园文化品牌，彰显其生命力，才能产生潜移默化的育人效果。而趋同化的校园文化活动看似热闹，也仅仅是让师生看了看热闹，实质上无法满足他们的精神文化需求。因此，校园文化品牌建设尤其要凸显个性。

五、拓宽高职院校文化育人途径

（一）发挥宿舍文化育人功能

"在生活里找教育，为生活而教育"，这是著名教育家陶行知生活教育理论中的一个重要观念，他所倡导的教育活动是有利于受教育者终身的。宿舍，是在校大学生的第二个课堂，也是他们走向社会的缓冲地，它除了具有德育、导向、激励等功能，还可以通过其自主性、生活性、情感性等特点产生自我教育、陶冶情操的作用。

相比教室内老师直接监管下的教育活动，宿舍内的大学生往往是自发地进行文化交流。高职院校宿舍文化要发挥其育人功能，就必须坚持以学生为主，增强他们的主体意识，增强他们自我教育的能力。宿舍文化在育人过程中，一定要强化对学生的服务意识，深入学生宿舍，了解学生所需，解决学生在生活中遇到的困难。从生活点滴做起，时时关心学生。只有将服务做好，让学生满意，才能让他们在一个良好的氛围下接受教育。例如，可以在宿舍楼显眼位置挂上小黑板，在天气变化时及时提醒学生添加衣物，以免身体不适。还可以在放假离校之际，提醒学生整理好行李、关好门窗，以免丢失财物。辅导员也要经常去宿舍与学生沟通，及时了解他们的生活状态。还要做到与宿舍管理员多交流，提高育人效果。

高职院校要想通过宿舍这一载体对学生进行教育，还需要加强宿舍的物质文化建设，营造出良好的文化氛围，重视宿舍及其周围环境的净化问题，除了要聘请专业人员来进行清理，还要发动学生主动搞好个人寝室卫生，经常开展卫生检查、卫生评比等活动，对各个方面表现良好的宿舍，给予"文明寝室"荣誉称号的精神奖励。在宿舍管理工作中，各种行为规范和细则在管理者的强制和引导下，逐步内化为学生自觉遵守的动力，也起到了自我教育的功能。

（二）发挥学生社团文化育人功能

学生社团是由高职院校的学生出于自愿而自发组成的团体，在不影响学习的前提下，为了实现团体成员的共同目标，按照社团章程开展活动的非盈利性组织。社团文化区别于其他校园文化，它不像课堂文化那么严肃，又不像制度文化那样具有强制性，它具有自主性、自愿性、创造性、包容性等特点。社团文化是高职院校学生特有的文化，他们将自己所接触到的所有文化层面通过自己的领悟，创造出形式多样且具有高效特色的文化。社团成员可以是来自不同年级、不同专业的同学，他们为了共同的兴趣而团结在一起，参加社团活动不仅可以使学习气氛更加活跃，更能提高学生自我管理的能力，有利于其身心健康发展。

高职院校社团文化以其独特的优势吸引着越来越多大学生的参与,近些年来社团的类型也日益丰富,活动不再局限于讨论学术问题,或者举行歌咏比赛。例如,专业技术类的社团,主要是组织学生参加一些学术研究性质的竞赛、讲座、读书报告会等活动,这些活动以专业知识为前提,可以提高他们的专业知识和操作能力。还有一些同学出于对文学、艺术等的爱好,组织参与文学社、棋艺社、摄影社、美工社、歌咏队、话剧团等文学艺术类社团。这些社团活动极大的丰富了大学生的课外文化生活,使有着较高艺术天赋的大学生有了一个展示自我才华的舞台。体育健身类的社团有篮球社、足球队、棋牌社等,参加这类社团的学生有的是天生喜好体育活动,有的是为了增强体魄,锻炼身体。不管是出于哪种目的,这类社团活动对普及我国的体育教育和提高大学生身体素质有极大帮助。

在具体的实践中,学生社团应根据教育环境的变化来调整社团活动的主题,一旦确定自己的目标,就要坚定不移地为实现目标努力。在开展活动的过程中,要不断积累经验,开拓创新,时刻围绕着育人宗旨。同时高职院校应加强对学生社团管理,根据一定的考核制度,对学校各类社团进行评选,对于发展较好的社团予以奖励。新学期开始之际,在社团进行纳新活动时,学校也应给予各个方面的支持。

(三)发挥仪式文化育人功能

仪式是一种依托一定文化传统的活动,这些活动在我们日常生活中到处可见,具有象征性、规范性、表演性、程序性和规律性的特点。常见的高职院校仪式有校庆、升旗仪式、颁奖仪式、入团入党宣誓仪式、各种典礼等,这些活动往往通过表层的装饰、庆祝、恭贺等操作将传统文化与现代文化结合起来,在这些表层背后蕴藏着深刻的教育内容。

高职院校仪式文化通过特有的情境教育，以静态到动态、抽象到具体的方式让参与到活动的师生亲临其境、亲自体验、亲自感受，从而引起思想上的共鸣，受到教育。仪式本身也是一种历史的回忆，它具有讲述历史的功能，其本身蕴涵了丰富的思想政治教育内容。例如升旗仪式，蕴含的是集体主义、爱国主义和民族意识教育，是寓教于行的有效方式。在重要节日或活动中，升国旗、奏国歌不仅显示了中华民族的巨大力量，更可以增强师生的民族意识和爱国主义情感，激发民族自豪感，为祖国和民族争光，而顽强拼搏，自强不息。当下的教育环境发生了巨大变化，教育的内容也日渐丰富，在高职院校仪式文化的育人过程中，要根据教育的需要来选择仪式方式。

学校的管理者、教师、职工、学生都是学校仪式活动的参与者，在不同的仪式活动中扮演着不同的角色，发挥着不同的作用。仪式过程要尊重他们的主体地位，在推进仪式教育时注意发挥学生党员及干部的带头作用和榜样模范作用，避免灌输理论带给他们的反感，以达到提高他们组织、协调、创造等综合素质能力。随着教育体制的转型以及新时期大学生的心理、思想新特点，高职院校仪式文化要打破常规，追求综合形式并存的仪式文化形态，避免仪式教育功能衰退的局势。为了吸引更多大学生对高职院校仪式文化的注意力，需要用丰富多彩的仪式活动让他们在仪式中深刻地感受到特定精神文化，让个体进入自我价值观念与社会价值观念的对照、反思、探索、重构，让学生在主动的实践体验中获得特定精神文化营养。

（四）发挥图书馆文化育人功能

图书馆作为高职院校的三大支柱之一，肩负着为高职院校教学、科研提供信息的重大责任，同时具有重要的育人功能。随着互联网的迅速发展，高职院校图书馆馆藏不再局限于纸质版的图书期刊资料，已经发展到网上资源以及书刊数据库等方面。高职院校图书馆文化是高职院校图书馆及其工作人员以大学文化为背景，以图书文化为基础，在图书管理和提供服务的过程中所形成的特殊的思想观念、行为方式、价值准则、道德规范、知识体系等的总和。高职院校图书馆文化育人主要是通过服务的途径完成，图书期刊资料本来是属于静态的教育资源，借助图书馆载体可以将这些静态的知识和信息传递给人们，进而转化为现实的生产力，提高人类的智慧和技能。图书馆除了服务育人，还以高标准进行自身文化建设直接参与到整个高职院校的教育过程。

图书馆员有着双重身份，即图书馆管理员和教育工作者，在为读者提供服务的交往过程中，其言行举止可能会对读者产生影响，由此图书馆员需要坚持"服务育人"的理念，做到读者第一，服务至上。要以提供优质高效的信息服务作为图书馆工作的出发点和归宿，积极传播科学文化知识，向读者传递健康向上的价值观。图书馆员可以充分利用图书馆内部的各种载体进行育人工作，例如：在每个楼层安装宣传橱窗，定期向读者推荐有价值的图书，为了吸引读者的注意力，可以配上彩色插图和文字介绍等。有的高职院校图书馆设有电梯，在电梯口都装有数字电视，可以利用这些视听设备循环播放一些科普类短片、百家讲坛、优秀影视作品等。有的同学可能平时对这些内容不感兴趣，但在乘坐电梯的间歇可能会记下这些画面，久而久之也会不断开阔他们的视野，提升其人文素养。还可以利用图书馆的场地、资源举行书画展、读书节等活动来陶冶学生情操。

第二节　积极推进文化育人实现路径

高职教育作为高等教育的重要组成部分,其培养目标是培养生产、建设、管理、服务第一线需要的高素质技能型人才。构建高职特色文化育人对于推进高等教育改革、发展,实现高职人才培养目标具有深远的意义。

一、高职院校必须提升文化自觉

近年来,高职院校如雨后春笋般迅猛发展,若要实现高职内涵式发展,必须坚持科学发展观,以反思促发展,增强文化自觉,完善高职人才培养模式,重视文化育人。

对于文化自觉,费孝通曾说:"文化自觉是一个艰巨的过程,只有在认识自己的文化,理解并接触到多种文化的基础上,才有条件在这个正在形成的多元文化世界里确立自己的位置,然后经过自主的适应,和其他文化一起,取长补短,共同建立起一个有共同认可的基本秩序和一套多种文化都能和平共处、各抒所长、联手发展的共处原则。"对于高职教育来说,文化自觉主要是指高职院校对于自身文化历史要有明确把握,了解其特点、性质、作用、规律,及其现阶段存在的问题,以担当高职教育的历史责任。

当前的高职院校文化还存在着很多不容忽视的问题,比如,重技术轻人文,重物质轻精神,这些都影响着高职育人目标的实现。因而对高职院校而言,首要任务是增强文化自觉,使高职校园人认识到文化育人的重要性,正确定位自身,促进高职教育理性发展。

(一)高职学生方面

高职学生要从心理上认同自身所在高职院校文化。不同于大学的本科生,高职学生在进入高职院校后，或多或少都有一些自卑，无法认同高职院校，向往本科院校，甚至对高职院校的校园文化活动有些排斥，不愿深入、细致地去了解高职文化，这些都不同程度地影响了高职人才的培养。

若要实现高职人才培养目标，高职学生应从心理上放下自卑，走出自己所设的不平衡与差异感，正确认识高职院校，了解其形成历史、特点、文化发展等，努力学习专业技能，积极参加校园文化活动，提升各方面素质，用实力来证明自身能力。而只有对于自身文化的深入了解和准确定位，才能对高职院校的文化既不妄自菲薄，也不夜郎自大，才能从心底对自身所处的高职文化形成认同感和归属感，产生一种精神寄托，增强文化自觉，为社会主义大发展、大繁荣贡献力量。

（二）高职教师方面

高职教师应明确育人责任。育人目标的实现必须依靠高职教师的高度责任感。高职教师应转变自身"功利"的想法，改变以往只关注学术成绩，只注重评职称、晋升的做法，坚持育人为本的理念，真正做到教书育人。

高职院校的教师应该在潜心钻研专业知识的同时提升职业道德素质，考虑学生所需，学生所想，用知识和文化熏陶感染学生，在技能教育的同时，加强人文教育，增强文化自觉，培养出社会需要的有用人才。

（三）高职院校方面

高职院校应反省自身，加强文化自觉。高职院校应该摒除急功近利的想法，根据自身院校文化历史，结合时代发展现状，了解自身特色及优势，既不盲目自卑，也不夜郎自大，理性看待自身文化发展。

高职院校应该认识到高职文化是高职教育发展的内生动力，实现自身的责任担当，提升文化自觉，用高职的先进文化引领社会进步；一方面要在思想上保持对高职院校文化意义、文化地位、文化作用的深度认同；另一方面要在加强高职院校物质文化建设的同时，关注精神文化，尤其重视思想教育文化的建设，注重学生心理健康教育，帮助学生树立正确的世界观、人生观、价值观，引导学生用积极的心态处理问题、解决问题，用长远的眼光看待高职教育发展，营造文化育人氛围，促进高职教育新发展。

显然，高职院校文化提升，不是仅靠高职院校就能解决的，需要全社会共同努力，营造理性的文化氛围。高职院校作为文化育人的主导者，应以高度的文化自觉为起点，坚持育人为本的办学理念，正视高职文化育人存在的问题，"一针见血"地解决高职教育在文化发展中所遇到的瓶颈，实现文化育人。

二、高职院校必须增强文化自信

文化意识的自我觉醒是高职文化育人的第一步，如何从文化自觉上升到文化自信，实现文化育人的动力源泉，显得至关重要。

我们所讲的文化自信，指的是高职院校要正确对待自身文化，关键是不忘本来，吸收外来，着眼将来。保持这样的文化自信，要求高职院校理性审视历史传统文化、正确认识高职院校自身文化、积极借鉴和包容其他高职院校优势特色及各国文化成果。

（一）构建中国特色高职院校文化

中国的教育历史源远流长，从古代的私塾教育到现今发展为全球最大的教育规模。这其中，高等教育的巨大成就是有目共睹的，但提高高等教育质量，赶超世界领先水平的高等教育仍需要有很长的路要走。

而高职教育虽然发展历史短，但其发展态势却令人瞩目。所以，高职院校要增强自信，坚持文化传承，实现文化创新，彰显中国特色高职文化魅力。

在增强高职院校文化自信时，消除自卑心理是树立自信的第一步。在高职教育的发展中,无论是国内的本科教育还是国外的高职教育,其先进文化都在"挤压"着中国高职教育,使中国高职教育在文化领域争夺话语权时都显得不够自信。其实,文化多元化是当今经济全球化发展的必然趋势,各种不同的教育类型都有其赖以生存的基础和独特的历史文化,不同文化之间有差异但无高低贵贱之分。

鉴于此,高职院校首先应该直面国内、国际各种不同教育类型文化的挑战,了解高职教育历史文化传统,理性审视、科学对待自身文化,既不夜郎自大,也不故步自封,摒弃糟粕,保留精华,不断学习吸收,创造中国特色文化产果,树立信心;同时高职院校应该扬长避短,深化改革人才培养模式,发挥自身特色,通过培养社会需要的技能型人才推动社会经济发展,实现高职教育的社会价值,不断扩大高职院校文化影响力;通过传承中国千年文化成果,创新高职教育,形成中国特色、中国气派、中国风格的文化育人模式,扩大中国高职教育影响力。

(二)关注中外高职院校文化多样性

文化多样性是人类社会的基本特征,也是人类文明进步的重要动力。中国高职文化有厚实的传统文化积淀,而且通过政策支持、人才支持所构建的中国文化品牌是其他国家难以达到的。但随着经济全球化的发展,各种文化的相互交融不可避免,任何一个组织或群体都不能游离于这一环境之外,高职文化也不例外。

作为高职院校,在正确认识中国特色高职院校文化的同时,必须关注外来文化,对外来文化关注的越多,中国高职院校文化的养料就越充足。诸如美国、德国、日本的先进的高职人才培养模式是我们望尘莫及的,因此,我们应该坚定中华民族文化立场,通过开放交流,采取去他国学习、参观、访学等形式融入他国文化，取其精华，去其糟粕，为我所用。而对外来文化的包容、借鉴、吸收的态度，本身就是对本国高职文化自信的表现。同时，在此基础上，应该进行高职院校文化的创新再造，站在世界高职教育的高起点上，洞察中国高职的缺陷和不足，结合自身实际，创新高职院校文化，不断增强中国高职教育的免疫力和发展力。

（三）推动高职教育国际化

教育国际化是经济全球化的必然趋势。从本质上讲，高职教育国际化就是依照国际标准、国际规则开展高职教育，一方面，高职院校要以国际视野定位高职教育，在各方面与国际接轨，如培养目标、教育理念、评价体系、教育手段、教育模式等，以国际理念培养具有综合素质的人才，加快中国高职教育国际化；另一方面，把国际标准引进专业教育中，用国际眼光和国际思维去看待问题，改变传统的人才培养模式，借鉴国外先进经验，制定符合中国特色的"国际化"人才培养方案；第三，在送高职学生去国外高职院校学习、交流的同时，不断拓展交流渠道。同时，可利用自身优势，吸引国外学生转向国内学习，从"输入"转向"输出"，多种文化相互借鉴、融合，以促进中国特色高职教育的发展，扩大中国高职教育在国际上的话语权，增强高职教育信心。

三、高职院校必须实现文化自强

提升文化自觉、增强文化自信的最终目标是为了实现文化自强，促进文化育人。文化自强是指高职院校根据自身实力，突出自身特色，建立具有强大吸引力、创造力和竞争力的高职院校文化。

（一）院校文化建设要融入工业文化

目前，我国工业化发展迅猛，高职教育作为高等教育的重要组成部分，承担着传承工业文化的重要使命。工业文化是指在工业发展进程中所产生的物质文化、精神文化的综合，其特点是服务性、行业性、创新性。高职院校应该根据工业文化的特点，从多个角度改革创新，建设与工业文化相融合的高职院校文化。

首先，通过建立"校中厂"，以工业文化感染院校文化。所谓"校中厂"指的是工厂被企业设在校园内，包括企业的生产装备、生产环境、管理制度等企业要素完全引入"校中厂"，由企业全权运作，学生参与全程的生产流程，相当于学生的实验实训基地。这种"校中厂"式的教学方法在遵循教育规律的同时，高度仿真企业的生产流程和生产环境，使学生能够"身临其境"，体验企业的生产要求，管理规则、质量标准等，感染工厂的文化氛围，实现高职文化育人目标。

其次，通过"厂中校"，学习工业文化。"厂中校"是指高职院校为了扩展教学空间，实现育人目标，在企业内设立实训基地，为教育教学营造企业真实的工业生产氛围。

高职院校文化若要融入工厂文化，可采用以下几种模式建立"厂中校"：第一种模式是由高职院校筹措资金进行投资，建立自主经营、自负盈亏的实训基地；二是高职院校与企业建立"协作型"合作关系，由高职院校支付给企业一定的资金，换取企业对于学校教育教学的支持；第三种模式学习德国"双元制"模式，由企业和学校共同在企业内承担教学任务；最后一种模式是围绕学校建立工业园区，或者在工业园区内设立高职院校，形成工业文化与高职院校文化的和谐共生。

（二）教学组织要融入行业企业文化

企业和学校作为社会中的不同主体，目标不同，利益亦不同，但是两者的文化都是"育人"的文化。如何根据专业需求不同，通过企业文化与院校文化的对接与融合，传承创新行业企业文化，实现文化育人目标显得至关重要。

首先，高职院校要实现文化育人目标，必须加强基础文化素质教育。高职院校应以专业发展为动力，文化素质教育与专业教育相结合，促进高职教育的可持续发展；通过实践能力的培养与理论知识的学习，使学生能够培育自己的价值观与人生观，在专业能力、性格养成、价值目标等方面实现高职教育的深化发展。

其次，根据专业需求，可把不同行业企业文化融入教育教学环节。高职院校应根据行业企业的不同要求，建立具有自身特色的专业文化，促进专业素养的培育，包括专业课程内容、教学计划、教学大纲等教育教学环节；在编制教案时，可根据不同专业的需求，把著名企业的经营理念、工程案例融入其中，让学生在无形中浸润于与自身专业相关的行业企业文化中；通过学生的顶岗实习，使学生直面行业企业文化。

最后，通过科技服务，传播创新企业文化。高职院校可与企业联合举办科技服务活动，传播优秀企业的高品质服务概念，同时还可以邀请优秀企业家和学者开设职业人文的讲座，传播企业文化，使高职学生了解、认知行业企业文化。

（三）通过职业训练培养优秀企业精神

根据高职教育的培养目标，要求高职学生必须具备优秀的企业精神。企业精神具体表现为公平公正的竞争制度、相同的奋斗目标，鲜明的集体意识和强烈的社会责任感。企业精神优秀与否，决定着企业市场竞争力的强弱。因此，高职院校应通过校企合作，采取"学校—企业"合作育人的方法，使高职学生浸润在优秀企业文化中，提高学生职业素养，使高职学生逐步成长为职业人。

首先，设计职业训练体现"真刀真枪"。高职学生可走进企业参观学习以及通过随岗、跟岗、顶岗，培养学生解决问题的能力，通过"耳濡目染"，了解、认知企业的价值取向、经营目标、管理制度等，从而使学生逐渐成长为具有专业素养的职业人；高职教育的"订单式"培养中，由企业所提供的教学大纲和课程内容，也鲜明地表达了企业所要求的员工素质，使学生能清晰地感受到在今后的职业生涯中所必须具备的素质，从而为之奋斗和努力。

其次，组织实施职业训练要体现"真实企业"。在培养高职学生职业素养的过程中，必须根据专业不同，按照真实企业的标准来实施，包括企业的管理制度、生产标准、着装规范、奖惩机制等，用企业对员工的标准来要求学生在学校的行为规范，开展组织纪律性教育，严明时间观念，严格按照企业流程上岗生产。

最后，职业训练结果考核要体现"奖惩兑现"。职业训练的考核应像企业验收产品一样有要求、有标准、有验收过程、有奖惩措施。高职院校应根据专业的不同，依据企业评价指标，根据高职学生具体情况，制定出一套符合高职学生特点、与企业接轨的奖惩制度，验收其学习、实习成绩，给予相应的奖励或惩罚措施，培养高职学生优秀的企业精神。

总之，在社会主义建设的新时期，高职院校要承担起文化责任与文化育人的使命，必须提升文化自觉，对自身有清醒的认识与定位，加强文化自信，既不妄自菲薄，也不夜郎自大，通过校企合作，实现校企文化融合，实现文化自强，促进高职教育跨越式发展，引领社会主义文化大发展、大繁荣。

第三节 克服高职院校人文素质教育功利化倾向

要保证高职院校人文素质教育的健康发展，确保人文素质教育取得实效，一方面必须从思想上高度重视人文素质教育，提高对高职院校人文素质教育重要性和作用的认识；另一方面，必须克服人文素质教育过分功利化的倾向，认真研究和把握高职院校人文素质教育的规律，真正着眼于促进学生的全面发展，扎扎实实推进高职院校人文素质教育。针对高职院校人文素质教育功利化的种种表现，笔者认为目前应从以下几个方面努力：

一、更新观念，以人为本

人文精神，说到底是以人为本的精神。人文素质教育实质上是以学生为本的教育。这其中包含两层含义：第一层含义是在高职院校人才培养工作中要尊重学生、相信学生、关心学生，把满足学生的多方面兴趣和要求作为教育工作的出发点，把最大限度地实现人的价值和自由作为教育的目的，学校的一切工作都要为学生的全面发展服务，人文素质教育也要围绕学生的自由全面发展来展开。这是高职院校人文素质教育的根本宗旨，任何人文素质教育活动都不能违背这个宗旨。第二层含义则是高职院校人文素质教育必须着眼于帮助学生牢固树立以人为本的思想，教会学生学会尊重人、相信人、关心人、帮助人，正确处理自身与他人、人与社会、人与自然等多种关系，把学生由自然人培养成和谐的职业人，使人性得到弘扬，实现人与社会及自然的和谐、持续发展。这是高职院校人文素质教育的根本任务，达不到这一目标，就是高职院校人文素质教育的缺失。

二、系统规划，全面推进

如前所述，人文素质教育是一个系统工程。从时间上讲，它必须贯穿学校办学的全过程，并且不断积累人文素质教育资源和经验；要贯穿学生培养的全过程，从学生一进校到学生毕业都必须持续不断地进行人文素质教育。从空间上讲，人文素质教育必须落实到学校的各个角落，无论是教学场所、生活场所，还是休闲娱乐场所，都必须融入人文素质教育的元素，营造良好的人文氛围。

从内容上讲，人文素质教育必须贯穿到学校教学、科研、管理、服务各项工作中，实现人文素质教育与专业教育相融合，与学校管理、服务相融合。因此，要防止人文素质教育的功利化，避免短期行为，必须按照长期与近期相结合、整体与具体相结合的原则，对高职院校人文素质教育作出全面、系统的规划；学校应成立专门的组织或指定某个部门来统一协调人文素质教育的实施，使之有规划、有组织、有安排、有落实、有检查、有考核，有奖惩，建立起长效的工作机制；而不能停留在某个方面、某个环节，更不能像搞运动一样，急功近利。只有做到系统规划、全面推进，才能达到人文素质教育的目的。比如某职业院校提出"文化素质教育实施方案"，就从指导思想、教育目标、体系构建、保障措施等方面对学院人文素质教育进行了全面系统的规划。这一方案具有如下特点：一是高职教育特色鲜明。如在指导思想中强调要"以培养学生良好的人文精神和职业素养为核心"，整个规划都围绕这个核心来展开，在校园文化活动的规划中也强调要紧紧围绕培养学生良好的职业素养和人文修养来展开，具体内容包括各种大型校园文化活动、学生文明养成教育、职业素质训导、学生社团建设、心理健康教育、校园人文环境等六大系列，目标是要构建一套高职特色的人文素质教育体系。二是内容全面。如对学院人文素质教育体系的构建中，既有人文素质教育课程体系的整合与规范，又有人文素质教育大讲堂的规划和具体计划；既有校园文化活动的系统规划，又有社会实践活动系列的具体安排；既有对人文素质教育质量的管理，又有对人文素质教育效果的评估。三是真正贯彻以学生为本的思想。如提出要按照体系模块化、选课指导化、课程规范化、任课资格化的原则对学院人文素质教育课程体系进行整合和规划，既强调学生的自主性，给学生很大的自由选择的余地，又注意加强对学生选课的指导；尤其注重课程规范和任课教师资格的审查，确保教学质量。四是切合实际，保障有力。规划既有长期目标，又有近期目标，注意分步实施，分类指导；既有领导机构，又抓队伍建设；既有经费和条件保障，又有相关政策的支持，还有人文素质教育学术研究和交流的支撑，确保人文素质教育能够落到实处。

三、专业渗透，管理融入

人文素质教育与专业教育既不是互相排斥、互相对立的，也不是互不相干的"两张皮"，而是互相补充、互相渗透的，人文教育必须以专业教育为基础，专业教育必须以人文教育为导向，需要人文教育的精神来支撑。因此，高职院校除开设专门的人文素质教育课程外，必须重点研究如何将人文素质教育渗透到专业教育中，通过专业教学内容和教师职业精神的融入，实现专业教育与人文素质教育的有机结合。著名教育学家潘懋元教授甚至提出，由于高职年限较短，技能培训任务重，应该少开或不开专门的通识教育课程，将人文素质教育渗透于课程教学或技能实训中。在专业教学中渗透人文素质教育方面，如通过实践教学中的合作与分工，培养学生团结协作的精神；通过综合性、创新性的训练项目，让学生在完成有一定难度和挑战性的训练项目中，培养他们刻苦耐劳、一丝不苟、不怕困难的勇气和毅力；通过各种流程的训练，并开设安全与质量教育的课程或讲座，培养学生的安全和质量意识；通过统一着装、挂牌上岗、按照八小时工作制运作"打卡考勤"，址前、址后集合讲训、清扫现场、整理整顿等，让学生受到现代企业管理与规范的严格训练。通过严格的企业"顶岗"实习，强化学生职业素质的养成教育等。具体到每一个实训项目或一门实训课程，也渗入人文素质教育的内容，如国际贸易专业综合业务实训中，就把英语与交际能力素养、跨文化交际技能素养、团队合作素养、职业道德素养、现代化工具使用素养、学习创新素养等职业素养方面的要求融入到实训教学中；会计专业综合业务实训把遵纪守法、诚实守信、廉洁自律、真实可靠、客观公正、保守秘密、爱岗敬业、坚持原则作为会计人员职业素养的要求融入到会计综合业务实训过程中。

同时，由于学生在学校的活动不仅限于课堂教学，更多的时间是在课堂以外，与学校的管理、服务人员接触。因此，在学校的日常管理与服务工作中也必须融入人文素质教育的内容，通过学校严格高效的管理、优质到位的服务和管理服务人员良好的人文素养去影响学生，真正实现全员育人、全过程育人、全方位育人。

四、实践体验，文化熏陶

社会实践是大学生熏陶思想感情、充实精神生活、提高道德境界、增长知识才干、提高综合素质的重要途径。人文素质教育的内容只有经过社会实践的亲身体验，学生才能真正理解和接受，真正入脑入心，内化为人文素质；只有经过社会实践的锤炼，才能真正提升大学生的道德情操和精神境界。如利用寒暑假开展以"三下乡""四进社区""走进革命老区接受革命传统教育"为主要内容的假期考察调研等社会实践活动；组织学生党员、团员到街道、社区挂职锻炼，并带动大学生服务街道社区活动，与街道共建大学生社会实践基地、共建街道青年中心、共建社区学院，开创了"区校共建"社会实践模式；广泛开展"红马甲"学生义工服务活动，共计开展90多项义工服务活动；为建立大学生社会实践活动的长效机制，学校在市内外分别建立了100多个社会实践基地，定期组织广大学生深入革命老区、贫困山区及各社区开展社会实践活动，制定了《学生社会实践管理办法》和《大学生社会实践考核证书》，对实践团队进行项目化管理。学生通过这些社会实践的体验和锤炼，精神境界和综合素质都得到很大的提高，收到了良好的育人效果。

同时，校园文化对大学生思想观念、价值取向和行为方式有着潜移默化的影响，良好的校园文化往往能够起到润物细无声的作用，是高职院校人文素质教育的重要载体。因此，高职院校人文素质教育必须高度重视校园文化的熏陶，强化社会实践和校园文化的育人作用。如精心设计和组织开展内容丰富、形式新颖、吸引力强的思想政治、学术科技、文娱体育等校园文化活动，寓教于乐，把法制纪律教育、诚信教育、感恩教育、传统文化教育和意志磨炼等渗透到校园文化活动之中；各类展览、"名人进校园"、文艺专场演出等高雅文化进校园活动，给学校校园文化建设增添了活力；100余个学生社团为学生提供了展示自己才干、提高自身能力的舞台；科技文化节、网络文化节、宿舍文化节、外语文化节、社团文化节等校园文化品牌活动，不仅营造了昂扬向上的校园文化氛围，而且成为学生自我教育、自我管理、自我服务的重要平台；融思想性、知识性、趣味性、服务性于一体的校园学生网站，不仅为师生交流互动打造了新的平台，而且使网络成为校园文化建设的新阵地和文化育人的新载体。

五、言传身教，人格感化

师德师风的好坏，教师人格的高低，直接影响到学生的成长，因此，加强人文素质教育关键在提高教师的人文素养。学校要引导广大教师深刻认识人文素质教育的重要意义，认识在专业教学和技能训练中渗透人文教育是高职院校人文素质教育的重要途径，提高其参与人文素质教育的主动性。要加强对教师职业人文素质的培训，扩大知识面，培养教师高度的责任感，以"学而不厌，诲人不倦"的态度去教育、影响学生，为学生树立良好的榜样。要把师德师风、教书育人情况、教师的人文素养纳入教师素质考核内容，作为教师聘任的重要条件，努力建设一支结构合理的高素质教师队伍。

第四节　促进高职院校文化育人效应实现

一、高职院校精神文化育人的实现

高职院校精神文化是高职院校文化的核心和灵魂，也是高职院校文化中最本质、最核心的部分。高职院校文化育人的实现，离不开高职院校精神文化育人作用的发挥。其中，思想政治理论课蕴含了高职院校精神文化育人的方向；大学精神、校风、学风和教风是高职院校精神文化育人的重要方式和手段；社会主义先进文化既是高职院校精神文化育人的内容，又能够为高职院校精神文化育人的实现提供支撑。

（一）加强思想政治理论课建设，引领学生的价值取向

高职院校思想政治理论课包括马克思主义基本原理、毛泽东思想和中国特色社会主义理论体系、中国近现代史纲要、思想道德修养和法律基础、形势政策以及当代世界经济与政治等内容，是具有中国特色的理论结晶，是我国意识形态的直接反应，是高职院校精神文化的重要组成部分，是高职院校精神文化育人的旗帜和方向。价值取向是指价值的判断标准以及选择的倾向性。伴随着全球化的发展，互联网的繁荣，不同文化间的交流和碰撞愈来愈激烈，我国也逐渐形成了一元主导、多元发展的文化格局。学生在多元文化格局中，同时受经济、政治等宏观因素和学校、家庭等微观因素的影响，价值评价标准、价值选择、价值实现途径多样化，价值取向也越来越多元。思想政治理论课作为引领大学生价值取向的主阵地、主渠道，应着力发挥对大学生的世界观、人生观、价值观的导向作用。近年来，高职院校充分认识到思想政治理论课在引导大学生价值取向过程中的重要性，不断改进思想政治理论课建设。但在建设的过程中仍不同程度的存在学科基础薄弱、课程内容重复、教材质量参差不齐、教学

方式方法单一等问题。高职院校要针对思想政治理论建设存在的问题，通过各种手段，如组织编写教材、完善课程体系、改进教学方式方法、改进教学方式方法、推进学科建设等，进一步加强思想政治理论课建设，夯实引导大学生价值取向的基础。同时，高职院校在加强思想政治理论课建设的过程中，要把握两个核心问题：第一，要高扬社会主义核心价值体系主旋律，并将其贯穿于思想政治理论课建设。作为社会主导的价值标准，社会主义核心价值体系是社会主义意识形态的本质体现。高职院校要将社会主义核心价值体系教育贯穿于加强思想政治理论课建设的各个环节、各项措施中，不断增强社会主义核心价值体系这一具体价值标准的说服力、感染力、影响力，引导大学生复杂多变的环境中做出正确的价值判断和选择。第二，高职院校要将加强思想政治理论课建设与倡导社会主义核心价值观相结合。社会主义核心价值观是指在社会主义核心价值体系中起指导作用、居统治地位的价值观念，是引导大学生价值取向的终极目标和要求。高职院校要在加强思想政治理论课建设的过程中，明确引导大学生价值取向的方向和着力点，紧握社会主义核心价值观，把思想政治理论课作为倡导"富强、民主、文明、和谐；自由、平等、公正、法治；爱国、敬业、诚信、友善"的主要手段，把社会主义核心价值观作为思想政治理论课的重要内容，最终树立起社会主义核心价值观这一价值目标和追求，指明大学生价值取向的正确方向。

（二）弘扬大学精神，提高学生的人文科学素养

大学精神是高职院校发展过程中所形成的特色和风貌，是高职院校价值追求的高度凝练，是高职院校赖以生存和发展的动力源泉。大学精神是指在大学发展过程中所形成和沉淀下来的独立精神、自由精神、人文精神与科学精神等。高职院校文化育人，着眼于提升大学生以人文科学素养为基础的综合素质。其

中，人文素养着重于对人的关注，科学素养着重对真理的追求。当前，高职院校受市场经济的冲击，批量生产市场需要的"商品"，弱化"人的价值"，大学精神低迷，培养出的人才尤其缺乏人文科学素养。因此，高职院校要弘扬大学精神，一方面要着重弘扬以以人为本为本质的人文精神。高职院校要加强文学、语言、历史、哲学、逻辑、艺术等基本人文学科建设，使学生关注"人"自身，并注重培养学生与古老文化传统的认同、语言理解和运用、反思能力和审美能力相关联的理想人性，使学生在理解力和批判力、智慧和德性、教养和文化等方面获得发展，提升学生的人文素养。另一方面，高职院校弘扬大学精神，要着重弘扬以追求真理为核心的科学精神。高职院校要开展科技教育和科技史教育，普及科学知识，宣传科学精神；要营造独立思考、鼓励创新的课堂氛围，培养学生的发散性思维、批判性思维和创造性思维；要鼓励学生多动手、多实践，多参与科学研究；要以促进学生树立科学意识、确立科学态度、掌握科学手段和方法为目的，促进学生追求真理，提升学生的科学素养。同时，弘扬大学精神，高职院校最终要实现科学精神和人文精神的统一，既要重科学，也要重人文，用科学精神充实了人文精神的理性特质，用人文精神补充科学精神的人本取向，人文、科学二者并重，相辅相成、相得益彰，综合提高学生的人文科学素养。

（三）培育良好的校风、教风和学风，提升学生的精神境界和道德修养

校风、教风和学风是一所高职院校精神风貌、个性气质的集中反映，它是学校师生在教育实践过程中普遍认可的，相对稳定的，具有道德意义的行为倾向，蕴含着高职院校的文化观念和价值追求。健康积极的校风、教风和学风可为学生精神境界和道德修养的提升提供有利条件。

高职院校要根据学校办学思想和理念，结合学校的历史传统和发展规划，

充分挖掘学校学校发展过程中的宝贵资源，营造积极、健康、向上的优良校风。要开展师德教育，完善师德规范，严格师德管理，宣传师德建设先进典型，建设志存高远、爱国敬业、严谨笃学、与时俱进的良好教风。要完善大学生行为规范，严格纪律管理，形成奋发向上、勤于学习、敢于创新的优良学风。总而言之，通过校风、教风、学风建设，形成对学生具有凝聚作用、陶冶作用、示范作用的氛围，提升学生的精神境界和道德修养。

（四）传播社会主义先进文化，增强学生的文化自觉和文化自信

社会主义先进文化是指以马克思主义为指导思想，以培养有理想、有道德、有文化、有纪律的社会主义公民为根本目标，以民族的、科学的、大众的为基本特征、以面向现代化、面向世界、面向未来为发展目标的社会主义文化。社会主义先进文化既植根于中华民族优秀传统文化，又借鉴了有益于社会主义发展的外来先进文明成果。社会主义先进文化的精髓是社会主义核心价值体系。高职院校推动社会主义先进文化，能够使在学生在多元文化格局中，通过比较和鉴别，认识自己的文化，明白它的来历、特色和发展趋向，并肯定自身文化价值和坚定自身文化发展的信心，增强传承优秀传统民族文化，引领社会主义文化，借鉴和运用国外有益文化的自觉和自信。近年来，高职院校重视社会主义先进文化在高职院校的传播，努力担当推进社会主义先进文化的责任和使命，但有关调查表明，部分大学生对社会主义先进文化的认同度并不高37倘若没有基本的文化认同，文化自觉和文化自信便如无源之水、无根之木，无从谈起。因此高职院校要继续进一步推进社会主义先进文化建设，增强学生的文化自觉和文化自信。第一，高职院校要完善马克思主义学科体系和教材体系，推动马克思主义进教材、进课堂、进头脑，并结合实际，使大学认识到马克思主义的科学性和对社会主义文化发展的重要作用，自觉地把马克思主义作为指导思想；

此外，高职院校还要努力开展马克思主义的理论研究及实践研究，促进其不断创新和发展，使马克思主义更具有吸引力、感染力和说服力，从而增强大学生对马克思主义的自信。第二，高职院校要增加传统文化教育的比重，在课程设置上，增开语言、文字、书法、美术、戏曲等传统文化方面的课程；在教学内容上，增加优秀传统文化如国学典籍、哲学等方面的知识；在教育方法上，要教会大学生辩证的看待传统文化，取其精华，弃其糟粕；同时，高职院校要注重文化典籍的研究和开发，挖掘中华民族优秀传统文化这一精神宝库中的育人因子，综合增强大学生对中华民族优秀传统文化的自觉和自信。第三，高职院校既要引进国外文化的优秀成果，增加大学生的文化知识，开阔大学生的文化视野，又要批判国外文化中消极、落后的一面，引导大学生正确的看待外来文化，立足世界文化格局，增强文化自觉和文化自信。

二、高职院校制度文化育人的实现

高职院校制度文化是高职院校文化的具体化、程式化和规范化。高职院校文化育人的实现，可借助具有常态性的育人制度，从而使文化育人效应得到保障。

（一）试行书院制，发挥学生社区的熏陶涵养的作用

书院制是将学生住宿区组织起来，设置相应机构，配备专门导师，提供独立的学习、生活设施和活动场所，提炼独特的文化内涵和人文精神，以开设社会实践、小组讨论等为主要形式的素质教育制度。试行书院制的构想来源于中国古代书院和国外著名大学学院制的实践。中国古代书院，以书院为主要场所，通过儒家经典、升堂讲说、会讲、举行祭祀、日常礼仪等，浸润、陶冶、潜化生徒的精神、性情、行为。国外大学的学院制，如牛津大学和剑桥大学，通常以学院为住宿单位，在学院范围内组织、管理、指导学生，让不同背景的学生

在一起学习、生活、社交，扩阔视野，培养品德、锻炼沟通技巧、领袖才能等。不管中国古代书院还是国外著名大学的学院制，其核心都是在学生社区这个相对较小的群体环境里，注重发挥学生社区的熏陶涵养作用，使教育对象的人格、气质发生改变。目前，国内部分高职院校已经开始试点，既试图借鉴国外大学住宿学院的有益做法，也努力承袭中国古代书院的传统，取得了较好的成果，如复旦大学腾飞书院、志德书院、任重书院、克卿书院，西安交通大学的仲英、彭康、南洋、文治等八大书院、华东师范大学的孟宪承书院等。但高职院校在试行书院制的过程中，也不同程度的存在组织形式粗放、精神实质缺乏等问题，弱化学生社区的熏陶感染作用。高职院校可从以下几个方面突破：第一，打破同学科、同专业、同年级学生聚居的状态。高职院校以学科交叉和大类融合为原则，安排学生住宿，扩展学生的知识范围和交际范围，拓宽学生成长空间。第二，密切师生关系。高职院校要选派一批思想觉悟高、业务素质硬、专业知识丰、道德品行好的导师进入书院，跟学生保持密切的联系，指导学生的学习和生活。第三，构建和弘扬书院精神。高职院校要根据书院设立的目的，设计院徽、院训，创设书院环境，并积极开展符合书院特色的文化活动，彰显书院精神。同时，高职院校要完善书院制的设计，健全书院制体系，推进书院制创新，为发挥学生社区的熏陶感染作用提供保证。

（二）完善导师制，发挥教师教书育人的作用

导师制是指教师根据学生个体差异、因材施教，指导学生学习、生活的制度。导师制起源于14世纪的牛津大学，17世纪，英国的牛津和剑桥普遍实施研究生导师制，到19世纪，这两所大学开始推行本科生导师制。在我国，研究生实行以提高科研能力和水平为主要目标的导师制，部分高职院校近年来不断探索本科生导师制。不管是研究生导师制，还是本科生导师制，都将教师指导

学生的要求明确化，从制度上保证教师作为教育主体的教书育人作用的发挥。以我国本科生导师制为例，导师要对不同阶段的学生要做出综合全面的指导。对于大一新生，导师应在适应大学生活、掌握学习方法、培养专业兴趣、选修课程、查阅资料等方面做出指导；对于渡过适应期的学生，应在合理安排大学生活、处理学习和课外活动的关系、制定个人发展规划等方面做出指导；对于高年级的学生，应在研究性学习、阅读专业书籍、撰写毕业论文、参加课题研究、职业规划和选择方面做出指导，等等。导师制是高职院校文化育人重要制度之一，但部分高职院校在实施导师制的过程中也出现了师资力量短缺、机制不健全、导师职责不明确、有名无实等一系列问题，对教师教书育人作用的发挥产生了一些不良的影响。高职院校要通过以下措施进一步完善导师制。第一，挖掘导师资源，高职院校可把离退休老师、学校管理干部等充实到导师队伍中，缓解导师资源缺乏的矛盾。二要明确导师职责。高职院校要明确细致的规定，导师全程跟踪和个性化指导学生的情况，作为导师的职责参考。三要建立激励约束机制。高职院校要定期对导师进行考核，考核结果与导师的工资、晋升、聘任挂钩等。通过以上措施，进一步完善导师制，发挥教师教书育人的作用。

（三）推行导生制，发挥同辈群体自我教育的作用

导生制是以同辈群体为基础，以实现学生自我教育为目标的教育制度，学导制、学长制、学长计划都可以看作是导生制的具体实践。导生制能够发挥同辈群体的地位平等、关系密切、容易相互影响等优势，实现群体内兴趣、爱好、态度、价值观的相互影响，达到学生自我教育的目的。近年来，高职院校推行了不同称谓的导生制，如华东师范大学推出"1+8"学导制，华中师范大学实行了学长制、山东师范大学实施了学长计划等，高职院校试图通过这些制度，促进学生自我教育、价值观和行为方式的相互影响以及情感需要和心理需求的

自我满足并，最终达到共同社会化的目的。但在高职院校在推行导生制的过程中，也遇到了导生质量参差不齐、导生制实施方式单一等问题，同辈群体自我教育效果不明显。高职院校推行导生制，可从以下三个方面做出努力：一、打造导生队伍。要严格标准，遴选学习成绩好、工作能力棒、综合素质高、影响力强的研究生和高年级学生担任低年级学生的班主任导生、心理导生和学习导生等，打造导生队伍，并保证导生队伍的质量；二、创新导生制实施方式，建立同辈成长小组。可组织学生结对子、成立互助小组等，通过交流谈心、互动讨论、团体辅导、集体活动等多种方式，解决学生遇到的学习、生活、工作问题，帮助学生了解、认识、规划自我，实现彼此的共同进步和提升。三、树立同辈典型。可在同辈群体内评选在学习、道德、科研等方面表现突出的学生，作为同辈教育的生动、鲜活的教材，并对这些来自学生身边的先进典型进行宣传，增强同辈教育的感染力。

（四）加强课程建设，发挥各门课程的育人作用

课程教学是文化育人最基本、最重要、最常见的形式。2004年中共中央、国务院《关于进一步加强和改进大学生思想政治教育的意见》，其指出：大学生思想政治教育的主渠道是高职院校思想政治理论课；哲学社会科学课程担负有思想政治教育的重要职责；各门课程都具有育人功能。高职院校在加强课程建设，发挥各门课程的育人作用方面，做了很多努力，例如：高职院校通过注重课程的整体设计和规划，在大学生课程学习以及教师的教学、科研中融入思想政治教育。但高职院校在加强课程建设，发挥各门课程的育人作用中，对任课教师的作用发挥的还不够，着力改进。高职院校要求各科老师要以负责任的态度，以良好的思想、道德、高尚的品质和人格，率先垂范，言传身教，潜移默化的影响大学生。同时，高职院校要要求各科教师严格教育教学纪律，坚

持课堂讲授有原则，在讲台上和教材中不散布违背宪法和党的路线方针政策的错误观点和言论，确保将各类课程文化育人的作用发挥。此外，高职院校还要建立健全有利于教师践履育人职责的考评制度，将坚定切实可感的教学效果、潜移默化的价值引导、正确的政治方向、形式多样的思想熏陶、言行一致的教态教风等作为教学、课程和教师评价的重要方面，融入教育评估的全过程。

（五）推动高职院校章程建设，确保文化育人有"法"可依，有章可循

章程是高职院校依法自主办学、实施管理和履行公共职能的基本准则。高职院校要以章程为依据，制定内部管理制度及规范性文件、实施办学和管理活动，开展社会合作。高职院校章程作为现代大学制度的载体和标志，将高职院校的办学理念、组织属性等落实到制度层面，是高职院校依法治校、科学发展的保证。高职院校章程一方面作为制度文化的重要组成部分，其自身包含着丰富的育人因子，具有文化育人的功能。另一方面，高职院校章程的建设能够确为文化育人提供整体上的制度保障。《国家中长期教育改革和发展规划纲要（2010—2020年）》在完善中国特色现代大学制度的目标框架内，明确提出了到2015年，高等学校必须制定出自己的章程的要求。2011年国家教育部发布的《高等学校章程制定暂行办法》进一步为高职院校章程制定提供了操作依据。目前，部分高职院校，如中国人民大学、东南大学、东华大学、上海外国语大学、武汉理工大学、华中师范大学等已根据国家和社会的要求，大力推进本校的章程建设，并取得了实质性的进展，完善了高职院校自主管理、自我约束的体制、机制。因此，高职院校要通过科学确立章程起草组织机构和工作机制、广泛开展调查研究、强化相关人员知识培训、明确章程的核心要素等一系列措施进一步推动章程建设，并在制定章程的过程中，将文化育人作为重要内容载入，确保高职院校文化育人有"法"可依，有章可循。

三、高职院校行为文化育人的实现

教师行为、仪式活动、学术讲座、科研活动、社团活动、社会实践活动以及志愿服务活动,因其自身所蕴含的丰富的文化内涵,成为高职院校行为文化育人的重要途径。

（一）开展师德建设,示范学生的言行

师德是教师从事教育活动所需具备的职业道德,主要包括教师的思想政治素质、职业理想和职业道德水平等。教师作为实施教育的主导者、组织者,其一言一行都会对学生产生巨大的影响。教师的行为受师德的影响,师德又通过教师的行为体现出来。教书育人,教书者必先强己,育人者必先律己。教师只有树立求真务实的治学态度,培养严谨自律的学术精神和学术态度,加强道德修养,既做经师,更做人师,既重言传,更重身教,才能更好地发挥教师的示范作用,成为令学生尊敬的良师益友和令学生模仿的楷模。高职院校充分认识到教师对学生言行的示范作用,近年来围绕强化师德教育、加强师德宣传、严格管理考核、规范制度件等开展了一系列师德建设活动。但高职院校开展师德建设的目的之一是规范教师的行为,为学生做出示范,仅仅从教育、宣传、考核和制度等方面开展师德建设,脱离学生这一育人对象和教师自身的努力,是无法达到良好的效果的。因此,高职院校开展师德建设,一方面,要将师德建设寓于教学实践活动。在教学实践活动中,高职院校首先要鼓励和要求教师关爱学生,有了爱,学生自然会"亲其师而信其道",信其道而仿其行。其次,高职院校要鼓励和要求教师在教学实践活动中爱岗敬业,认真从教,担当起传道、授业、解惑的职责。最后高职院校要鼓励和要求教师在教学实践活动中严于律己,以身作则,规范自己的言谈举止、行为习惯、仪表仪态等,真正做到为人师表。另一方面,高职院校在师德建设的过程中,要鼓励教师开展自我教育,加强自我修养,促进教师遵守师纪,讲究师表，锤炼师能，陶冶师德，通过的自我修养和自我教育，把提升师德作为自身的内在追求，并自觉转化为行为。

（二）注重仪式，丰富学生的情境体验

仪式这一具有深刻文化内涵的活动，是在人类长期的社会实践过程中，"经过多次重复的程式化活动或形成惯例的活动的统称"。它包括一系列具有象征意义的行为符号、程式化的行为模式和过程。仪式作为一种约定俗成的、生动的、直接的、可供观察的行为，具有特定的文化内涵，反应特定的社会规范和价值观。高职院校各种仪式的举行，能够使学生直接置身于情境中，调动学生的感官、思维，对活动内容产生共鸣，提升认识，规范行为。以升旗仪式为例，通过出旗、奏国歌、升旗、行注目礼等一系列规范的动作，在庄严而神圣的气氛中，使学生受到爱国主义的熏陶和感染。高职院校举行不同的仪式，有利于将教育内容巧妙的植根于学生的头脑中，丰富学生的情境体验，在潜移默化中影响和强化学生认识和行为。近来来，高职院校重视发挥仪式的育人作用，积极组织开学典礼、毕业典礼、颁奖典礼、学校庆典、节日庆典、入团、入党宣誓仪式、升旗仪式等各种仪式活动，但是也存在仪式活动文化内涵缺失、忽视学生在仪式活动中的个体体验和缺乏对仪式活动统一的协调组织的问题。因此，高职院校要针对这三方面的问题着力改善。第一，高职院校要注重提升仪式文化内涵。高职院校在举办仪式活动时，要提升仪式活动的文化品质，充实仪式的文化成分和文化内涵，并将仪式中蕴含的历史和文化信息体现出来，使学生充满文化内涵的情境中感受到仪式这一载体文的力量和化的效果。第二，高职院校要关注仪式活动中学生个体的情境体验。高职院校要运用场景、灯光、音效等手段，引起学生听觉、视觉和思维的兴奋，对仪式产生心理反应，同时利用仪式重复性、程式化的行为，强化学生在仪式中所感受、经历、记忆的行为规范和价值观念，引发学生共鸣。第三，高职院校要协调优化仪式活动。高职院校要根据学校和学生的实际情况，利用现有条件，保证仪式活动要素上的协调、阶段上的连贯和育人效果上的一致，使学生获得丰富的情境体验。

（三）举办学术讲座加强科研活动，强化学生的创新精神和创造能力

学术讲座，又称学术报告，是某一专业领域的专家、学者通过讲演的形式将自己有代表性的研究成果传授给听众的学术活动。学术讲座作为知识的浓缩和精华，是学者创新精神和创造能力的体现，在学术讲座中，学生能够直接感受创新创造价值。同时，学术讲座具有内容多学科性、知识前沿性、形式开放性、主讲群体特殊性等特点，能够使学生了解最新的学科专业知识动态、扩展知识面，完善知识水平结构，获得思想的碰撞和思维的启发，为创造创新打下基础。近年来，高职院校充分运用自身的知识、文化、人才优势，举办形式多样、内容丰富的学术讲座学生创新精神和创造能力的培养提供资源和平台。但高职院校在举办学术讲座的过程中也存在学生讲座质量参差不齐、学生参与度不高的问题。因此，高职院校一方面要广泛邀请社会各界的集大成者来校开展讲座，并严格学术讲座的把关和筛选，保证学术讲座的质量；另一方面，高职院校要将学术讲座纳入人才培养计划，如果学生没达到听讲座的数量和质量，则不能顺利毕业，确保学生的广泛的参与。同时高职院校既要加强学术讲座的规划，有目的有计划的为学生提供知识给养，又要加大学术讲座宣传的力度和密度，让举行学术讲座的信息人尽皆知。只有这样，高职院校才能让学术讲座为培养大学生的创造精神和创新能力服务。科学研究是指研究者利用科研手段和装备，通过调查研究、实验、试制等一系列的活动，揭示客观事物的运动规律和内在本质。科学研究本身就是具有创新性的活动，它包含查阅资料、调查研究、设计方案、实验、撰写论文或报告等环节。学生参与到科研活动中，能

够使学生具备创新型人才所具备的实际操作的能力、综合运用的能力、分析解决问题的能力以及团队合作精神等。高职院校作为科学研究的重要场所之一，要积极鼓励学生参与老师的课题实验研究，并组织和指导学生参加"挑战杯"科技创新大赛、数学建模竞赛、电子设计竞赛等，强化学生的创造精神和创造能力。

（四）繁荣学生社团活动，促进学生的个性发展

学生社团，被称为高职院校的"第二基层组织"，是学生依据兴趣、爱好、特长等自愿组成的，按照章程自主开展活动的学生组织。学生社团从性质上来说属于非正式组织，学生根据自己的喜好，自愿组织和加入，可满足自身多方面多层次的需求。社团开展内容丰富、形式多样的社团活动，能够吸引学生去参与，并使社团活动的组织者、参与者兴趣、爱好、特长等受到集体氛围的激发而得以强化，学生的个性的也在这些平台和机会中得到了发展。近年来，高职院校积极支持学生社团的发展，努力为学生社团活动的繁荣和发展营造氛围、创造条件、搭建舞台、注入活力。据相关调查数据表明，高职院校有一半以上的学生参加了社团，人均参与社团数为1.8个，这与高职院校对社团发展持支持态度是是分不开的；社团类型也越来越多样，根据社团活动的内容，大致可分为理论型、科技型、文化娱乐型、社会实践型、志愿服务型、体育竞技型七大类；社团活动形式也越来越多元，主要有举办讨论会、交流会、报告会；出版刊物；举办各种展览、比赛；开展社会调查；进行社会服务等等。但学生社团开展活动中也面对管理松懈、缺乏指导、经费不足、社团活动交叉重复、影响力弱的问题。高职院校只有努力解决这些问题，才能进一步繁荣社团活动，为学生个性发展搭建平台，具体可从以下几个方面做起：第一，高职院校要加强对社团管理。建立社团管理制度，督促社团完善内部组织构架，培养社团骨

干力量，并加强对社团的监督和考核。第二，高职院校要加强对社团活动的有利指导。高职院校组织教师积极担任感兴趣社团的指导老师，并明确教师职责，为学生社团活动的开展保驾护航。第三，高职院校要把社团活动经费纳入财务预算计划，为社团活动的开展提供物质保证。第四，高职院校要加强对社团活动的有序组织和协调。高职院校要注重高标准、高质量、高水平的社团活动的开展，推出精品，对内容相似、形式雷同的活动进行筛选和合并，并通过举办社团文化艺术节、优秀社团活动展演展示等，繁荣社团活动，扩大社团的影响力，让学生的个性得到彰显。

（五）推进社会实践活动，引导学生受教育、长才干、作贡献

社会实践活动是高职院校根据培养目标，有目的、有计划的组织教育活动，积极引导大学生接触社会、了解社会、服务社会，并在此过程中促进大学生、接受教育、增长才干、做出贡献。社会实践活动作为高职院校和社会的连接，是高职院校实现行为文化育人的重要途径之一。社会实践活动能够使学生走出象牙塔，直面更鲜活的知识和更现实的问题，并接触到不同的文化和附着在文化之上的价值观，通过外界的引导和自身的经历、感悟和体验，接受教育，获得知识，深化认识。同时，在社会实践中，学生也会遇到各式各样的需要现场处理的问题。大学生运用所学习和掌握的知识，解决实际问题的过程也是自身能力提升、并为社会做出贡献的过程。因此，近年来，高职院校高度重视大学生社会实践活动，一方面加强对大学生社会实践活动的领导，加强管理，加大投入，并不断探索长效机制，确保大学生社会实践活动的顺利开展。另一方面，高职院校积极探索大学生成长规律，把社会实践活动的开展与大学生的成长成才联系起来。但部分高职院校的社会实践活动流于形式、内容方式单一、学生参与不广泛、实践基地不完善，影响了大学生实践活动的有效推行。针对以上

障碍，首先，高职院校要加强大学生对社会实践的活动的正确认识。高职院校要通过课堂教学、报告会、讲座使大学生明确社会实践活动的意义、作用和目的。其次，高职院校要组织内容丰富、形式多样的社会实践活动如拜访革命纪念地、烈士陵园，参观纪念馆、展览馆，开展社会调查、科技发明，参加就业实习、军训，参与志愿服务西部计划、青春红丝带志愿行动、"三下乡""四进社区"活动等等，吸引学生广泛参与。最后，高职院校要重视建设社会实践基地，为社会实践活动的开展提供平台。高职院校要广泛征求各界支持，为学生提供社会实践的机会，并把社会实践活动与实践基地的用人需求结合起来，互惠互利。高职院校通过以上措施，可以更有效的推进社会实践活动，让学生在社会实践活动中真正的得到了锻炼，受到了教育，增长了才干，做出了贡献。

（六）强化志愿服务活动，培养学生的社会责任

志愿服务活动是基于责任、良知、信念而自觉自愿地为社会和他人提供服务和帮助的活动。它具有非强制性、非盈利性、公益性和组织性等特点。大学生在志愿服务活动中，通过为他人和社会做出贡献，能够满足自我实现的需要，激发参与志愿服务的内在动机，为社会责任意识的形成奠定基础。同时，大学生可通过志愿服务活动，用自己的思想和行为回馈社会，并形成与人合作、注重人文关怀和参与公共事务良好素养，增强承担社会责任的能力。大学生还可以在志愿服务活动中，通过教育和实践，增强社会责任感。近年来，高职院校在扶贫开发、社区服务、环境保护、大型活动、国际交流和海外服务等领域组织或参与了一系列志愿服务活动，如大学生"科技、文化、卫生"三下乡、志愿服务西部计划、青年志愿者四进社区、学雷锋、保护母亲河等。我们在奥运会、世博会、汶川地震等重大事件中也都看到了大学生志愿者的身影。同时，大学生也积极参与到慈善活动、公共服务中，积极为社会的公众利益作出贡

献。在高职院校，这些志愿服务活动的组织和开展，为大学生社会责任认知的产生、社会责任情感的体验、社会责任意志的磨炼、和社会责任行为的践履提供了平台。但部分大学生在参与志愿服务的活动中，也存在着道德动机不纯、责任体验不强、服务效果不佳、参与动力不足等问题。针对这些问题，第一，高职院校要在志愿服务活动中，坚持自愿的原则，加强道德性、公益性和服务性的引导和教育。第二，高职院校要结合大学生的特点和优势开展形式多样的、有针对性的和创新性的志愿服务活动，增强大学生的社会责任体验。第三，高职院校要加强志愿服务培训，向大学生传递服务意识和服务技巧，并组织相关人员对大学生志愿服务活动进行跟踪、分析和指导，使大学获得责任能力的提升。最后，高职院校要加志愿服务组织和优秀志愿者事迹的表扬和宣传，同时，建立志愿服务激励机制，在志愿服务活动中给予大学生适当的精神和物质奖励等。总之，高职院校要通过一系列措施，强化志愿服务活动，培养大学生的社会责任。

四、高职院校物质文化育人的实现

教学楼、图书馆、实验室、博物馆、大学生活动中心、学生公寓以及校园景观都是高职院校物质文化的重要组成部分，高职院校可从这些方面入手实现物质文化育人。

（一）抓好校园媒体建设，引导学生做出正确的信息判断

校园媒体是，在高职院校内部，由高职院校主办，面向广大师生，以传递信息、服务学校发展和师生工作学习的一种特殊媒体，主要有校内广播、电视、校园网、宣传橱窗、校报、校刊等。校园媒体是高职院校进行思想教育、传递信息、传播文化和舆论宣传的重要平台。在校学生是校园媒体的主要受众，在信息多元化和高职院校开放化的背景下，校园媒体能利用自身的权威性优势，

传播主流社会意识形态和价值观念，支持和肯定积极向上、正面健康的声音，抵制和批判对消极负面、庸俗低下的声音，坚持正确的舆论导向，引导学生做出正确的信息判断。近年来，高职院校努力抓好校园媒体建设，不断完善媒体设备，并注重新媒体的使用，部分高职院校还开通了微博、微信，这些都是高职院校在媒体建设中值得肯定的一面。但高职院校校园媒体建设存在校园媒体间缺乏互动、校园媒体工作人员专业素质不高、校园媒体缺乏与受众之间的互动等问题，急需解决。因抓好校园媒体建设，高职院校要做好以下几个方面的工作。第一，高职院校要整合校园媒体资源。高职院校要抓住每种校园媒体的具体特点，如校报内容深入、校园电视视觉感染力强、校园网络传播及时快速等等，最大限度地发挥各个媒体的优势，努力实现媒体间取长补短，达到相互协同传播的效果，增强正面积极内容的宣传力度和负面消极内容的打击力度。第二，高职院校要建设一支高素质、高水平、高质量的校园媒体队伍。高职院校要选拔综合素质高，媒体才能强的学生，组成一支由信息采集、新闻编辑、舆论引导构成的媒体队伍，并通过培训和学习提高其专业素养和水平，使其能够以强烈的使命感和责任感，以敏锐的认知能力，运用媒体引导学生去伪存真、辨别是非，坚持正确的舆论导向。第三，高职院校要加强学生与校园没体检的良性互动。高职院校要引导校园媒体要走近学生，多报道与学生息息相关的信息，并设置学生感兴趣的议题，与学生互动，增强其亲和力、吸引力、影响力和公信力，更好的发挥舆论引导作用，促进学生做出正确的信息判断。

（二）建好教学楼、图书馆、实验室、博物馆，利于学生的求知探索

教学楼、图书馆、实验室、博物馆是师生开展教育研究的主要区域，它们既是高职院校物质文化的重要组成部分，又是高职院校不可或缺的教育资源。教学楼作为高职院校最重要的建筑，是教师开展教学活动，学生接受知识最重

要的场所。图书馆作为高职院校最醒目的标志,以丰富的藏书、良好的借阅服务、优质的电子数字资源,安静的环境支撑着学生更好的读书学习。实验室作为高职院校科学研究的重地,以先进的设备、精密的仪器、逼真的模型,为学生进行科学研究提供良好的实验条件,促进更多更好科研成果的问世和更高学术成就的取得。博物馆高职院校博物馆作为高职院校独特的文化景观,可为师生的科学研究提供一手的、详实的、客观的历史资料。因此,高职院校高度要重视教学楼、图书馆、实验室、博物馆的建设,为学生的求知探索创造良好的环境。近年来,高职院校不断加强教学楼、图书馆、实验室、博物馆的建设,在数量和规模上取得了一系列成就,并丰富教学楼、实验室、图书馆、博物馆内部的配置,如安装多媒体教学设备、取暖制冷设备,并不断优化教学楼、图书馆、实验室、博物馆内的环境。但教学楼、图书馆、实验室、博物馆只有外在物质条件的提升,没有内在文化内涵的注入,是无法将物质环境的育人作用发挥到做好的。因此,高职院校要真正建好教学楼、图书馆、实验室、博物馆,还需要为其注入人文气息。一方面,高职院校要注重教学楼、图书馆、实验室、博物馆的室内布置,可悬挂学者、科学家画像,张贴求学、研究名言警句,标注学校校风、校训等,营造浓郁的学习气氛,激发学生学习求知探索的欲望。另一方面,高职院校要在教学楼、图书馆、实验室、博物馆内设置一些人性化的设施,如水房、机房等,为学生的学习研究提供便利。

(三)打造大学生活动中心,便于学生交流活动的开展

高职院校大学生活动中心是容纳学生开展和进行课余活动的综合性校园建筑,是大学生组织活动和学术交流以及交往结社的重要建筑载体,是大学生,综合提升素质、完成自我教育的重要平台。高职院校的大学生活动中心,一般都有明确的分区,如:文化活动区,通常配置有演播厅,为唱歌、跳舞、话剧、

主持等表演性活动提供舞台；体育锻炼区，会配置各种健身器材和乒乓球、羽毛球等运动场地，便于学生锻炼身体，增强体质；办公区，经常配备有工作室、会议室等，为学生社团日常办公和会议提供场所；休闲娱乐区，开设有咖啡厅、茶室、书店、复印店、KTV、礼品店等，不仅方便学生的生活，还能为学生提供的勤工助学的机会，提高他们的收入，锻炼他们的管理能力和组织能力。伴随着高职院校建设的热潮，大学生活动中心的建设也取得了很大的进步。但不可否认，我国高职院校大学生活动中心的建设历史还比较短，部分高职院校对其在校园生活中的角色定位显得认识不足，没有给予相应的重视，在实际使用过程中也产生了各种问题，影响了大学生活动中心综合功能的发挥。因此，高职院校要一方面借鉴国外高职院校大学生活动中心建设的经验，另一方面，要根据高职院校的实际情况，大胆创新，对大学生活动中心的建设做出合理的规划和设计，使其从内到外都服务于鼓励、激发及促进学生各种交流活动的开展。

（四）美化学生公寓，为学生提供良好的生活空间

学生公寓是学生正常生活所需要的休息、交流的场所，是学生的一切活动的后勤保障。安全、整洁、文明、和谐的公寓环境，能够愉悦学生的身心，为学生的生活创造良好的条件。目前，高职院校通过设计学生公寓楼的建筑风格、控制房间大小、完善桌、椅、柜、电视、互联网等配套设施、增添公寓区文化体育辅助设施等来改善学生公寓的硬件条件。但高职院校美化学生公寓，不仅要注重硬件，也要抓软件。在软件方面，高职院校美化学生公寓要与培养学生的良好生活习惯相连，提升学生公寓的内在美。一高职院校要注重学生个人生活习惯的培养。学生遵守作息制度，按时就寝、起床，不熬夜，不睡懒觉；讲究个人卫生，勤洗衣物，勤换床单被罩，不乱扔垃圾等等。二高职院校要注重学生公共生活习惯的培养，坚持卫生值日制度，每天值日，打扫宿舍卫生，保

持室内整洁；室内生活用品摆放整齐，排列有序；爱护公物，节约用水用电，不使用违章电器；注意安全防火，宿舍无人时应关好门窗；拒绝不良行为，不赌博，不酗酒，不传阅黄色书刊……。同时，辅导员、宿舍管理员可通过文明宿舍评比、宿舍文化建设等加强宿舍管理，共同打造整洁美观的公寓环境。

（五）建设校园景观，陶冶学生的情操

校园景观是高职院校文化的重要组成部分之一。独具特色、别具一格的山、水、园、林，蕴含人文、科学、艺术气息的校园建筑，具有丰富内涵的雕塑作品等校园景观，不仅能够提升高职院校的校容校貌，而且为学生情操的陶冶营造高尚健康的景观氛围。随着"科教兴国"战略的实施，高职院校非常重视校园建设，也十分注重校园景观的打造。但是校园景观建设过于急促，也产生了一系列问题。如：为了建设校园景观而建设、景观造型雷同、缺乏文化和精神气质等。因此，在建设校园景观时，要注意以下三点。第一，高职院校校园景观的布置要讲究整体和谐，能够凸显学校的文化传统和精神气质。例如：军事院校的景观要简洁、庄重，凸显严肃紧张的军事性格；艺术院校要生动活泼，注重艺术性和空间感；理工院校要简洁明快，呈现理性严谨的风格。第二，高职院校要打造标志性文化景观，提升学校的文化品位和知名度。就比如人们提及未名湖、博雅塔，就会想到北大；说到清华园，就会联系到清华；看到有蔡元培亲笔题词的景观石，就会联想到中华美术学院，等等。第三，高职院校要组织学生参与校园景观，如楼宇、道路、雕塑的规划、设计和命名等，增强学生对校园物质文化的认同感。

五、完善高职院校文化育人机制，整体规划，提供现实保障

高职院校文化育人既要从内在的高职院校精神文化、制度文化、行为文化和物质文化挖掘动力，又要注重外在的现实保障的完善，只有这样，才能更好

地实现高职院校文化育人的效应。

(一)深化思想认识,重视整体设计

高职院校要站在全局和战略高度,认识到高职院校文化育人对于人才培养和学校发展的重大意义。高职院校文化育人不仅关系到高职院校是否能够为社会提供道德品质好、综合素高的人才,而且关系到高职院校是否能实现内涵式发展,还关系到我国的文化的大发展和大繁荣。因此,高职院校要从思想上认识到文化育人的重要性,把其作为重要内容纳入学校议事日程,融入到学校的目标定位、办学理念和教育理念中,并通过成立高职院校文化建设领导小组,制定专项计划、制定工作制度等对实现高职院校文化育人做出统一规划、宏观指导和组织协调。文化育人的实现离不开高职院校的整体设计,一方面,高职院校要通过制定相应的政策、规章、制度等,为文化育人的实施提供框架。另一方面,高职院校要根据自身的发展历史和现状,培育独特的文化气质,提炼出符合自己特点的理念、精神,设计具有文化内涵、别具特色的校徽、校标、校歌等,打造高职院校的整体形象。

(二)加大投入,提供现实保障

要实现高职院校文化育人,必须注重高职院校文化建设。高等学校要把高职院校文化建设纳入学校预算,加大财力、物力和人力的投入,确保高职院校文化育人顺利开展。首先,在财力方面,要加大资金投入。高职院校要根据实际情况将高职院校文化育人工作方面的经费投入科目,列入预算,并努力确保经费的逐年增长。其次,在物力方面,高职院校要为文化育人工作提供必要的场所和设备,通过文化建设的各项措施,改善高职院校文化育人的条件,优化高职院校文化育人的手段,并切实解决文化建设过程中的实际问题和困难。最后,在人力方面,可通举办高职院校宣传部长培训班、大学生实践基地师资培训班等，提升管理干部开展文化建设的能力。高职院校要发挥自身的智力优势，深化高职院校文化育人和高职院校文化建设的科学研究，积极发挥其在文化育人方面的决策咨询、工作指导作用。高职院校还要将文化育人纳入高职院校德育研究重点课题，探索高职院校文化育人的新思路、新举措，为高职院校进一步加强和改进文化育人工作提供支持和决策依据。

（三）加强管理，形成工作合力

高职院校文化育人的实现需要依靠学生、教师和行政人员的力量，需要上下级以及相关部门的密切配合。因此，学校管理人员要通过钻研管理业务、总结管理经验、掌握管理规律、更新管理理念、改进管理方式等方式，提升管理水平，促进高职院校文化育人工作合力的形成。具体可从两方面做起：第一，高职院校要加强对学生会、研究生会、党团组织等学生团体的引导和管理，并要求学校各部门明确各自责任，密切协作，促进其高职院校文化育人中发挥积极的作用，将文化育人落到实处。第二，高职院校可通过建立评估制度和评价体系，将文化育人作为教师和行政管理人员工作一个重要的评估指标，以评估促进建设，以制度促进管理。

第六章　高职院校文化育人功能

第一节　高职院校校园文化育人功能

一、高职院校校园文化育人功能的主要表现

大学校园文化的核心功能是育人,对"培养什么人"以及"怎样培养人"的问题,不同的大学有不同的思考,然而,开展校园文化活动共同的出发点都是为了"育人",大学校园文化像一只无形却有力的巨手,引导和影响着学校的运行和发展。蔡元培认为,大学是人格养成之所,是人文精神的摇篮,是理性和良知的支撑。一名高中生通过高考的选拔进入大学,经历大学校园文化四年甚至更长时间的浸润,变化的是什么,大学给了他们什么?

大学校园不仅是学习文化知识的场所,更重要的是育人的阵地,她担负着培育一代"四有"新人的重任。"近朱者赤,近墨者黑",没有良好的教育环境,学生就容易走向歧路。作为育人阵地的大学校园,以其独特的校园氛围使学生获益匪浅,尤其是性情的成长和情操的陶冶是从大学得到的一大财富。学生从双眼迷茫到双眸清澈,必然是大学校园的智慧之火点燃了他的心。大学校园文化是一种环境教育力量,对大学生的健康成长影响巨大。建设校园文化就是创设出一种氛围和情境,用以陶冶学生情操,构建学生健康人格,全面提高学生素质,实现育人功能。

(一)大学校园文化具有"化人"功能在所有影响人的观念态度和行为模式的因素中,文化最为深远、最为主要。每个人都处在一定的文化环境中,必然会受到所处文化氛围的熏陶和影响,在不知不觉中逐渐接受所处的文化氛围,

并将其中的价值观念、思维方式吸收并内化。大学校园文化展示的是一所大学的灵魂和精神，也是区别于其他社会机构或组织最显著的特征。大学校园文化对大学生观念态度、价值观的形成有着潜移默化的影响，具有重要的教化育人功能，即"化人"功能。因此，大学校园文化的价值就在于"化人"。

1.大学校园文化"化人"的主渠道

课堂是文化"化人"的主渠道。大学教师是"化人"的主要力量。大学教师往往拥有较高的专业知识背景和高尚的文化修养，是大学发展的第一推动力。大学教师除了专职教师外，还包括大学里服务学生的管理人员，在文化育人的实践中，他们共同形成了一所大学的教师文化。课堂教学是育人的主渠道，每位教师每门课程都承担着育人职责，具有育人功能，教师要善于挖掘课程中的思想文化教育因子，有针对性地加以教育和引导，在课堂教学过程中育人，不仅拓展学生的文化视野，更要让他们树立远大的理想信念，形成课堂文化育人体系。

大学生思想政治理论课是课堂文化"化人"的主阵地。思想政治理论课怎么吸引学生，如何发挥更大的育人作用，这都需要理论课教师潜心思考。思想政治理论课教师应深刻挖掘教材，用自己的理解去说服、打动学生。抓住社会生活中新近发生的一些影响力较大的事件，利用教育契机对事件做出评述，对学生进行引导，在讨论和引导中诠释理论，使学生心悦诚服的接受理论，以此提高理论的说服力和感染力，真正使思想政治理论课主渠道的"化人"功能收到实效。

2.大学校园文化"化人"的重要因素

校风是文化"化人"的重要因素。校风具有强大的同化力、感染力和约束力。它是由教风、学风以及管理与服务人员的工作作风构成，它体现的是大学精神。校园风气的优良与否直接决定着"化人"效果的成败，也决定着一所大学有没有未来。

优良的学风是"化人"的基础，通过建立规章制度和严格管理，以形成良好的校园风气、班级风气、宿舍风气和课堂风气，实现良好校风"化人"的作用，诸如大学出现的最牛班级和最牛宿舍，很吸引眼球，其实是良好学风、班风、宿舍风气发挥"化人"功能的结果。在宿舍或班级中，他们都努力学习，互相激励，处在这种"风气"之中，不想努力用功都难。就和《荀子。劝学》里讲的"蓬生麻中，不扶而直，白沙在涅，与之俱黑"的道理是一样的，校风、学风潜移默化地影响着每一个学生，引导着学生的行为，陶冶他们高雅的情操，促进学生人格品质的健全，有助于学生的人格塑造和价值构建，树立起正确的人生观、价值观和世界观。

其实，"化人"的过程是一个内化、融合、升华和超越的过程，是把正确的做人做事道理渗透到学生灵魂里的过程。大学最应关注人格的培养，对人的精神世界的重视，对人文学科的重视。校风建设对大学生的成长和大学的发展都十分重要，身在大学校园中的大学生不知不觉中接受并认同，进而塑造成自身性格中的一部分，最终实现"升华"，实现文化的育人功能，保证了对人的培养。

3.大学校园文化"化人"的最佳途径

参与实践是文化"化人"的最佳途径。大学校园文化的"化人"功能得以实现的关键一步，是大学生将"内化"了的先进思想"外化"为积极的行为，只有将"外化"实现，才真正达到"化人"的效果。参与社会实践是大学培养人才的重要环节，鼓励学生亲自参与实践活动，是实现文化"育人"的最佳途径。

参加大学校园内的实践活动。大学校园内的文化活动多姿多彩，如大学生艺术节、文化周、运动会、篮球赛、英语演讲赛、计算机编程大赛以及迎新晚会、主持人大赛等等，可供大学生选择的活动很多，学生根据自己的兴趣来参与活动，挖掘自己潜在的才华。参与校园内的文化活动，不仅能丰富学生的课余生活，提升学生的文化活动层次，更是大学生自我教育、自我成长的良好途径，能不断完善大学生的人格，有助于大学生正确价值观的形成，有利于文化育人产生实效，促进学生全面健康成长。

参加活动校园外的社会实践活动。大学生不仅要"读万卷书"，更要"行万里路"，走出校园参加社会实践可以认识社会、接触实际，通过直接参加生产劳动，可以锻炼实际操作能力和协作的能力，在实践中成长。如大学寒暑假的社会实践、"三下乡"等活动，为学生提供锻炼的机会，是学生了解社会的平台，能满足学生锻炼自我、提升自己的需求，觉得学生认可。志愿者服务活动是文化育人的重要途径，也是对大学生进行思想政治教育的新方式，是实现文化"化人"的有效载体，大学生志愿服务工作已成为文化育人工作中不可或缺的重要环节。

（二）大学校园文化具有熏陶功能

不知不觉的"熏陶人"是大学校园文化具有的另一个重要功能。人的思想和品质仅靠单纯的知识传授是不可能养成的，必须要借助一定的道德环境长期加以熏陶，只有在这种环境长期"熏陶"下培养起来的品质结构才具有稳定性，才有可能经受住外界环境的刺激。与大学的办学规模和硬件设施相比，大学校园文化体现的是大学的"软实力"。

校园文化最能展现一所大学的精神风貌，是大学办学理念和人才培养模式多年的积淀。不同的大学展现出的是不同的校园文化，体现了一所大学办学理念和大学精神的不同，进而又会影响到大学的发展水平和办学层次，最终会影响学校师生的精神风貌。

1.陶冶大学生的情操

（1）校园文化能陶冶大学生的思想品行。通过创设特定的教育环境和开展有意义的教育活动，都能使受教育者受到熏陶和感染。优美的校园环境能促进大学生的学习和发展，有利于大学生素质的培养和提高。这种影响虽然是间接的无声的，但其对大学生的影响力量却不容小觑。校园环境是一位无声的"演说家"，身在其中的大学生会注意到它，不知不觉中受到熏陶和影响。事实表明：成功的教育往往是学生没有意识到自己在受教育而教育却已渗透其中，这种潜移默化的教育往往具有滴水穿石的力量。因此，大学校园文化是通过优美雅致的校园物态文化和昂扬奋进的校园精神文化来教育学生的，在耳濡目染中感化学生，影响大学生的思想品行和人格发展，陶冶大学生形成高雅的情操。

（2）校园环境能激发大学生的归属感。校园环境是大学生学习、生活的最主要空间，也是培养大学生综合素质的重要载体。学校无闲处，处处熏陶人，在郁郁葱葱、气韵自华的校园环境中，一草一木，一板一墙都蕴含着浓郁的文化底蕴，能起到教育人、启迪人的作用，大学校园环境有着春风化雨、润物无声的作用。学生身处优美的校园环境，必定能受到感染和熏陶。清新的校园环境、独具特色的校园建筑，能激发学生对大学的"归属感""主人感"和自豪感，能给学生以巨大的精神力量，从而激发大学生努力学习、实现自我价值的热情。此外，健康高雅的校园文化还能有效的抑制低俗文化和各种消极思想对大学生的侵袭，良好的大学校园环境有利于学生正确的世界观、人生观、价值观的形成。

（3）校园人文环境能影响大学生的精神品质。一所大学的校园人文环境是培养和塑造大学生精神世界的重要氛围，它对大学生精神品质的塑造有潜移默化的作用，也是大学生道德观念和行为规范养成的重要场所。优秀的大学教师对大学生形成良好的道德品质有积极的影响作用。因为学生都具有"向师性"，大学教师的人格修养、学术造诣、道德品质、思想意识和言行举止，都是重要的隐性教育资源，都会对学生产生影响。此外，健康向上的班级舆论和丰富多彩的主题教育活动，也有助于大学生集体观念、团队意识的形成和发展。良好的校园文化环境和精神氛围被学生接受和认同，通过较为深刻且微妙的心理变化方式进行内化，经过学生思考、吸收后再最终转化为健康向上的文化自觉行为，能正确地认识自我、评价他人和社会。良好的大学校园文化是一种潜在的教育力量，影响着大学生的思想情感、道德水平，改造着学生的内心世界，有助于学生世界观、人生观和价值观的养成。

2.提升大学生的审美能力

（1）大学校园物质环境本身凝结着文化美。校园环境的建设和美化包含着多学科的内容，涉及到美学、建筑学、社会学、心理学等。除满足环境基本使用功能外，校园物质环境最重要的价值是能提升大学生的文化素质和人文修养。校园环境大都是技术之美和艺术之美的完美糅合，体现出实用和审美的统一，不同的校园建筑风格承载着不同主体精神，给予人的审美感受也不同。大学校园环境都具有自身的审美特性，依据大学所处地域的自然和人文背景，充分发挥环境的特点，实现精湛的技术美和充满想象力的艺术美的完美结合，体现大学校园的科学之美和创造之美，使大学精神在校园环境中得以流露，得以涵养。

（2）潜移默化中渗透审美教育。良好的校园环境是"无声"的演讲者，能使大学生不知不觉的受到感化、濡染和熏陶。校园环境是一所大学给人的"第一印象"，是大学的"文化名片"，校园环境体现的是一所大学的大学精神，它构筑并丰富着校园的审美空间。审美教育其实是一种情感或艺术教育，是学校教育的内容之一,但却是课堂教育不易达到的。然而,优美的校园环境"无声无息"的发挥作用,使大学生能直观感受、耳濡目染和自我陶冶,为学生的审美提供了客观物质条件,为学生审美意识的提升提供了平台。美育心理研究认为,个体审美经验的过程,就是接受陶冶、培育的过程。因此,可以说,大学校园生活的四年甚至更长的时间就是大学生接受审美教育、不断提升审美能力的过程。

(3)激发学生的审美情趣。大学校园的美除了环境的自然美外,还有饱含文化内涵的艺术美。比如音乐之美、雕塑之美、绘画之美、文学之美等。环境美可以升华为情感美,芳香优雅的校园氛围、独特清新的校园空气、文明和谐的人际关系,都能诱导学生鉴赏美和追求美的热情。优美的大学校园文化还能激发学生的审美情趣,帮助学生树立正确的审美观念和审美理想,进而提高学生的审美能力以及创造美的能力。入学里举办的审美讲座和审美实践活动都有助于学生鉴赏能力的提高,学生参与校园文化活动的过程就是对"大方""优雅""风度"含义的体验过程,能在学习、生活中将其转化成自觉的行为,使追求美、创造美成为大学生自身发展的需要。

大学校园的校容校貌、标志性建筑、校园雕塑等都蕴含美学特征,能让学生无形中受到教育和启迪,能让学生感受到物质载体文化迸发出的能量。校园物质环境是大学校园文化的直接表现,对启迪人生、陶冶情操和促进道德升华有着十分重要的作用。杜威曾强调,教育必须利用环境的作用,离开环境也就没有教育。大学校园文化通过美的物态环境和精神环境,无声中使学生受到"美育",还发挥着"以美辅德"的作用,体现了校园中"一草一木皆教育"的道理。

二、大学校园文化育人功能发挥的新思考

大学在知识经济时代必将扮演重要角色。大学教育由"精英教育"神坛走

向大众教育的背景下，大学的规模越来越大，对社会的影响也与日俱增。"文化软实力"对一所大学的发展和未来有极为重要的作用。培养人才是现代大学的首要功能，"育人"是大学培养人才的核心环节，如何培养人才，如何"育人"，如何构建大学文化，加强大学校园文化建设成为大学现今不得不思考的问题。

（一）大学校园文化构建中的误区

当前，在大学校园文化建设工作中存在一些误区，有的学校过分强调"学术强校"，重视科研而忽视校园文化建设，使得大学缺乏活力；有的学校简单理解校园文化建设，大搞"形象工程"忽视大学精神的弘扬，或是简单地搞一些文体娱乐活动，文化载体"单薄"；还存在将校园文化建设与学校常规工作割裂开来的情况。具体表现为：

1.重科学轻人文

早在20世纪初，教育家们就倡导学术自由、德才兼备、通识教育等科学和人文相结合的大学精神，改革开放后，中国共产党提出了培养"四有"人才的科学和思想道德教育相统一的文化思想。但是，在大学校园文化建设实践中，仍然充斥着功利主义色彩，把眼光盯在培养科技人才上，对科学技术、专业教育过分重视，对人文精神、人文教育过分冷漠，忽视全面发展的人的培养，出现科学与人文精神相分裂，大学精神衰微的现象，导致了大学人文精神的滑坡。尤其是近年来，大学逐渐以市场为导向，培养实用人才，学生以就业为导向，热衷于实用知识技能的掌握，由此导致人文素养和人文关怀缺失，这必然直接影响学生自身综合素质的提高和身心的全面发展。

2.重物质轻精神

随着国家对高等教育的重视和投入力度的加大，在大学发展的新阶段，规划现代的大学新校区、拔地而起的建筑群体、庞大的组织系统和丰富的文化活动，发展迅速。在不少的大学里，出现了重视大学校园文化的载体建设，却忽视校园文化的内容建设，只注重学校的硬件设施建设，强调气魄的高楼，而忽视精神文化即"软件"的提升。有大楼，缺大师，有校园，缺精神，有活动，缺内涵等现象。造成部分大学生产生"道德危机""精神空虚""信仰危机""价值真空"等市场行为和人格扭曲、道德的堕落、理想信仰的丢失等消极状态。大学教师中出现了学术观的实用化、功利化倾向，自由、批判、开拓、创新的学术风气失落，代之而起的是学术不端、学风浮躁、急功近利、学术腐败等背离了大学精神的功利化、平庸化陈腐气息。

3.有活动缺活力

校园活动看上去"喧嚣热闹"，似乎"很美"，其实大都存在精英性活动多，群众性活动少；随机性活动多，品牌性活动少；操作性活动多，知识性活动少等现象。比如团中央组织的大学生"三下乡"活动，参与人数众多，在全国影响范围广，但一些大学在挑选参与人员时只注重班上的"班干部"或者"精英"，而大部分的普通学生则较少有机会能参与其中，最终导致大部分学生对参与活动失去兴趣。

校园文化活动的组织实施过程中，不能与学校常规工作相结合，没能把校园文化建设同人才培养、教学管理、科学研究、社会服务等学校主体活动融为一体、有机结合起来，缺乏文化内涵的支撑。还有一些学校，认为简单地搞一些文体娱乐活动就是校园文化的建设，重形式轻内容，导致活动载体和方式较为单一，忽视了个性的培养和张扬，对学生缺乏吸引力，对弘扬大学精神、塑造大学形象等较深层次的领域重视不够，造成大学校园文化没有个性，缺乏活力、形不成特色等弊端。

（二）大学校园文化育人功能发挥的新思考

在国家的极大支持下，高等教育进入了跨越式发展的新阶段，现代大学在自身发展过程中必然要求校园文化的建构，如果说没有一流的大师就没有一流的大学，那么，没有深厚的文化积淀和文化传承也不会成为一流的大学，构建先进独特的校园文化既是创建一流大学的客观要求，也是提升学校核心竞争力的必然选择。加强校园文化建设已成为大学共同面临的重任。如何建设好校园文化，这是每一所大学前面的重大课题。

1.凝练和锻造大学精神

大学精神是大学校园文化的精髓和灵魂，是在大学深厚的文化积淀基础上形成的独特的精神特征，更是一所大学的办学理念和价值追求的凝练。大学精神的形成与大学产生的时代、国家所处的历史时期、学校所处地理环境、几代师生共同心理的传承相关联，是一所大学在长期的发展过程中逐渐形成的共同的价值取向和心理诉求，是一所大学在各种环境下都能得以发展的内驱力，是激励全校师生积极进取的精神动力，大学精神体现出学校的目标、信念、品格和特征，大学精神的凝练和锻造应从规范大学章程、明确办学理念、突出培养目标、重视校训校歌这四个方面来入手。

（1）规范大学章程

大学章程是大学得以成立并获得合法地位的基本要件。大学章程依据国家法律法规制定，在大学的制度体系中具有最高地位，是大学内部的"宪法"，是制定大学各项规章制度的依据。大学章程是一所大学独特精神的直接体现，各大学应依据教育部第31号令发布施行的《高等学校章程制定暂行办法》，结合学校特有的精神和品格来制定大学章程，并随着学校的发展与时俱进地逐步规范大学章程，使大学的发展在制度上有章可循，在治理上有章可依。

（2）明确办学理念

办学理念是大学的灵魂，是一所大学有别于其他学校的最具区别特征的校园文化，是校风的集中体现。它是在长期的办学实践中，经过不断理性思考和实践验证后形成的办学方向、办学目标、办学思路和办学特色的总称。大学必须要有明确的办学理念，即：大学发展，教学为先，学生为先。应牢记大学的第一使命是人才培养，教师的第一天职是教学工作。先进的办学理念对内是凝聚力、向心力，对外就是核心竞争力和品牌。

对于一个现代大学来说，最重要的是要具有先进、科学、清晰的办学理念，它是一所大学发展方向的保证，其核心就是"以人为本，注重学术，服务社会，改革创新。"大学应在坚守大学精神传统的同时，实现"继承、改革、创新"，明确自身的办学理念，以本大学特有的精神和理念对内凝聚力量，对外塑造品牌。

（3）突出培养目标

大学的培养目标是大学教育目的、教育价值观在学生身上的具体体现。现阶段，我国大学的培养目标是培养合格的建设者和接班人。围绕这一培养目标，不同类型、不同层次、不同历史、不同特色的大学应该有自己独特的人才培养目标。

任何一所大学，人才培养目标的确立都应契合时代特征、体现大学的价值追求，从校园文化、学风、学科甚至地域特色等突出自身特色。随着社会的发展，大学更加多元化和开放化，大学培养的人才'要能适应社会的不同需要，通过自身努力也要能实现自己多重的生活目标。学生离开大学的时候，不仅应具有一定的专业知识，更应具有独立思考的能力和判断力。为适应时代的发展，大学应根据本科生、研究生不同层次和学科特点对人才培养模式进行定位，明确学校的战略选择和培养目标，突出学校特色。

（4）重视显性特征建设

校风、校训、校歌和校徽是一所大学精神的显性特征，是学校历史与文化传统的浓缩，是学校形象的标志。校风秉承的是一所大学的大学精神，具有强大的同化力、感染力和约束力。校训最能反映出一所大学的传统和特色，校训里凝聚着大学精神，是大学独特的灵魂。校歌是以艺术的形式来诠释一所大学的办学理念和人文精神，校歌有凝聚人心和鼓励师生创新的作用，其内容往往能体现学校的办学理念和特色教育，有吟唱中让校园人经受到熏陶和同化。校徽也是大学精神的体现，校徽的设计凝聚着全体校园人的智慧，其含义往往能体现大学的培养目标和培养特色。重视大学精神的显性特征建设，有助于凸显大学办学特色，优化大学形象。

2.培育和弘扬大学生核心价值观

在十八大报告中，党对社会主义核心价值观进行了新概括，要求积极培育社会主义核心价值观。人才'培养是大学的首要任务，大学是培育和弘扬社会主义核心价值观的坚强阵地，应把核心价值观贯穿于整个教育过程，引导大学生成为社会主义核心价值观的倡导者、传承者和践行者，加强大学生思想政治教育，对提高高等教育育人科学化水平，促进大学生成长成才具有重要的理论意义和现实意义。

（1）加强爱国主义教育，为培育和弘扬大学生核心价值观提供精神动力

爱国主义最能感召中华儿女团结奋斗，对大学生而言，爱国主义教育不仅是理论知识上的灌输，更重要的是在日常生活和行动中如何去做。这就要求大学生要具有责任意识和强烈的使命感，有勇气为国家和民族担当重任。大学生只有确立起正确的责任意识，才能产生强大的内驱力，才能有所担当。

责任意识是对大学生进行核心价值观教育的构成要素，它有着特定的政治内涵。教育学生投身祖国建设是大学教育的要求，也可作为核心价值观来遵循，培育大学生奉献祖国使命感和勇于担当的责任感，大学生才有可能成为合格的社会主义建设者。当代大学生应珍惜大学生活，树立崇高理想，努力学习科学文化知识，立志成才，能为人民服务，才能建设好祖国。

（2）重视理想信念教育，为培育和弘扬大学生核心价值观提供信仰支持

大学生是祖国未来生产建设的生力军，是祖国和民族的希望。培育和弘扬大学生核心价值观，要把坚定社会主义理想信念摆在突出位置，发挥思想政治理论课的主渠道作用，突出核心价值观教育导向，向大学生宣传马克思主义，结合中国近现代史让学生理解中国化马克思主义，进一步坚定马克思主义的信仰。

通过教育，让学生意识到：只有坚定马克思主义的信仰，毫不迟疑的走社会主义道路，始终坚持以经济建设为中心，不断解放和发展生产力，就一定能实现社会主义制度的理想目标。让学生弄清弄懂其中的道理，从思想源头坚定其走社会主义道路的理想信念。把社会主义共同理想教育纳入大学生核心价值观，激发大学生努力学习的动力，把远大理想和自身成长结合起来，坚定信仰，脚踏实地，成才报国。

（3）汲取传统文化的营养，为培育和弘扬大学生核心价值观提供文化支撑

中华民族的优良传统是中华民族时代精神发展的根基、血脉和土壤。大学生核心价值观的确立要注重继承中华民族优良传统的精华。优良传统文化是我们的民族魂，更是我们精神领域的脊梁。如中华民族所崇尚的"富贵不能淫，贫贱不能移，威武不能屈"的民族气节。还有，作为中华民族优良传统核心的爱国主义精神，是它推动着中华民族的不断奋进。

大学生核心价值观建设离不开优秀传统文化中的营养和力量，我国的优秀

传统文化是中华民族的精神财富,是建设中华民族共有精神家园的重要支撑,也是大学生核心价值观建设的重要基石。在进行核心价值观教育时,应加强对优秀传统文化思想价值的挖掘,以维护民族文化的基本元素,使优秀的传统文化成为新时期激励人民前进的精神力量,也将是大学生核心价值观建设的重要支撑。

(4)注重实践和创新,为培育和弘扬大学生核心价值观提供有效路径

人的思想最终要在实践中去体现,只有通过实践,人的思想才能转变成行动。各大学应重视实践,可以通过有效的实践形式来培育和弘扬大学生核心价值观。通过实践活动,能使大学生理解核心价值观的内涵,在认同的基础上接受核心价值观,最终能转化为他们的自觉行动。自觉地去实践就是将内省后所得到的价值观念用于指导自己的日常学习、生活和行为。因此,理论和实践相结合是大学生树立社会主义核心价值观的根本途径,这对提高他们的社会责任感和历史使命感具有不可替代的重要作用。

创新是一个民族前进和发展的灵魂。当代的大学生作为未来的建设者和接班人,其创新能力的强弱对我国建设创新型国家起着关键性的作用,尤其是在当前社会思想和科学技术蓬勃发展的年代,创新思想要求我们走在时代的前列,为未来打算并为未来奋斗。创新的灵感大部分来源于现实生活,现实生活也是创新最好的材料,积极有效的社会实践可以增强大学生的竞争意识和创新意识。大学生核心价值观的培育和弘扬必须深刻的把握时代特点和大学生的特点,激发学生的创新热情,鼓励学生的创新精神,拓宽大学生实践渠道。

3.建设与开掘大学物质文化

优美的校园环境是大学校园文化最直观的表现方式,对学生在审美情趣、道德情操起着潜移默化的教育作用,优美的环境是一种独特的教育手段,环境育人也是人才培养的一个重要方面。尤其是每年新生入校伊始,对学校的"第

一印象"往往就是校园物质文化环境，校园格局、教学楼的建筑风格、楼宇命名、教学设施、环境卫生等。

（1）重视"第一印象"。每年新生入校伊始，对学校的"第一印象"往往就是校园物质文化环境，校园物质文化环境直接表现出师生所处的文化氛围，有很强的直观性，直接地反映出学校的办学水平，也直接关系到学生对校园的认可度的高低。如陕西师范大学通常会利用暑假来修缮局部环境，对学校大门口的校牌、墙壁进行粉刷、对学生食堂进行装修、制作迎新标语条幅、在大门入口处摆上凸显师范教育特色的文化景观，不仅新生一入学就会被这种文化环境所吸引，进而"爱"上学校。很多老生返校后也发现了学校的变化，纷纷在校园 BBS 上表达对美丽校园的热爱。

（2）重视文化传播媒介。校园物质文化被赋予了深刻的文化含义，除了自然地理环境、教学生活设施、校园规划格局、建筑物、雕塑、绿化外，还应重视校园文化传播媒介及特色形象产品。文化传播媒介与形象产品是大学校园文化的一种外大表现形式，凝结着全体大学师生的传统价值观和共同精神的追求。大学应按照自身的特点，合理设置并管理好校园宣传栏、海报栏、学报、校报、校史馆等传统媒介。在新媒体环境下，还要重视网络文化阵地的构筑，大学应结合学校特色建设主题校园文化网站，应蕴含知识性和思想性，吸引学生关注文化网站，还要体现服务性和趣味性的统一，充分利用新媒介（校园网、校园 BBS、校园微博、微信等）这一新兴载体来加强校园文化建设。

（3）开发形象产品。大学校园文化还有一些特殊的物质文化，即结合学校特点来设计制作的体现学校、学院特色的形象产品，如录取通知书、校徽、校标校牌、校旗、明信片、贺卡、信笺、信封、笔记本、画册等文化产品，体现学校的文化内涵。大学录取通知书除了通知学生被录取外，还能展示一所大学的办学特色和文化底蕴，使学生在接到通知书的那一刻就"爱"上学校。如北京大学的录取通知书，它的防伪水印显示的是北大校徽，校徽兼有篆刻风韵，朴素中凸显传统文化风韵，能让学生感受到北大的深厚文化底蕴。陕西师范大学邮寄录取通知书的信封上以毛笔字来书写，让考生欣喜之余感受中国传统文化国粹，展现了师大的人文魅力。

4.营造和繁荣大学学术文化

学术研究是大学知识文化的重要组成部分，它已成为大学发展的标志性动力，营造深厚的学术氛围、开展丰富的学术文化活动已成为大学校园文化建设的重要内容。针对学校内参加学术活动主体的不同，可分为以学生为主体的学术活动和以教师为主体的学术活动。

（1）积极开展以学生为主体的学术活动

学术活动能促进大学生的进步，以学生为主体的学术活动最主要的参与者是学生，学生在教师的指导下来组织实施或者学生直接参与到教师的学术活动中，诸如大学开展的学术论坛、论文征集、辩论会、学术沙龙等文化节、文化周活动。或者是由学校组织，专门针对大学生开展的学术交流和学术讲座，有"名师讲坛""教育名家论坛"等。如陕西师范大学的曲江讲坛深受师生喜爱，每期邀请一位国内外有名的教育名家、学术专家亲临学校做学术报告，满足了学生日益提高的求知欲。

学术文化活动不仅丰富了校园文化，它已成为大学生获取知识和信息的重要手段，通过参加学术活动，大学生的情操得到陶冶，起到了修身养性的作用。在学术交流或讲座中，大学生近距离接触名师名家，领略大师风范，感受学术魅力，这种隐性的潜在的正能量，都将积极的影响大学生的思想感情、道德水平，改造他们的内心世界，并逐步内化为学生的综合素质。

（2）重视以教师为主体的学术活动

"学术立校""学术兴校"已成为各大学工作的指导性方针，努力提高学术水平是大学的一项重要任务。学术文化中另一个重要的主体是大学教师，通过参与学术活动，教师能获取相关领域的最新研究信息，能深入了解学术研究领域的前沿，并在学术互动中得到启迪。

终身教育理念在大学更为深得人心，以教师为主体的学术活动对教师素质的提高有积极的推动作用，也是提高学校教学和育人水平的重要手段。学术活动吸引了不同研究领域的大学教师汇聚在一起，在理论知识、研究方法、思维方式等方面进行交叉和融合，对大学的学科建设有积极的促进作用。

总之，学术文化的营造和繁荣对学生素质教育和教师素质的提高以及对大学教育整体水平的提高有着重要意义。因此，营造深厚的学术文化氛围，开展形式多样的学术活动是大学校园文化建设的核心内容和重要途径。

5.支持和引导学生校园文化活动

（1）对学生校园文化活动的支持

这里说的"支持"就是指学校对学生校园文化活动给予的政策、经费、时间等多方面保障。丰富的校园文化活动有助于大学生完善人格、丰富课余生活、拓展综合素质，对大学生的成长成材有着重要意义。通过参与活动，学生感受团队协作、公平竞争、坚持不懈、自我反思的精神，促进大学生从"自然人"向"社会人"转化。大学校园文化的核心功能是育人，其最终目标在于解决好"培养什么人"与"怎样培养人"的问题，最大限度地实现育人功能应成为大学校园文化活动策划与组织的出发点和最终归宿。在学校强有力的支持下，校园文化活动才能顺利开展，不同学校、不同院系学生的相互交流和学习，可以促进大学生身心健康发展、陶冶学生情操、塑造学生良好个性，为学生的成长成材服务。

支持学生社团的建设和创新。学生社团往往是大学校园里的圣地，社团活动则是大学校园文化的灵魂。对学生社团应加强管理和引导，支持自发性、自愿性和自主性的学生社团活动，给学生社团尽可能大的施展空间。根据学校特点，按照不同的活动内涵，可将社团划分为学术科技、理论学习、兴趣爱好和社会公益等不同的类型。在活动中不断探索大学生的"口味"，适时举办思想性与教育性、娱乐性与趣味性相结合的活动，以吸引学生和感化学生，促进大学生全面发展的同时，兼顾其个性化发展的需要，实现社团建设与文化育人的有机统一。

（2）对学生校园文化活动的引导

不同大学的校园文化应有各自的个性，校园文化活动在内容上应处理好通俗文化和高雅文化的关系，引导大学生积极开展高层次的文化活动。在形式上应促进校园与社会的思想和文化交流，校园师生可以通过各种媒介和载体全方位接纳外界信息，经加工后进一步丰富校园文化。丰富的内容、活泼的形式再加上贴近现实生活，这样的校园文化活动才能让大学生喜欢、关注并积极参与，也才能使大学的校园文化得以持续延伸。

发挥大学生先进典型的示范、引导作用。大学生群体中总能涌现出先进的典型，他们往往是实践社会主义核心价值体系的主体代表，他们身处大学校园，生活在大学生身边，是大学校园文化和大学精神最有力的元素。要充分利用先进典型的激励和示范功能，通过典型的示范作用，来影响和带动更多的同学，培养大学师生学习典型的自觉行为，把社会主义核心价值体系融入校园文化建设的全过程。例如，由团中央发起的在各高职院校开展的"中国大学生自强之星"评选活动，推出的大学生优秀典型事迹激励和感动了无数的大学生。比如陕西师范大学的"蔷薇妹妹"，她曾获得师大"感动春天

—自强之星""感动大学生校园人物"荣誉，她的事迹感动并激励着每一位师大人，是全校师生自觉学习的典范。

发挥知名校友的示范、引导作用。知名校友是大学校园的宝贵资源，知名校友往往是在各领域颇有建树或较具影响的人士，可作为宣传大学校园文化的素材加以利用。可以把在国内国际具有较大影响的成功校友的头像和事迹制作成框，悬挂在教学楼的墙壁上，"让墙壁说话"，还可利用院庆、校庆等契机邀请知名校友来校举办讲座或报告会，从而激发学生的成材意识。

第二节 高职院校校园行为文化育人功能

一、高职院校校园行为建设现状及问题

（一）大学生校园行为文化情况分析

1.大学生自身问题

大学生正处在青春期，性格叛逆，心理年龄不成熟，心思单纯很难分辨是非黑白，好奇心重容易受到外部不良信息的影响，易激动易消沉情绪很难控制。他们积极热情、精力充沛对一切未知事物都有勇气尝试挑战，但由于对自己的期望过高又很难接受失败的打击。社会或校园出现一些负面事件的影响很容易使大学生产生极端思想。其次，大学生从父母的怀抱中离开独自生存，很容易因为自身约束力弱，受到不良信息的诱引而产生心理问题。因为大学生的这些自身问题，校园行为文化很难健康的发展。

2.教师的引导作用不强

教师作为校园行为文化的引导者，在学生中具有精神指引的作用。但目前高职院校的辅导员、班主任、教师尚不能起到应有的作用，超过一半的学生认为教师的授课方式有趣，但是也有十分之一的学生认为的教师的授课方式无趣、

枯燥。相当一部分学生认为辅导员和班主任在班级文化的建设中的指导作用一般，不能有效辅导学生进行社团活动的开展，在学生生活方面的问题解决上帮助甚少，在学生心目中烦恼咨询师的位置很低。缺少教师的正确指导学生开展校园行为文化时也只能局限于自娱自乐，很难将校园行为文化发展到更高层次，致使校园行为文化发展单一品质不高。教师的积极性不高也不利于校园文化的传承和发展，师生间的沟通少，在教学过程中很难以教师的人格魅力潜移默化的去影响学生形成正确的人生观、价值观。

3.学校的内部管理机制不健全

所谓无规矩不成方圆，优良的管理机制才能保证校园行为文化更系统更有序的发展下去。目前我国高职院校中相关的管理制度、教职工考核制度、学生管理制度等仍有很大的上升空间。优秀的规章制度能有效的提高教职工和学生的工作学习热情，更为有效的激励教职工积极热情的为教育事业挥洒汗水，促进学生们的求知欲和学习热情。完善的监督考核机制，能有效的保证教职工的合法权益，戒除管理者戒除官僚主义作风、杜绝贪污腐化现象的出现。更为人性化的奖励机制，促进教职工自身能力的提升，保证学校整体素质的提高。对于学生要建立更为严格的管理制度，从学习到生活，将课堂纪律与考试成绩挂钩，从外到内促进学生形成自我约束的习惯，保证学习效率提高学习成绩，杜绝一些不健康的习惯。在加强校园行为文化建设的同时，不可忽视任何一个方面的机制制度，每个机制都有其存在的意义，每个制度都是保证工作顺利完成的不可缺少的方面。要建立适应教学、科研、生活发展完善的机制就必须及时总结经验教训，吸取国外的优秀经验，结合本国特色发展国情，紧跟时代发展潮流，坚持以人为本、坚持走中国特色社会主义道路，从而建立推动校园行为文化发展的工作机制。

4.社会的外部环境影响

随着时代的发展,高职院校与社会的接触不断加深。社会上的不良习气不断侵袭着校园这方净土,学校周围出现的网吧、KTV,舞厅、游戏厅、台球室等,在校园外引诱着学生的建立错误的娱乐观,校园外的一些不良青年看准校园内学生的单纯和难辨是非的弱点,诱导学生进行不良活动,这些社会不良行为严重影响着校园行为文化的建立。随着互联网的普及,信息的飞速传播,校园外的一些不良信息也不断通过网络和手机传播到学生手里,对于刚刚离开家步入高职院校这个小社会的学生们,尚不能具有成熟的辨别是非黑白的能力,很容易受到境外或是社会上不良信息的煽动,这些潜在的危险严重影响着纯洁的校园文化的建设和发展。

(二)高职院校校园行为文化建设问题分析

随着经济的发展社会的进步,高职院校在建设和发展校园行为文化的过程中,从无到有取得了许多喜人的成绩同时也暴露出很多问题。

1.目前高职院校校园行为文化发展态势

(1)校园行为文化环境不断优化

随着科教兴国思想不断深入人心,我国对教育事业不断重视,校园行为文化越来越被更多的人所关注,校园行为文化的建设也逐步步入正轨,校园行为文化的环境也不断优化。越来越多的高职院校认识到环境氛围对文化建设的影响,关注到环境对人行为习惯的影响性。更多高职院校都在不断积极改善校园环境,投入更多财力,设计校园环境,为学生营造出更人文、更优美、更能陶冶情操的校园环境。力求从生活、学习和生活环境下潜移默化的影响学生形成正确的价值观、人生观和利益观。

随着现今高职院校对校园行为文化的重视逐渐加深,在学生的生活中投入不断增加。例如,学生寝室配备了电视、电话、互联网、电脑等等。师生食堂高薪招聘厨师和服务人员,保证饭菜可口、餐具清洁、设施齐备,力求为师生提供最高标准的服务,做出可口的饭菜让师生在食堂能感到家庭般的温暖。师生活动室投入大量资金,建立优良的学生活动室和教师活动俱乐部,投入大量体育运动设施保证师生能开展多种多样的体育活动,在硬件设备上积极推行校园行为文化的发展。在校园环境建设上,各高职院校十分重视环境对人文的影响,对校园的一花一草、一砖一瓦、一书一画都加大资金投入,力求用纪念碑、纪念墙潜移默化的建立起浓厚的人文气息,从而去提升大学生的思想道德情操。我国各高职院校通过不断优化校园行为文化环境,促进校园行为文化的更好更快发展。

(2) 校园行为文化载体不断丰富

随着时代的发展,我国高职院校校园行为文化的载体也不断丰富起来。以前校园行为文化只有通过课堂去实现,但现在随着校园行为文化的发展,校园行为文化的载体也逐渐增多。学习专业知识有课堂这个载体,开展课余活动有社团这个载体,信息传播有校园广播、校报、黑板报等等。虽然载体不断增多,课堂仍是校园行为文化的最重要的载体,知识的传承、文化的传播、道德的熏陶都在那个三尺讲台上不断上演着。教师在课堂这个舞台上,为学生们讲解人生难题,在不断的交流和沟通间,帮助学生们树立正确的人生观和价值观。

社团文化是随着高等教育的不断发展,为了丰富校园行为文化,丰富学生们的课余生活而发展起来的。音乐社、文学社、篮球社、足球社等等,这些社团弥补了课堂的缺失,也丰富了学生们的业余生活,培养学生正确的兴趣爱好,加强了学生们的人际关系。在社团这个广阔的平台上,学生们学习到了书本以外的知识,丰富了知识量,加强了团体合作精神,增加了大学生的竞争意识,是校园行为文化中的不可缺少的组成部分。

校园作为一个小社会，信息的传播渠道也是一个独特的风景线。抗战时期校园广播、黑板报、大字报、条幅等等不同形式的信息传播方式，不断激励和鼓舞着年轻一代的热情和激情。随着时代发展校园广播和校报依旧延续至今，清晨校园广播一经响起为休息了一夜的校园注入了新鲜活力，傍晚校园广播的声音伴随着学生们从自习室走回寝室，校园广播已经在不知不觉间充斥了师生们的整个生活、工作和学习，它不断传播着时代文化和前沿信息，为迷茫的人们带来一丝光亮，为疲惫的人们洗尽一身倦怠。随着互联网文化的不断普及，校报和广播也不断引入新鲜血液，手机报、微信公共平台、微博主页等等都为校园信息传播打开了另一扇大门。随着高新科技的加入信息传播的内容也更为生动形象，音频、视频的添加更能引起学生们的关注和兴趣，但随着信息传播的快速发展，信息量的不断增加，如何保证信息的源头健康无污染是摆在校领导面前的又一项新难题。

（3）校园行为文化活动不断增多

随着校园行为文化的载体不断增多，校园行为活动也不断增多。与学术有关的有科技文化活动、知识竞赛、科技讲座和科技兴趣社团等。与运动有关的有文体活动、运动会、经验交流会等。与思想有关的有思想讲座、烈士陵园扫墓、纪念建国的晚会等等。通过各式各样的比赛与活动，广大师生们在活动中丰富了自己的知识、凝聚了团体精神、培养了竞争意识、激发爱国精神、树立爱国主义和社会主义信念等等。在日常的生活中，各高职院校还通过各种评比活动促进师生们的自身修养的提高，不断完善自身素质。例如文明寝室、优秀室友、优秀班级等等评比活动，增加了学生们的交流和沟通促进校园更好更优的发展。

高职院校社团活动是校园行为活动中的最吸引学生的校园活动。各种社团如雨后春笋冒出的同时，也不断推动校园行为文化的发展。社团满足了不同学生的不同兴趣，在兴趣的促进下，社团活动不仅参与度广泛而且发展迅速，为了保证社团活动能促进校园行为文化的发展，还需教师的不断指导，校领导的大力支持，保证社团活动更好的学生服务，更好的促进校园行为文化的发展。

2.当前高职院校校园行为文化存在的主要问题

（1）重视不够。目前我国高职院校校园行为文化发展过程中，存在的最重要的问题是人们对校园行为文化的重要作用认识不清、重视不够。现今高职院校管理者中仍存在一些文化水平偏低、思想认识滞后的现象。因为他们对校园行为文化的认识出现了偏差，在制定发展校园行为文化的决策中就会缺乏时代性、针对性和创新性等等。由于自身的不重视，在面对上级的检查中采取走形式和走过场的应付方式，不能真正的落实校园行为文化的发展。例如：在面对检查时，拉条幅、贴标语、组织晚会等等。还有的人认为校园行为文化就是丰富师生的课余生活，组织文体活动、组织竞赛等等，没有真正重视校园行为文化对校园文化发展的重要作用。将校园行为文化与专业课、学校课程设置区分看待，严重的限制了校园行为文化的发展。

（2）品味不高。在现今这个存在很多病态的价值观和人生观的大环境下，校园行为文化中也或多或少的折射出一些影子。部分学生重利轻义、拜金、攀比、暴力等现象严重。一切向"钱"看，"钱"途一片光明等思想严重影响学生们价值观和人生观的正确形成。更有甚者认为钱是万能的，有钱就拥有一切，为了钱和利益可以放弃一切，包括亲情、友情和爱情。社会上流传的宁坐在宝马车里哭也不坐在自行车上笑的观念也在学生间引起极大波动，这种不健康的拜金思想严重影响着大学生价值观和人生观的正确形成。

校园行为文化应该是以健康的、积极向上的形式出现在学生面前,但随着改革的不断深入,与国际的接轨不断深入,外国文化和社会上其他的非主流文化都不同程度的影响着校园行为文化的正确形成,由于许多不良文化的侵蚀高职院校也出现了许多低俗文化。如西方文学的流行,悲观主义在学生中盛行。还有一些社会上的不良习惯也影响着校园行为文化的产生,如烟酒文化,拜金主义等等。高职院校中出现的这些消极的文化思潮与高职院校应有的青春、朝气、积极向上的氛围极不相符,严重影响着高职院校学生的思想观念的形成。

(3)缺乏特色。校园行为文化是产生在校园中的文化,要保证校园行为文化发展的首要条件是要建立具有本校人文特色和符合自身发展需要的特色规划。大学生正处在青春期,精力充沛,急需得到社会交往和社会归属感,渴望尽快走向成熟,发挥出自己的特色和优点,渴望得到尊重并获得别人的关心和信任。在校园行为活动中,大学生能实现自我价值,锻炼自身能力,在交往中增进相互之间的理解和信任,增强了面对社会的信心并看到自身不足不断提高自己。丰富的校园行为文化才能有效的提升大学生参加活动的积极性从而得到锻炼获得提升。然现今高职院校过于重视校园行为文化的形式轻视文化发展内容,有走形式跟潮流的嫌疑,在行为文化的运行中,只注重动员学生参与、引进高科技音响播放设备、搭建豪华场地等等,却忽视行为活动的内容,活动看似创办的有声有色却也失去了文化传播和教育的意义。

(4)缺少交流。随着经济全球化、政治多元化、信息网络化的不断推进,信息不断开放,时代不断进步,任何孤立和封闭的现象都是不符时代的发展需要的,教育根据发展的需要迟早要走向世界、面向未来的,只有紧跟时代发展,拥有时代发展的眼光和了解世界发展战略,才能从根本上制定符合时代发展需要的人才培育理念,从而培养出适合时代发展需要的人才。现在某些高职院校在发展校园行为文化的同时，仍局限于校园内部，很少分析社会和国际发展因素不能根据时代发展需要设计发展路线，创建的校园行为文化只流于形式不能真正的促进到校园文化发展。随着社会的发展，国际间高职院校与高职院校的交流次数不断增多，但某些高职院校出于某些眼前利益放弃长远发展，在交流过程中畏首畏尾，不能利用文化交流的机会升华自身校园行为文化。而有些高职院校重视文化交流的机会，派教职工去外进修学习国外的优秀经验，但由于多种原因学到的也只是皮毛很难真正掌握外国学校的优秀经验。

3.高职院校校园行为文化问题根源分析

（1）高职院校各方的思想认识不到位。校园行为文化建设和发展需要一个系统的规划，这个发展过程需要学校各部门、各领域的配合和协调。学校领导是文化发展方向的决策者，教师是文化发展方向的领路人，学生是校园文化的实施者和体现者。校园行为文化的发展离不开全员的配合，所以每个人都应正确认识校园行为文化，同样也不能忽视每个人在校园行为文化中的贡献。有人认为校园行为文化的参与者只有领导者、教师和学生。这是片面的，校园中的工作人员也是校园行为文化的重要组成部分。只有学校的工作者能全心全意为学校服务，为师生创造一个舒适的学习、工作和生活环境，才能在物质上保证校园行为文化的发展壮大。

（2）社会和国际不良思潮的冲击。高职院校校园行为文化作为一种社会主流文化的衍生文化，直接或间接的会受到社会文化的影响，无论是好的或是坏的文化。随着改革开放的不断加大，高职院校和社会之间的互动不断增多，校园这个单纯美好的地方不可避免地会受到一些不良文化的侵袭，出现一些与校园青春朝气、积极向上的思想不符的消极思想。例如：国外资本主义社会中的功利思想（如拜金、重利轻义、功利心重等）、社会上炫富、不当攀比、有钱能使鬼推磨的不健康思想。随着互联网的快速普及，信息流通渠道的扩展，西方高职院校中的庸俗和格调低的不健康观念不断涌向我国，例如个人主义、自由放任、怀疑一起和玩世不恭等等在西方高职院校的大学生中普遍流行，这些西方大学生的信条通过互联网的传播，不断侵蚀着我国高职院校的文化建立，如果不加以限制和管理，这种安于现状、对国家对社会漠不关心缺乏奉献牺牲精神、追求金钱和权利等思想就会严重影响着校园行为文化的健康发展。但在排除中我们要积极学会鉴别，去粗取精，不断丰富完善我国自身高职院校行为文化的发展，积极进行批判性吸收和转化，借鉴国外积极优秀的文化成果，并与我国自身发展特色相结合，坚持走中国特色社会主义道路，并及时吸收时代发展精神。

（3）校园行为文化建设缺少创新。在社会各界对校园行为文化不断重视的今天，各高职院校为迎合时代发展需要，也大力发展校园行为文化，但是只跟着潮流行走，未创办出自己的文化模式，没有真正的根据自身的办学特色、校风学风、校园品牌等等创办出属于自身发展需要的校园行为文化发展模式。很多高职院校的发展模式大同小异，行为活动发展模式千篇一律。高职院校现有的校园文化活动中，除了讲座、志愿者活动、公益活动、科技博览、文体竞赛等等，很少在出现能吸引人并让人耳目一新的活动形式。校园行为文化之所以不够具有自身特色是受多方面因素影响的，从管理者、工作人员、教师到学生，都有着不可推卸的责任。管理者作为行为活动的制定者，未能将本校传统文化融入新时代的发展洪流中。教师作为行为活动的设计者，没有为管理者提供一个适应本校发展特色的发展规划。学生作为行为文化的参与者，缺乏促进到校园文化发展的热情，没有在学校为学生搭建的表演平台上充分展示的激情等等。

（4）缺少引进来走出去的勇气和果敢。在发展校园行为文化的时候，要摒弃思想观念中的顽固和陈旧，大胆走出去引进来，扩展校园行为文化的发展渠道，不断完善校园行为文化的发展思路促进校园文化的更好更高的发展。校园行为文化作为文化的一种，具有文化的一切特质。文化是用来传播和交流的，校园文化虽然是一种亚文化，但是也应引进来走出去。作为社会主流文化的附属文化校园行为文化如果想紧跟时代脚步，不断完善自身就应该吸收外界优秀的文化。党和国家领导人都在不同层面强调了现今教育发展方针是要落实教育和社会实践相结合，胡锦涛同志曾在纪念清华大学百年校庆时指出，希望青年学生把创新思维和社会实践紧密结合起来，因此说，校园行为文化不应只局限在学校，更应该走出校门融入社会，才能得到更好更高的发展。学校是培养人才的摇篮，而人才是建设社会发展祖国的基石，学校要培育出适合祖国发展的人才就应该参与到社会发展中。

（三）高职院校校园行为文化建设面临的挑战与机遇

各高职院校在紧跟时代发展的大潮，不断完善自身校园行为文化建设的同时，将面临着来自多方面的挑战、考验与发展的机遇。

1.社会环境变化给高职院校行为文化建设带来的冲击与碰撞

校园文化是一个开放的文化，它是一个依附于社会主流文化的亚文化，需要与不断变化的社会交流互动才能不断完善发展。校园存在于社会中，社会文化影响着校园文化的形成。好的社会环境能促进校园行为文化的健康发展，坏的社会环境则会动摇良好校园行为文化的建设，影响学生们的价值观和人生观的形成。

随着我国社会主义经济体制改革的不断深入，经济发展的突飞猛进，与国际接轨的程度不断加深，人们的思想观念日新月异。高职院校处在文化和信息冲击的最前沿，不断接触新文化和海量信息。经济发展、利益驱使和生活环境的变化影响着人们的利益观、价值观和人生观的形成，社会上出现许多见利忘义、急功近利等负面思想，校园作为社会大环境中的一个小群体不免受到社会消极因素的影响。

随着东西方经济文化往来愈加频繁，在与西方文化的不断融合中，难免受到不良思想文化的侵蚀，艰苦奋斗、勤俭节约和自力更生等传统美德被一些人所厌弃。高职院校学生作为接受新鲜事物的先锋，分辨能力低、善恶标准模糊，盲目追求享乐主义、奢靡之风等消极思想。在社会主义不断发展的今天，高职院校为更好的发展校园行为文化，应该思考如何能将社会主义核心价值体系融合到校园行为文化中，不断潜移默化的影响大学生建立爱国主义、集体主义的正确价值观和人生观。思考如何坚持以马列主义毛泽东思想为指导建设具有中国特色社会主义的校园行为文化；思考如何将国际和社会中优秀的文化引进校园完善校园行为文化；思考如何有效挖掘校园资源创造积极向上的校园精神等。

2.校园环境变化给高职院校行为文化建设带来的熏染与影响

校园行为文化在校园中孕育产生并发展延续。优秀的校园环境能潜移默化的影响校园行为文化的进步和提升，具有人文气息的校园氛围能提升学生的自身品质、净化心灵。低劣的校园环境也能在校园行为文化的产生和发展过程中给予消极影响，校园脏乱差在潜意识里会给学生一个破窗效应的暗示，随手扔垃圾、吃完饭不收餐具、寝室脏乱差等。

随着经济的发展，生活条件的提高，学校在学生们的衣食住行等后勤保障上加大财政的投入。寝室配有空调、电视、电话、电脑、独立的卫生间、洗衣间等等，食堂高薪聘请专业厨师为学生们烹饪可口饭菜和专职的保洁人员为学生们收拾饭后狼藉，体育场馆运动器材不断更新完善，投入力度修建图书馆、自习室、音乐厅等等。在为学生提供舒适和完善服务的同时，也磨灭了学生的动手能力和艰苦奋斗精神。学生们花点钱就能获得相应的服务，就容易养成他们懒惰和拜金的不良习惯，这种习惯会严重影响学生们未来的发展。

3.素质教育发展给高职院校行为文化建设带来的机遇与挑战

新环境产生新文化，新文化促进新教育制度。21世纪是科技大爆炸的时代，国与国的竞争已经演变成综合国力的竞争，科技、军事、文化、经济等等方面的较量。环境的演变推动着高职院校的教育体制的改革，现今教育制度要求学校落实素质教育，提升学生们德智体的全面发展，所以高职院校执行素质教育是完成教学工作的落脚点。如何培养出德智体全面发展的优秀人才，为社会主义事业奋斗终身的执着人才，爱国、爱党、爱家的忠诚人才。

新世纪、新环境和新挑战不断要求高职院校校园行为文化的发展要转变发展思路，不断创新与时俱进，紧跟时代步伐。高职院校在发展素质教育的过程中要勇于面对挑战时刻抓紧机遇。不断思考如何通过提高自身的综合素质从而带动学校的综合素质。不断思考如何面对外来文化的冲击并去糟取精完善自身发展。不断思考如何将科学文化知识运用到发展中国特色社会主义事业中去。不断思考如何弘扬中国传统美德并与新时代新文化相接轨。不断思考如何通过发展校园行为文化去提升学生的综合素质等等。在高职院校重视素质教育的关键时期，正确认识校园行为文化的重要性，不能单纯把校园文化活动归为娱乐活动，要将校园行为文化活动发展成为促进学生综合素质提升的高品质文化活动，拓展成培育人才过程中不可或缺的方式，是当前高职院校面临的主要问题之一。

二、加强和改进高职院校行为文化建设的途径与载体

校园行为文化作为促进校园文化发展的重要因素之一，如何加强校园行为文化是促进高职院校综合素质提升的关键。在保证坚持建设中国特色社会主义的思路引领下，如何正确认识高职院校校园行为文化的正确意义，理清发展思路，完善建设机制和发展环境等都是加强建设校园行为文化需要克服的困难。

（一）理清高职院校校园行为文化建设的整体思路

正确的建设思路能引领校园行为文化步入正确的发展方向，保证校园行为文化更好更高的发展，需要快速理清校园行为文化的建设发展思路，促进校园整体形成良好的校风从而促进校园文化的发展。

1.坚持用社会主义核心价值观引领行为文化建设

校园行为文化作为一种亚文化，同样具有文化的特质，文化的发展需要有个指导思想的引领。作为具有中国特色社会主义发展的大环境下存在的高职院校，要坚持走中国特色社会主义道路，坚持以马列主义、毛泽东思想、邓小平理论、"三个代表"重要思想、科学发展观、习近平总书记四个全面战略去武装自己的理论基础。才能引领校园文化的正确发展，潜移默化的帮助学生们建立正确的价值观、人生观和世界观。

随着社会主义的不断发展，我国结合自身国情特点不断完善自身发展的理论知识。从马列主义、毛泽东思想、邓小平理论、"三个代表"重要思想到科学发展观，再到现阶段的社会主义核心价值体系。我国高职院校要发展校园行为文化就要与时俱进紧跟时代思潮，了解国家发展规律，正确认识社会发展变化，坚持以社会主义核心价值体系去引领校园行为文化的建设，促进校园文化的建设和学校综合实力的提升。

2.坚持以人为本的工作理念改进行为文化建设

学校不仅是传播知识、探索未知领域的殿堂，更是净化社会风气提升社会整体道德水平的精神净化室。学校作为社会进步的先锋者，校园文化决定着社会文化的发展方向。校园行为文化作为校园文化的重要组成部分归根究底是为了全校教职工和广大学子服务的，建设校园行为文化工作的出发点和落脚点要放在教育人、服务人和引导人方向上，全面落实以人为本的工作理念。

作为校园行为文化的主体之一，全校教职工担负着落实引导校园文化活动更好的进行。在坚实校园行为文化是要坚持以尊重、理解、信任、关心教职工等，保障教职工的合法权益，从而提高教职工的工作热情。教师是学校管理者和学生之间的纽带，优秀的教师可以很好的综合两方的意见和建议，设计符合学校发展学生喜闻乐见的校园行为文化活动。在为教师坚持以人为本的服务理念时，要建立科学合理的考评机制，公平合理的奖惩机制，对付出多的教职工给予精神或物质上的鼓励，对不负责任的教职工给予严惩，用一系列的机制激发教职工的工作热情。在教职工的生活、工作和学习方面给予无微不至的关怀和照顾，支持教职工进修学习，从而提高学校教职工整体水平。

学生作为校园行为文化的主要体现者，校园行为文化活动的参与者，在建设校园行为文化时要关注学生的个性发展，从引领、指导等方式帮助学生自主组织校园行为文化活动。提升学生们的个人能力，加强主体作用，提高职院校园行为文化的发展。在树立一人为本的同时，要真正的了解学生、理解学生、服务学生、信任学生，将学生的利益放在工作的首位。这样才能充分调动学生自主学习、活动、创造的积极性，保证校园行为文化更好更快的发展。

3.注重行文文化建设与学生全面发展相结合

发展校园行为文化的最主要目的就是为了培育建设社会主义现代化合格的

接班人。通过校园文化潜移默化的引导大学生树立爱党、爱国、爱家、坚持社会主义、弘扬社会正能量的有理想、有道德、有文化、有纪律的四有青年，所以促进校园行为文化的发展与促进学生全面发展存在密不可分的关系。只有将校园行为文化发展的出发点和落脚点放在促进学生全面发展上，才能真正实现校园行为文化的意义。

大学生从被照顾的阶段，稚气未脱的中学生走入引导型的大学，突入起来的转变让大学生们在生活、学习方面无所适从。同时因为摆脱了父母的束缚，逐渐形成自己的主见，怀揣梦想、确立远大抱负。在学校大学生获得更多的科学知识，不断扩展见闻通过校园行为活动逐步和社会接轨，在活动中能强化对社会环境的认识，进一步了解现今社会和国际的发展动向，为以后的学习、工作和生活打下坚实的基础。大学生作为校园行为文化的主体具有年轻气盛、活动充沛、思维灵活、不够成熟稳重、思想单纯、辨别是非能力不强、情绪易受到煽动等特质。正处在青春期的大学生们的人生观、价值观和世界观等思想观念可塑性强。作为社会主义事业的接班人，大学生担负着振兴中华的重担。如何通过行为文化活动引导大学生身心的全面发展，是现阶段工作的重中之重。

在建设校园行为文化的同时，要密切结合学生自身特质，尊重学生自身发展规律，了解学生、信任学生，教学方面，设置一些个性化课程，满足不同学生的不同需要，保证学生们都能找到适合自己的发展道路。社团活动中，学校应不断丰富社团活动，在财力和人力上给予最大限度的支持和帮助，激发学生活动的热情，保证学生们在活动中提升个人能力，丰富个人阅历，增进人际交往能力，促进团队协作等等。生活环境上，加大财政投入，完善相应的配套设施,保证学生能获得良好的服务,从而感受到家庭的温暖,在环境中影响学生形成良好习惯,提升综合素质。

(二)完善高职院校校园行为文化建设的工作机制

校园行为文化建设是个复杂系统的工程,要发展校园行为文化需要各部门的通力配合,相互的支持。作为一个复杂的系统工程,工作的运行机制的优劣严重影响着校园行为文化的建设。科学合理、导向性强的工作机制能更好的促进校园行为文化的建设。

1.完善管理层的工作机制

随着经济社会的发展,校园和社会的接触不断加深,高职院校的各项工作制度要随着时代的发展不断的更新完善。在建立校规、校纪和管理者的管理制度的时候,应该以国家相应的法律法规和教育部颁布的相应的规章制度去制定完善学校的管理制度。学校的管理者掌握着学校的发展方向,是建设校园行为文化的重要组成部分,具体工作体现在,组织、发动、制定、领导校园行为文化进行。管理者的工作机制健全完善,能督促管理者建立正确的价值观和人生观,积极热情为教育工作挥洒汗水,从而能够有效的开展校园文化活动保障校园各项任务指标的有效完成。

在完善管理层的工作机制时,要建立健全责任制、奖惩制、监督机制等等,全方位的保证学校的管理者能认真负责的为学生服务,相应机制的鼓励下积极提升自身工作能力,从而促进校园管理队伍的整体素质提升。建立监督机制,发动校园内外监督网络,促进管理者戒除官僚主义作风、杜绝贪污腐化现象的出现。

2.完善教职工的工作机制

教职工是学生的引路人,在建设校园行为文化的过程中,不可忽视教职工的作用，只有教职工能有效参加到校园文化活动中，才能引导和帮助学生正确开展校园行为文化活动。教职工在校园行为文化的发展建设中承担着先驱者和传承人的重担，教职工没有一个良好的工作机制会严重影响校园行为文化的传承和发展。

教职工的工作机制表现在工作、学习和生活三个方面。工作方面，要建立健全奖惩机制、工作考核制度等，通过精神和物质上的鼓励，激发教职工的工作热情，提升教学质量，保证校园行为文化的良好发展。学习方面，建立培养、考核、进修等等奖励机制，不断鼓励教职工提升自身工作能力和业务水平，从而提高工作效率，提升学校的综合实力。生活方面，为教职工的生活提供帮助，建立教职工学习、研究、休息活动室，从以人为本的理念出发，建立健全教职工的工作机制，保障校园行为文化的发展壮大。

3.完善后勤保障工作机制

校园后勤保障工作是指维护校园环境，保证师生学习、工作和生活的正常运转等等。维护校园环境制度主要是为师生创造环境优雅的校园环境，包括教学楼、寝室楼、科研楼、活动室和食堂的卫生和相应硬件设施的维护更新。保证师生正常学习、工作和生活的后勤保障工作机制是指合理安排课程保证学习场地实现最大的利用率，保证师生学习、活动、休息等时间能符合最科学的生物规律。

所谓无规矩不成方圆，有相应的制度机制才能更好地促进工作的开展。在加强校园行为文化建设的同时，不可忽视任何一个方面的机制制度，每个机制都有其存在的意义，每个制度都是保证工作顺利完成的不可缺少的方面。要建立适应教学、科研、生活发展完善的机制就必须及时总结经验教训，吸取国外的优秀经验,结合本国特色发展国情,紧跟时代发展潮流,坚持以人为本、坚持走中国特色社会主义道路,从而建立推动校园行为文化发展的工作机制。

(三)优化高职院校校园行为文化建设的内外环境

1.提高高职院校校园行为文化的外部环境建设水平

校园文化是一个开放的文化,它是一个依附于社会主流文化的亚文化,需要与不断变化的社会交流互动才能不断完善发展。校园存在于社会中,社会文化影响着校园文化的形成。好的社会环境能促进校园文化的健康成长,坏的社会环境能动摇校园行为文化的产生,影响学生们的价值观和人生观的形成。学校所处城市的经济、人文、自然环境对校园行为文化的发展起到至关重要的影响作用,在人文气息浓厚、环境秀美的城市建立高职院校,能促进高职院校产生良好的校风。在脏、乱、差、闹的城市建立高职院校,将会严重影响学校的正常运转,很难产生良好的校园文化。

随着经济的发展,社会环境的复杂性不断增加,而校园与社会环境的接触日趋紧密,校园文化或多或少的受到社会消极思想的影响。虽然政府各部门对社会上的非法活动采取严厉打击并时常开展专项活动,社会上的黄赌毒等非法活动,经飞速的信息传播通道,慢慢侵蚀校园这片纯净的土地。高职院校的外部环境作为保障校园行为文化发展的屏障,提高职院校园行为义化的外部环境建设对保证学生健康成长,发展校园行为文化有着重要的意义。为保证校园外部环境的健康发展,要求各级政府和部门继续加大工作力度,全面杜绝校园外部环境出现影响青少年健康成长的低俗文化。

首先,国家和教育部门应出台相关法律法规,加大违法分子的违法成本,从而杜绝校园周边的违法乱纪行为的出现。其次,政府各部门应明确职责,相互配合,消除管理空白,保证校园周边出现违法乱纪行为时有人查、有人管。

再次，学校应该根据相关法律法规建立校园管理制度，建立严格的行为准则，从源头上杜绝接触不良行为的机会。最后，学生应该严格要求自己，培养正确的兴趣爱好，拒绝黄赌毒等非法行为的侵蚀。校园行为文化的外部环境建设需要多方的共同努力，携手共进，才能保证为校园行为文化的发展创造一个良好的外部环境。

2.提升高职院校校园行为文化的内部环境建设层次

环境孕育文化，优秀的环境可以促进文化的健康发展。作为校园行为文化的重要组成部分，校园内部环境有着至关重要的地位。校园内部环境包括师生们的学习、工作和生活环境。为广大师生在学习、工作和生活方面创造一个优雅恬静的环境能潜移默化的建设优良的校园行为文化。

（1）学习环境。学校最主要的行为活动是学习，宁静而致远的学习环境可以从外部环境中激发学生们的学习热情，带动学习兴趣。学习环境包括教室、自习室、阅览室、实验室等。在提升学习环境时要先做到洁，再到静，最后升华到雅。"洁"要做到学习环境干净、座椅整洁。"静"才能思，学习环境要保证学生们的心思宁静。"雅"要提升学习氛围，让学生们从环境中感受到知识的魅力、艺术的气息。

学习环境作为校园行为文化最主要的发生地，学校要加大投入，积极改善学生的学习环境。加大自习室的建设，杜绝大学生因无处学习而占座的不良行为。配备专职人员对教室、自习室、阅览室、图书馆、实验室等学习地点进行管理，对各场馆的硬件配备时刻维护更新，保障各场馆整洁、宁静和高雅。图书馆是知识的海洋，应包罗万象，不仅要涵盖古今内外，还要拥有未知领域的各个方面。校园是科技的殿堂，科学研发的实验室要加大投入，引进高科技设备，保证实验的精确性，促进科学研发的效率。总之，要为广大师生创造一个兼具现代和古典，严谨和轻松的求知环境，从环境中激励学生们的成长和进步，从而形成良好的校风、学风促进校园行为文化的建设。

（2）工作环境。学校的工作环境主要指教师的教学工作环境、职工的后勤保障工作环境、教师的科研工作环境。教师能在一个优秀的环境中工作，保障身心愉悦激发工作积极性，提高工作效率，实现自身价值。教师工作环境的建设也要结合"洁""静""雅"三点，在工作环境中挂上名人字画，从精神上激励教师的园丁精神，使教师能更积极的从事教育工作，从而提高教学质量。职工的后勤保障工作环境的建设要不断完善后勤保障工作用具，保障后勤工作实施的高效性。教师的科研工作环境，要积极引进高精尖的仪器设备，在物质上大力支持教师的科研工作。

（3）生活环境。生活环境包括师生生活和娱乐的环境。生活环境的建设有别于教学和工作环境的严谨，在建设生活环境时要落实以人为本的理念，从师生的实际需求出发，尽量满足不同人的不同需求，从而让师生获得家庭般的关怀和照顾。

生活环境包括师生的衣、食、住、行的环境。衣：寝室配备洗衣机方便师生的生活。食：食堂聘请专业厨师，专业保洁人员，保证师生吃上干净、卫生、可口的饭菜。住：寝室作为师生休息的区域，出门在外求学的学子孤身一人身在他乡很难有归属感，寝室的设计要让学生们获得归属感和家的感觉。提高寝室环境，配齐所需设备如电脑、电视、独立卫生间、衣橱、书桌等等为学生们创建舒适的休息环境。干净优雅的环境润物细无声的方式影响师生道德观的形成，现代化的设备为师生提供了方便快捷的生活方式。

娱乐环境包括文体活动环境和校园环境。文体活动环境：随着经济的发展，人们生活压力和工作压力不断攀升，单调的生活会让人情绪低落、思维变缓不助于师生的全面发展。完善好校园娱乐环境可以缓解学生的学习压力、教师的工作压力，有效调整学习和工作状态，提高工作效率。修建文体活动场馆，引进多种运动器材，在培养师生的兴趣爱好的同时，强身健体提升素质。校园环境：校园环境的设计要兼具青春朝气和知性内敛，要符合青年人的活力又要有能引导青年人进步的高尚品位。可以在校园布置园林景区或是人文景区，从一草一花，一物一景中熏陶师生的道德情操。校园内部的环境不断得到优化，校园行为文化将得到质的提升并提高学校的整体素质。

（四）加强校园行为文化建设的措施与载体

校园行为文化建设是一个复杂系统的工程，不仅需要完善各项工作机制、优化文化培育环境还需要有强有力的措施和丰富的载体才能真正促进其快速发展。

1.用优秀传统文化引领校园行文文化

校园文化是一种独特的社会文化体系，融合时代气息和传统文化。校园文化兼具大学生的自身特质和时代发展特质，是时代的标志也是大学生的标志。每个学校有每个学校的校园文化，在发展校园行为文化的同时，需要确立明确的精神指引。我国传统文化经过五千年的传承和发展具有深厚的文化底蕴，用其作为校园行为文化的精神指引能更好更快的发展校园行为文化。

中国是具有上下五千年历史的悠久国度，民族文化随着时间的推移不断沉积更新，从四书五经到唐诗、从宋词到四大名著、从兵马俑到莫高窟、从四大发明到指南针等等，中华民族不断创造着奇迹和文化。随着几千年的自然社会环境、经济形态、观念意识的不断交替变幻，民族文化不断积累、传承和发展。传统文化经过千年的传承不断影响当代人的价值观、思维方式、道德标准的形成。校园行为文化作为社会主流文化衍生出的亚文化，受着社会主流文化的影响，优秀的传统文化作为校园行为文化的引领者，可以使校园行为文化更接近社会发展，从而促进校园文化和学校综合实力的提升。

优秀的传统文化是以儒家思想为主流思想，吸收借鉴不同文化形成完整的民族文化。优秀的传统文化包括：重视道德和人格完善，重视仁、义、礼、智、信，重视自立自强等等。中华传统美德中道德是至高的要求，而儒家的"仁"是道德要求中的最高要求，要求人们要仁义和善并把忠、孝、仁、礼作为立人的基本标准。根据传统文化的要求标准可以更好的促进人们完善道德标准、更好的做人、做事、尊敬师长、孝顺父母、报效祖国。高职院校作为培养祖国未来接班人的摇篮，不仅要培养学生学习科学文化知识，还要教会他们做人的道德标准。优秀的传统文化潜移默化的影响着学生们的道德建设，不断提高职院校园整体道德标准，提升校园行为文化。把中华民族优良道德传统中的"注重国家利益和民族利益，强调对社会、民族、国家的责任意识和奉献精神……推崇'仁爱'原则，追求人际和谐；讲求谦敬礼让，强调恪守诚信；追求至真至善；重视道德践履"，等传统精神教育影响学生，培育深厚的民族文化和民族精神。

2.用大学精神文化培育校园行为文化

大学精神是校园行为文化的灵魂。校园行为文化想要具有较高的精神品质就要有一个富有朝气和人文气息的大学精神做支撑，才能构筑一个富有活力的人文文化环境形成浓厚的文化氛围。用充满求知欲、进取心和求善的文化精神去教育、感化、启迪、引导人去成长、去进步。大学精神文化是大学校园形成的独特的群体文化精神，它是整个校园的凝聚力。大学精神文化是校园文化的一种但又有别于校园文化。一种健康积极的大学精神文化不仅可以潜移默化的影响着人们不断进取形成正确的价值观、人生观和世界观，更能影响校园文化的进步发展，是一种能使校园文化从外到内的质的升华的精神文化。

大学精神文化是反应这个学校从建立到发展过程中的精神总结，涵盖范围从教学、科学研究、公益劳动等方面，是引导校园文化形成、发展的精神导向和激励剂。大学精神文化是从学校建校起所发生的教学活动、社团活动、科研实验活动、文体娱乐活动等过程中不断激发出的求真、求知、求善的精神。大学精神体现在校风、校训和学风上，随着大量的活动不断渗透影响校园文化的形成，促进学生形成正确的价值观、人生观和世界观等等。

每个学校都有每个学校的大学精神，在优秀的传统文化的引领下，各高职院校的大学精神文化都跟随着社会主流文化演变发展。例如：爱国、爱校、兴国、兴校、团结奋进等等。爱国爱校是每个高职院校首要的要求目标也是校园文化的核心要求，爱国主义教育是校园行为文化发展的基石，爱校是建设校园文化的基本要求，爱校才能在学校中形成归属感，从而形成凝聚力促进共同价值观的形成，不断发展校园行为文化。

3.用丰富多彩的校园文化助力校园行为文化

文化的发展需要载体，优秀的传统文化能保证校园行为文化的高度，丰富的载体能保证文化的广度。丰富多彩的校园文化不断丰富着校园行为文化的载体，以前校园行为文化只能通过课堂去实现，而随着时代的发展，现在的校园行为文化的载体不断丰富起来，有社团、校园广播、校报、黑板报等等。

（1）夯实师生群体文化，凸显示范带动作用

教师是大学校园的精神指引者，是校园文化的传承人和引导人。教职工在校园文化的发展中起着至关重要的作用，通过课堂这个主要文化载体，传播知识、教化学生，通过组织学生进行校外活动，潜移默化带动学生建立正确的价值观、人生观和世界观。教职工具有良好的工作积极性，才能保证校园行为文

化的更好更快发展。要为教职工创造良好的工作氛围和愉悦的工作心情，就要从物质和精神两个方面去提高教职工的工作积极性。物质上要加大教职工工作的硬件设施，加大财政投入为教职工创造良好的工作、学习和生活环境。力求从环境上留住人才，并为教职工提供提升空间。精神上要加强管理制度建设，完善相应的奖惩制度，保障优秀教职工的合理合法权益，从精神上促进教职工的自觉成长，提升学校整体素质。

（2）活跃学生社团文化，扩大活动覆盖与吸引

社团文化是丰富学生业余生活的主要方式，弥补了课堂行为文化的不足，激发学生的兴趣爱好、锻炼了学生的组织管理能力。社团活动随着学校的发展在校园行为文化中占据着重要的位置。为充分发挥社团文化在校园行为文化中的作用，要不加大财政投入，完善社团管理。首先，学校管理者应积极建立社团工作条例，虽然社团活动是学生自发组织管理的一种团体，但学校的管理者作为校园行为文化的引导者，有责任也有义务去完善社团的管理促进社团的发展。首先，要明确社团的管理制度。所谓无规矩不成方圆，完善的管理制度是社团发展的前提。建立严格的社团建立审批制度和社团活动审批制度，确保社团的活动能促进学生的健康发展。其次，学校要加大财政投入，在活动设施上保证社团活动能正常良好的运转。聘请优秀的教师担任社团活动指导，保障社团活动能健康有序的发展下去。最后，为社团发展创造良好的外部发展环境，不断引导充实学校各类别的社团建立，保证满足不同学生的不同爱好，建立学生学分考评制度，从外部环境中激发学生参加社团活动的积极性，在活动中锻炼学生的个人综合能力，提升校园行为文化的建设。

（3）拓展校园网络文化，强化网络文明素养教育

随着时代的发展，传统的文化传播载体已经满足不了校园行为文化特色发

展的需要。互联网的普及，手机和电脑设施的不断更新，信息的传播速度被不断刷新。校园行为文化的发展也需要融合时代的特色，利用时代特色传播渠道，如：微信、微博、手机短信等等开拓传播渠道，方便学生更快捷的了解学校和社会上发生的各类事件。

传统校园中，大学生接受科技知识和社会新闻信息的渠道，只能通过课堂、校园黑板报和校园广播。随着科技的发展，高职院校应该重视互联网的应用，积极建立网络资源库、师生服务中心，科学研讨平台等等。积极配合大学生的思想转变，充分发挥网络优势，建立校园数字平台，集教学、生活、娱乐、信息等多功能于一体的网络空间，推进校园行为文化数字化的发展。

此外，要加强校园网络文化建设，精心打造一批红色网站，传播正能量；通过微博、微信等网络平台大力弘扬民族精神和中国精神，强化师生网络文明素养，自觉遵守《网络文明公约》，从而切实提高师生的网络素养，使他们真正成为健康的网络冲浪者；大力开展师生网上网下互动文明教育、信息安全形式教育、网络安全知识教育，动员师生积极参与校园网络文化建设，引导师生多创作高品位、高格调、讴歌真善美的校园网络文化精品，对学生的思想、道德价值观念等方面予以积极的引导教育。

第三节 高职院校网络文化育人功能

一、高职院校网络文化育人现状及成因

当前高职院校网络文化建设和管理取得了一些成绩，在帮助大学生获取学习信息、丰富业余生活、强化大学生思想政治教育主阵地方面发挥了重要作用。但是根据高职院校网络文化育人相关内容的调查可以看到，高职院校网络文化

育人功能发挥不足,在高职院校网络文化的建设和管理等方面还存在较多问题。为解决问题,分析原因是关键。

(一)高职院校办学理念存在误区,对高职院校网络文化投入不足

在办学理念上,当前许多高职院校在办学过程中重科学教育,轻人文培养,导致高职院校网络文化建设和发展的不足,严重弱化了高职院校网络文化育人功能的发挥。其实科学精神和人文精神是相辅相成相互促进而共同发展的,但是在唯科学至上的办学理念下,校园被各种形式的功利主义占领,对科学技术和专业知识过分重视,强调就业率,导致人文教育不足,校园人文精神缺乏,制约人的自由全面发展。在现实性上,一方面高职院校在连年扩招,在校生规模急剧增加,但是教育经费的投入跟不上招生规模的扩大,导致教育经费不足,高职院校投入的重心只能放在基础设施建设上,满足于大学生学习和生活的最基本需要,在校园文化建设上的投入就会不足。另一方面,在网络建设上,高职院校只保障大学生有网可以上,难以全面考虑利用网络资源服务于教育教学管理工作,关于网络使用的规章制度不健全,甚至缺失,难以提高职院校园网络文化建设和管理水平。高职院校没有对网络文化建设给以足够的重视,认识不到网络文化能够服务于立德树人任务,从而降低了育人成效,影响到大学生的自由全面发展。充分发挥高职院校网络文化育人功能,教育部门起引导推动作用,高职院校需要提高自觉性,建构自主需求驱动。

(二)网络文化具有开放性,高职院校网络文化育人受到社会多元思想的不良影响

当前正处在改革开放的关键时期,社会阶层分化严重,利益关系更加复杂,人们的思想观念也发生了重大变化,价值取向多元化。在经济全球化趋势不断加强的今天,西方国家一刻也没放松对我国的遏制和分化,除了通过经济方式

来实现对我国的控制和限制外，还通过文化的方式进行意识形态输出，宣扬普世价值，企图按照自己的文化理念和价值取向来控制世界。大学生正处在成长的关键期，思维活跃，好奇心强，而本身的思想观念和价值取向不甚牢固，立场不坚定，辨别是非的能力不强，容易被各种消极歪曲的价值观念和非社会主义的思想所侵蚀，造成政治立场不坚定、民族文化认同不强、民族自尊心和民族自豪感缺失，最终使得大学生在世界观、人生观、价值观等方面的畸形发展。

此外，网络文化具有开放性，包罗万象，网络是一个巨大的信息资源库，给人们的学习生活提供各种便利，满足人的多样化需求，有利于大学生的个性化发展和自主性的增强，但是一也充斥着各种不良信息，各种淫秽、暴力、反动的内容会通过网络渠道渗透到校园，冲击大学生的心理和思维，扭曲大学生的价值观念，危害身心健康。虽然高职院校网络文化强调的是其服务于立德树人的根本任务，任何腐朽落后的文化内容都不能也不应该成为高职院校网络文化的组成部分，但是高职院校网络文化具有一般网络文化开放性的特点，对于不良的网络文化内容只能发现一部分处理一部分，依然是治标不治本，这就在一定时间范围内存在不良网络文化内容，冲击高职院校网络文化的育人功能。高职院校只有加强网络文化的引导和规范，建设和谐稳定充满正能量的符合社会主义核心价值观要求的高职院校网络文化，才能提高立德树人成效。

（三）高职院校网络文化建设存在一定缺失，缺乏活力

关于桂林高职院校的调查显示，大学校园内存在的网络平台主要有官方的和非官方的，官方网络平台内容比较严肃，非官方网络平台过于娱乐化。当前高职院校网络文化建设存在着形式不够多样、内容不够生动活泼、思想性和趣味性不够、功能单一、更新速度慢等情况，微博、微信、QQ等大多用于娱乐，易班运用不太理想，难以满足大学生多方面的需要。在高职院校网络文化的形

式方面，学校网站的建立最主要的目的是能够满足日常教学管理的需要，忽略了大学生的喜好，跟其他主流的商业网站相比，形式比较固定，没有根据时代发展而运用新的技术手段对网站及时升级换代。在内容上只注重政策理论的简单发布，内容单调缺乏趣味性，吸引力不足，难以满足大学生多方面的文化需要。从功能上，高职院校的网站大部分是从学校管理者的角度出发去设置网站功能，而对网站在发挥网络文化服务于学生的生活、交流、兴趣爱好方面重视不足，跟其他主流商业网站相比，大学生的使用和关注远远不够。在更新速度上，学校网站只注重党和国家的重大方针政策的宣传发布，以及学校日常管理的一些重要通知，这类信息的更新速度是非常慢的，在网络时代背景下，其他主流商业网站的更新速度更及时，对于求知欲好奇心强的大学生而言，不会满足于学校网站所提供的信息，最终减少对学校网站的使用。

（四）高职院校网络文化育人工作队伍素质不高

高职院校网络文化育人工作队伍主要是学校网络技术队伍和思想政治教育队伍。网络技术队伍为网络的正常运行提供技术支撑，负责网络文化内容的收发管理，思想政治教育队伍主要负责制定和发布符合思想政治教育方面的内容，注重对大学生进行政治观、法治观、道德观等教育引导，要贴近学生生活实际，坚持显性教育与隐性教育相结合，从而加强思想政治教育主阵地的育人成效。从问卷调查以及个案访谈得知，这两个队伍的专业素质都不够高。一方面，网络技术队伍有一定的网络技术，但是思想政治教育理论素养不足，政治敏锐性不强，网络技术发展迅速，网络产品更新换代的周期越来越短，网络技术队伍需要不断学习才能跟上网络技术进步的速度，这就需要培训进修的经费，但是在当前高职院校教育经费普遍不足的情况下，专门针对网络文化技术队伍的培训项目少之又少，难以掌握先进的新技术和新运用，这种情况下就造成网络技术队伍跟不上网络文化建设管理的需要。另一方面，在网络出现之前，思想政治教育队伍占据着信息的主动权，但是在网络条件下，很多思想政治教育者的观念尚未转变，在网络思想政治教育上认识不足，较少参与高职院校网络文化建设，难以满足高职院校网络文化建设发展的需要，导致高职院校网络文化育人功能出现不足，建立和完善高职院校网络文化育人工作队伍势在必行。

（五）高职院校网络文化管理体制滞后

高职院校网络文化育人的意义最终要落实到实践上，外化为个体的行为。高职院校网络文化更新速度快，传播迅速，在一定程度上弱化了大学生的网络规范意识，也使得不良言论的影响扩大，加强高职院校网络管理显得更加重要。关于高职院校网络管理制度方面，一些高职院校设立了相应的网络部门，或者由学工部、宣传部等部门行使网络管理职能，高职院校还没有建立科学完善的规范大学生网络行为的制度，现有的制度与实际需求还有很大差距，对学生的网络言论进行反馈和处理等等依然缺乏行之有效的制度保障。关于高职院校网络文化管理方法方面，既需要技术保障也需要文化建设，加强网络思想政治教育，但是大部分高职院校不是缺乏技术管理就是缺乏网络思想政治教育，也有重视网络文化建设而技术保障不足的。网络的迅速发展不断提出新的要求，而高职院校仍然以旧的制度来解决新的问题，这是不利于高职院校网络文化建设发展的。

（六）大学生使用网络的素质不高

一方面是大学生的网络安全意识不强。大学生正处在成长期，理论水平不高，社会经验不足，辨别是非的能力不强，思想容易动摇，如果不能对大学生的网络行为加以指导和管理，大学生就容易受到各种不良网络内容的侵蚀，不利于大学生的成长成才。另一方面，大学生的网络文明意识不强。在开放性、虚拟性的网络世界里,人们很多时候扮演的是一个虚拟的角色,这样就会放松了文明要求。大学生在网络世界很容易发表或者浏览不健康的内容,传播不良信息,甚至成为敌对势力和分裂分子分化利用的对象,不利于大学生责任感和使命感的增强,弱化高职院校网络文化育人功能。

综上所述,从当前针对桂林高职院校网络文化育人建设和管理的相关调查结果分析可以得知,高职院校网络文化育人取得了一定成效,但是高职院校网络文化建设和管理依然存在不少问题,严重影响高职院校网络文化育人功能的发挥,原因是多方面的。为此,需要全面加强高职院校网络文化建设和管理,充分发挥高职院校网络文化育人功能。

二、优化高职院校网络文化育人的对策思考

高职院校网络文化具有育人功能,服务于高职院校立德树人根本任务,但是目前高职院校网络文化育人功能发挥并不理想,这就需要加强高职院校网络文化建设和管理,对高职院校网络文化育人功能实现的条件进行优化,使高职院校网络文化育人功能得到最大发挥。优化高职院校网络文化育人功能,需要明确基本原则,从指导思想、内容形式、规章制度、工作队伍、网络素养等方面入手。

(一)优化高职院校网络文化育人功能应坚持的基本原则

优化高职院校网络文化育人功能,就是要高职院校网络文化育人功能得到最大程度地发挥,这是一个非常复杂的系统工程,需要在遵循必要的基本原则的基础上综合开展。

1.主导性原则

发挥高职院校网络文化的育人功能,需要在确保思想性的前途下不断丰富高职院校网络文化的内容和形式。在当前开放程度非常高的时代背景下,各种

各样的思想观念风起云涌,这为繁荣文化市场提供了可能,如果不坚持高职院校网络文化发展的社会主义方向,西方资本主义的各种腐朽落后反动的思想就会入侵大学生的精神家园,给大学生的思想道德素质造成严重伤害,甚至颠覆社会的价值观念,威胁意识形态安全。因此,在发展繁荣高职院校网络文化时,一定要坚持社会主义先进文化的前进方向,用社会主义核心价值观引领高职院校网络文化建设,推动社会主义核心价值观在网络世界中的弘扬,务必把社会主义核心价值观教育落实到高职院校网络文化建设的各个环节,引导教育大学生形成科学的世界观、人生观、价值观,坚定政治立场,从而有效抵制各种腐朽堕落的文化的侵蚀,提高育人成效。

2.主体性原则

人类社会发展的历史就是人不断争取自身主体性地位、巩固主体性地位、彰显主体性价值的历史。高职院校网络文化的主体是大学领导、专职教师、管理服务人员、大学生,其中大学生是高职院校网络文化群体规模最大的主体,既是生产者又是消费者,高职院校网络文化育人功能的实现需要坚持主体性原则。一方面,要尊重人、满足人、支持人。高职院校要发挥大学生在网络文化建设中的作用,关心大学生网民,尽可能的满足大学生的上网要求,从大学生的现实发展需要出发,尊重大学生的主体地位,解决大学生在网络中遇到的困难和问题,帮助大学生释放不良情绪。另一方面,缩小大学生与思想政治教育网站的距离,从大学生现实需要出发完善网络服务,以增进大学生对网络育人内容的政治认同、理论认同、情感认同。高职院校只有坚持主体性原则,立足当前,着眼长远,不断提高网络服务水平,才能充分发挥高职院校网络文化育人功能。

3.创新性原则

高职院校网络文化的特点要求高职院校立德树人要与时俱进,源于历史、基于现实、引领未来。一方面,高职院校网络文化已经渗透到大学生学习生活的各个方面,其育人内容对大学生产生潜移默化的影响,要进行育人方法方式创新。高职院校网络文化内容丰富多彩,对大学生具有较强的吸引力,大学生自我意识比较强,能够自行选择浏览,所以在高职院校网络文化的育人过程中要充分利用网络的渗透性、互动性、隐蔽性,引导学生自由舒畅的表达思想情感,在潜移默化中提高大学生的思想道德境界。另一方面,要及时更新网络文化育人内容。时代在发展,党的思想理论建设又不断取得新的成果,要根据时代发展的需要和党的思想理论发展的最新成果及时更新育人内容。只有这样才能满足大学生成长成才的需要。

(二)优化高职院校网络文化育人功能的具体策略

加强高职院校网络文化建设和管理,使得高职院校网络文化育人功能得到最大发挥,就需要在马克思主义理论的指导下,积极借鉴心理学和传播学等相关学科知识,结合高职院校网络文化的形态、主体、特点,坚持主导性、主体性、创新性等原则,综合分析制定具体策略。

1.用社会主义核心价值观指导高职院校网络文化建设

社会主义核心价值观是中国优秀的传统文化、红色文化以及外来文化的综合体,是当今中国社会的精神文化核心,承载着民族和国家的精神追求。用社会主义核心价值观指导高职院校网络文化建设,使社会主义核心价值观成为高职院校网络文化的主导内容,能够引导大学生坚定政治信仰、坚定理想信念、树立高度的文化自觉和文化自信,能够增强大学生的社会责任感和历史使命感。

（1）用社会主义核心价值观迅速占领高职院校网络文化阵地

高职院校网络文化是对大学生最具有吸引力的阵地，也是各方竞相争夺的重点，如果社会主义的思想文化不去占领，那么各种非社会主义甚至反社会主义的思想文化就去占领，因此需要净化高职院校网络文化环境，加快中国特色社会主义文化的传播，提升高职院校网络文化精神力量。要用社会主义核心价值观占领高职院校网络文化阵地，就是要在社会主义核心价值观的指导下建设高职院校网络文化，弘扬中华民族优秀传统文化，打造出与时俱进的高职院校网络文化阵地，坚决抵制各种不良思想文化的侵蚀，调节社会多元文化冲突。高职院校要在网站、微信、微博、易班等网络平台积极培育和践行社会主义核心价值观，卓有成效的宣传党和国家的方针政策。

（2）强化社会主义核心价值观在高职院校网络文化活动中的渗透

用社会主义核心价值观引领高职院校网络文化建设发展，需要积极推动社会主义核心价值观的网络化、大众化，需要丰富内容形式，以大学生喜闻乐见的形式展现出来，如果为了吸引人而变得庸俗化，那就偏离了马克思主义的基本原则，背离了培育和践行社会主义核心价值观的初衷，也无法促进高职院校网络文化的繁荣发展。强化社会主义核心价值观在高职院校网络文化活动中的渗透，就是要使得社会主义核心价值观不但不因网络文化平台的大众化宣传而失去原有的魅力，反而会因表现形式丰富多彩而充满活力，保证社会主义核心价值观在高职院校网络文化宣传中占据主导性地位。因此，高职院校网络文化具体内容的设置要充分尊重大学生的需求，既有核心的价值倡导又富含现代味，在高职院校网络活动中渗透主流价值观，不断推出新的活动成果、新的活动形式。

2.运用现代网络传媒，丰富校园网络文化资源

网络技术发展迅速，各种新的网络传媒不断涌现，功能越来越齐全，对大

学生的吸引力巨大，高职院校需要在完善校园网络基础设施的基础上，遵循思想政治教育规律和现代传播规律，充分运用现代网络传媒，丰富育人资源，创新育人方式，提高育人效果。

（1）运用现代信息技术，创建高职院校网络思想政治教育平台

教育要实现现代化，将网络技术运用到高等学校教育教学中成为必然。慕课教学得到越来越多的认可，高职院校要加大数字化图书馆建设力度，建设内容丰富的网络课程，注重现代网络技术与思想政治理论课的结合。积极开展先进事迹、先进个人的网络评选活动，最大程度提高大学生的网络参与，实现网上网下相结合，提高广大学生的政治觉悟，增强广大学生的平等、民主意识。为学生开展网络文化活动提供相应条件，比如开展微电影等网络文化产品设计大赛，激发大学生的积极性、主动性、创造性，促进大学生全面发展。

（2）重视自媒体，推动微信、微博、微视频、手机客户端的协同

现在的网络技术已经进入到自媒体时代，大学生几乎都在使用微博、微信、手机等等，每个人都能轻松成为"发言人"。微信、微博作为自媒体，拓宽了高职院校网络文化育人的新途径，官方微博、微信公众号的建立对大学生产生了非常大的影响。微博、微信主要有关注、评论、转发等功能，容易实现互动。微视频内容简短鲜活，视觉冲击力强，更能吸引学生的目光。手机携带方便，使用便捷，据调查大学生手机网民比例达到97.2%。高职院校需要解放思想，紧跟时代，积极开发手机客户端，利用手机客户端向同学们发布有关学习、生活、情感等方面的有用信息，拓宽大学生思想政治教育新途径。高职院校积极推动微信、微博、微视频、手机客户端的协同，使高职院校网络文化以充满生机活力的形式展现，师生互动更为亲切和频繁，有利于传播思想政治理论，解决涉及学生切身利益的问题。

(3) 加强贴近学生生活实际的高职院校网络文化内容建设

加强高职院校网络文化建设，需要从观念上加以重视，更需要落实到行动上。一方面，高职院校网络文化内容建设要尽可能满足大学生多方面的合理需求，在满足基本需要的基础上，积极引导大学生满足更高层次的需求。高职院校积极应对网络发展给学校教学管理带来的机遇和挑战，高职院校有加强网络文化建设管理的权利和义务，大学生也有是否使用网络以及如何使用网络的自由，高职院校不能以强制推行的方式要求大学生如何使用网络，强制不会收到理想的效果，唯有从大学生的实际需要出发，比如针对大一新生就应该开设网络心理健康教育栏目，以解决新生入学心理上的不适应，大四毕业生就着重提供升学、就业方面的信息服务等。另一方面，不断丰富高职院校网络文化的内容和形式。高职院校网络媒体有官方和非官方两种。官方的内容显得比较严肃，思想性强，但更新速度慢，功能单一。非官方的内容比较随意，更新速度快，有泛娱乐化的倾向。加强高职院校网络文化建设和管理，丰富网络文化内容，坚持官方与非官方协调发展，了解大学生的上网习惯，满足大学生的实际需求，才能吸引大学生的注意，以施加教育影响，促进大学生的成长成才。

3.建立科学高效的高职院校网络文化育人管理制度

习近平总书记指出："要依法加强网社会管理，加强网络新技术新应用的管理，确保互联网可管可控。"网络阵地已经成为各种势力竞相争夺的重点，正确的思想不去占领错误的思想就会去占领，为了用积极向上充满正能量的思想、文化、信息去占领高职院校网络舆论阵地，消除降低不良网络内容的影响，迫切需要加强对高职院校网络文化育人工作的教育管理。"为了规范网络行为，避免网络犯罪，保证网络阵地和谐健康发展，必须采取相应措施对网络进行管理和控制。"

（1）形成师生共建的管理模式

师生教职员工是高职院校网络文化的主体，高职院校网络文化的持续健康发展，需要尊重每一个网络主体，尊重网民的主体地位，发挥网民的首创精神。形成师生共建的管理模式，相关教师负责协同学生制定大体的实施计划，部分网络版块内容在教师的指导下充分发挥学生的自主性，参与高职院校网络文化建设，比如发布班级新闻稿、打造班级特色文化、班级Q群微信群建设等，有利于培养大学生自主解决问题的能力。师生共建的管理模式，发挥大学生作为高职院校网络文化生产者和消费者的积极性，能够更好的培养大学生的主体意识、责任意识，提高网络素养，最大程度地发挥高职院校网络文化育人功能。

（2）建立行之有效的高职院校网络文化育人管理制度

网络具有非常强大的吸引力，大学生深受影响，但是大学生知识结构还不完整，自我控制能力不够强，有必要建立健全相应的管理制度进行约束。网络的发展已经快到难以预测的程度，我国法制还不健全，法制建设跟不上网络发展的步伐，很多网络行为无法可依，这就需要高职院校在不违反国家法律法规的前提下制定适用学校网络发展的校规校纪，增强网络管理的有效性。主要有高职院校网络文化的前期管理、过程管理、后期管理。

前期管理主要是高职院校网络文化主体创作的管理和内容的审核发布的管理，这是建设积极向上的高职院校网络文化的基础。主体创作的管理就是对高职院校网络文化的创作主体的引导及其创作行为进行规范，尽可能保障先进网络文化的创作方向。比如规范哪个部门或者哪个人可以进行高职院校网络文化创作，创作的内容按照规则进行。内容审核发布管理就是对待上传的网络文化内容进行进一步的筛选，对有利于高职院校网络文化育人功能发挥的网络内容进行及时的发布，对不符合要求的内容要及时的改进，甚至删除。

过程管理主要包括行政监督管理和网络舆情处置管理。行政监督管理就是承担高职院校网络文化建设的相关管理部门对高职院校网络文化进行有效监督，比如对高职院校网络软硬件、网络内容、网络主体的监督管理。网络舆论处置管理就是对高职院校网络文化内容进行监督管理，对符合高职院校网络文化育人要求的内容要积极推动，对不符合高职院校网络文化育人要求的内容要及时引导和处理。

后期管理主要是对高职院校网络文化前期管理和过程管理的效果进行考评，是对工作进行总结、表扬先进、激励后进的一种管理。考评管理的对象主要包括高职院校网络文化相关管理部门、政工队伍、大学生社团组织、班级、个人，要制定人性化具体的考评指标，以及具有一定分量的奖惩措施。

4.组建专兼结合的高职院校网络思想政治教育队伍

高职院校网络文化具有开放性、交互性的特点，一方面有利于大学生在深入交流的过程中加深对理论知识的理解，另一方面又使得理论知识在传播过程中承受各方面的质疑和非议，这就加大了对高职院校网络平台理论研究者和文化传播者的能力素质要求，因而需要加强网络思想政治教育队伍建设。

（1）组建高职院校网络思想政治教育队伍

目前很多高职院校都没有建立专业的网络思想政治教育队伍，网络思想政治教育工作主要由学生工作部、宣传部、保卫部，以及学校网络中心共同负责，但是分工不明确，协调工作能力不强，这就需要加强网络思想政治教育队伍建设，组建既有理论知识又有应用技能专兼结合的专业队伍。首先，吸收具有高水平的思想政治教育教师，协调各教育者的关系，扩大教师的影响力，通力合作做好学生工作。其次，选拔一批具有较高网络技术水平和较高思想政治理论水平的技术人员，做好网络平台的开发管理，让师生能够享有安全可靠的网络文化环境。再次，组建网络心理咨询队伍，打造网络心理咨询平台，为大学生提供网络心理咨询服务。最后，积极利用思想政治觉悟高的大学生，在各院系、年级、专业、宿舍设立兼职网络信息员，及时了解大学生的网络思想动态，对网上信息进行监督管理，对于大学生出现的不良思想要早预防、早发现、早报告、早教育，保证大学生的思想纯正。这批网络思想政治教育队伍要有较高的思想政治教育理论水平，具有较高的网络理论知识和技能，了解网络发展脉络，深入了解学生实际，具有较高的网络文化素养。

（2）定期开展高职院校网络思想政治教育队伍业务培训

网络发展迅速，新技术、新产品、新思想不断涌现，高职院校要建立健全培训机制，为高职院校网络思想政治教育队伍进行业务培训和服务，以提高驾驭网络的能力，实现网络思想政治教育队伍的现代化。第一，增强高职院校网络思想政治教育队伍的责任意识，要勇于承担责任，切实把网络思想政治教育工作做好。要敢于面对矛盾，网络思想政治教育会出现很多新问题、新挑战、新要求，对于存在的问题，不夸大也不忽略。要善于解决问题，网络发展迅速，相信问题的解决方法是与问题同时产生的，想方设法解决问题。第二，要加强高职院校网络思想政治教育队伍业务技能培训，让他们能够掌握最新的现代网络技术，促进综合能力的提升。第三，建立高职院校网络思想政治教育工作考评标准，让业务能力有标准、有要求、有落实，促进专业队伍长期发展。

5.加强大学生网络媒介素养教育

加强网络伦理、网络文明建设，发挥道德教化引导作用，修复网络生态。"教育部门和高职院校要广泛开展学生网络文明教育和网络法制教育，引导广大学生形成科学、文明、健康、守法的上网习惯。"充分发挥高职院校网络文化育人功能，不仅需要加强高职院校网络文化建设，营造积极健康充满正能量的高职院校网络文化环境，还要加强对大学生的教育和引导，调动大学生的积极性、创造性，提高网络媒介素养。

（1）增强大学生辨别和处理网络信息的能力

网络信息时代，信息产量大，如果信息量在人的承受能力之上就会降低人的学习生活质量。信息过剩会给人带来压力和恐慌，如何有效的获取信息一、分析信息、表达信息已经成为现代人必须具备的基本能力。网络已经成为大学生学习的重要途径，甚至达到依赖的程度，大学生的知识结构不完整，自控能力不强，对网络信息的辨别能力相对较差，面对海量网络信息会产生知识恐慌，甚至沦落到被网络奴役，这就需要加强对大学生的教育引导，提高他们辨别网络信息的能力，明确上网目的，让网络成为学习生活的辅助手段，成为健康成长的精神家园。

（2）加强大学生网络道德教育

网络作为一种虚拟的环境，归根到底是对现实的发展和延伸，现实社会需要道德规范，网络社会同样需要遵守相应的道德规范。网络道德是每一个网民都应该具备的，只有遵守网络道德规范才能推动网络的有序发展，但是现实中很多网民都缺乏相应的网络道德意识。加强大学生网络道德教育，不仅要求大学生强化网络道德意识，严格遵守网络道德规范，还要积极参与网络道德建设，承担必要的网络道德责任。高职院校网络道德教育切忌假大高空的说教，要从大学生的日常学习生活实际情况出发，丰富网络道德教育的内容和形式，把网络道德教育生活化的同时又把网络作为德育工作的新基地。

（3）提高大学生网络素养自律意识和自我发展意识

网络文化具有开放性、多元性的特点，教育者的监管不可能做到万无一失，大学生作为高职院校网络文化的主体，只有大学生的自律意识提高了才是最有效的。提高大学生网络素养的自律性，需要调动大学生积极性。大学生作为网络文化的主体，具有教育者和被教育者的双重身份，大学生可以根据自己的兴趣爱好自主选择适合自己的网络专业知识，通过自主学习、自我教育来提升自己的素质和能力，养成良好的网络行为习惯和道德意识，从而文明使用网络，合理表达心声。高职院校还需要提高大学生的自我发展意识，自我教育、自我管理、自我提升。大学生要对学校开展的网络素养教育工作积极发声，对存在的缺点和不足要大胆提出意见或建议，一方面有利于改进高职院校的育人工作，另一方面也是对大学生网络素养的一种检验，互相促进而共同发展。

第七章　高职院校文化育人机制的构建与实践

第一节　高职院校育人机制的解读

一、大学文化育人的功能

作为特殊而专门的高等文化教育的大学机构，对于不一样的历史时期，担负着特定的使命。大学最初是给医生、僧侣、牧师和律师提供更高水平教育的地方，其目的是为了培养绅士，提供博雅教育。18 世纪末 19 世纪初，洪堡创建了以柏林大学为代表的近代大学。大学不仅成为培养人才的重要场所，更是研究高深学问的重要机关。20 世纪后，大学在传播知识和推动知识创新中的作用日渐增强，其社会服务的职能愈加显现，是政府之外社会变革和服务的主要工具，由此大学的职能拓展为服务社会、科学研究和人才培养。而与大学相伴而生的大学文化随着大学职能的演进，其功能也逐渐丰富和拓展着内涵。现代大学制度的建立，更赋予了大学文化新的功能，大学文化不仅发挥着育学子灵魂、凝聚师生人心、传承世界文明的重要作用，更成为引领社会精神、社会科技和时代文化的先导。同时，大学文化亦发挥着调和现代大学制度建立过程中产生的各种矛盾的特殊作用。

（一）教育引导功能

大学文化起源于"观乎人文，以化成天下"，简言之，即"以文化人"。大学文化以潜移默化、润物无声的方式，教化人、感染人、陶冶人、引导人，通过对大学人的价值取向、人格品质、思想情操的完善和提升，实现教育引导大学人的目标和使命。

1.引导大学人的价值取向

大学文化是一种以精神文化为主导的文化，在这种文化的引导下，大学会在培养人才的过程中秉持一定的价值取向，并以这种固有的价值取向引领大学人更加注重精神生活，更加坚定人生信念，树立正确的世界观、人生观、价值观和荣辱观，把改造自然和社会作为自己的人生目标，作为学习和工作的忠实信仰和精神支柱，指引大学人做一个对社会、对国家、对民族有贡献的人。大学文化具有一定的文化价值背景，有什么样的价值观念，就会有什么样的培养目标和手段，大学文化的导向作用会因其培养目标的不同而不同。中国封建社会奉行的是"学而优则仕"的价值观，儒生学子们受其影响，确定了"万般皆下品，唯有读书高"的价值取向，读书做官成为他们的人生追求，"两耳不闻窗外事，一心只读圣贤书"成为他们的人生写照。为此，大学文化将引导学生从集体主义逐步迈向社会主义、共产主义新台阶，努力使自己成为社会主义建设需要的建设者和接班人。大学文化就是通过精神环境和物质文化氛围影响生活在其中的个体，这种潜移默化的影响使个体在价值取向、心理素质、思想观念、行为方式等方面产生对现有文化价值的认同，从而实现个体性格、精神、心灵的塑造。

2.完善大学人的人格品质

现代大学制度下，大学教育的内涵由智力范畴拓展到了非智力领域。大学通过德育、智育、体育、美育等，培养和塑造大学人健全的人格品质。和谐积极的校风、教风和学风具有深刻的感染力，使身在其中的大学人心里和行为受到规范和制约，培育其良好的情绪调控能力、和谐相处的交往能力和良好的社会适应能力。大学内完善的教育教学设施，使师生员工教有其依，学有其所，有利于师生在舒适、便利的环境和氛围中求学求知，培育师生勤于读书、刻苦钻研、勇于创新的品质。大学的自治、学术自由和教授治学，有利于培养学子们追求自由、平等、崇尚科学的优秀品质。大学内完备的体育设施和丰富多彩的竞技活动，有助于师生积极参与集体活动和户外活动，为师生强健体魄、培养顽强的意志品质创造了有利条件。

3.陶冶大学人的思想情操

大学有优美舒适的校园、齐备的文体活动设施、丰富高雅的文化生活，这些独特的物质文化和精神文化元素为大学人全面提升素质、陶冶情操提供了养分。高雅的大学文化环境是陶冶大学人品性和心里的重要因素。大学人在美观、优雅和文化内涵丰富的环境中生活，有利于培养他们积极乐观的生活态度和健康平和的心境。校园中高水平的知识讲座、科技创新、学术活动，使大学人置身于浓郁的学术氛围中，能帮助他们逐步养成勤于思考、敢于质疑、大胆创新的精神和意识。大学丰富多彩的文体娱乐活动，极大地开阔了学生的视野，激发了他们的想象力和创造力，也锻炼了他们独立思考的能力，培育了学生的竞争意识和互助合作精神。

（二）凝聚激励功能

精神的富有依赖于文化，文化是一种思想，更是一种强大的凝聚力。不管是国家、民族、还是企业，只要文化的核心被认同，就会形成强大的粘合力，把不同的组织成员联系在一起，使其成员形成积极向上的奋发进取精神，从而形成强大的凝聚力和向心力。大学文化正是通过如此的正能量，建立起信任、互相尊重、和谐的群体关系，从而达成大学的教育目标和对真理知识的追求，形成大学人共有的集体意识、责任意识，提升学校的凝聚力。

1.凝聚大学人的思想

大学文化的核心是追求一种整体的优势，树立一种群体的共同价值观，它能借助精神纽带和心里势场，吸引和团结大学人，通过唤起和激发每个人对学校的真诚情感而把大学人紧密联系在一起。大学文化优秀与否，往往体现在能否以很微妙的方式影响人们的思想情感，培养和激发个体的集体意识和群体意识。在特定的环境中使大学中的个体产生对学校理念、道德规范、行为方式、价值观念等的认同感，在和谐融洽的氛围中使个人的价值观、思维方式和理想信念等与学校的文化融为一体，把个体与学校紧密联系起来，形成强烈的责任感，从而能更好的提升自己，发挥主观能动性，为学校的发展作出贡献。

2.激励大学人的行为

文化理论强调以人为本，强调价值观念，强调群体意识。人是受文化影响与制约的，是有文化意识与需求的。需要唤起动机，动机引起行为，行为指向目标。大学人高层次的需要只能靠自我激励来满足，而作为自我激励因素的目标、价值、理想、信念等，都来自大学文化。大学文化作为大学人提供了文化享受与文化创造的空间，提供了文化活动的背景以及必要的活动设施、模式与规范，使大学人置身于良好的心理氛围与和谐的人际环境中，获得各种精神需求的满足，进而使大学人的兴趣、理想与信念在此得以实现和升华。大学文化通过各种方式调动全体师生的主动性、积极性和创造性，使其氛围中的全体师生保持积极向上、奋发进取的精神。这种精神通过积淀一旦稳定形成，就成为大学文化中的主要价值因素。大学文化的这种激励作用可分为两个方面：一是激励广大师生不断提高教育教学水平，改进教学方法，从培养学生的学习兴趣入手，变硬性灌输为启发引导，真正实现教学相长。同时，激励广大教师在学术与科技研究中不断奋发进取。置身于浓厚的学术文化氛围中，优秀大学文化成果的不断产生和发展,能够刺激和激励广大学生树立远大抱负与目标,从而为学习与思考提供强大的驱动力。依靠激励使师生产生源源不断的教书育人、刻苦成才的动力,从而形成学校奋发有为、锐意创新的氛围,正是大学文化凝聚功能的体现。

(三)引领创新功能

原浙江大学校长竺可桢曾说:"大学是社会之光。它以社会文化为基础,汲取社会文化的营养,在各方面深受社会文化的影响。作为社会文化系统中富有精神魅力的大学文化,在其独特的文化形成后,作为一种动态的、有活力的、高级的文化形式可以通过现代的科技文化活动、先进的思想、人才的培养输送、优质的文化生活等因素影响着整个社会文化机体的各个领域,对社会的整个文化的建设与发展起着引导、示范和改进的作用,由于大学文化具有巨大的影响及渗透力,从而成为社会发展和创新的源泉和动力。

1.引领社会精神文化

纵观历史,学校历来都是新思潮、新文化、新知识的产生地。文化知识、思想意识作为一种特殊的文化形态,最终都将会由莘莘学子走出校园带进社会,整个社会都将受其影响,置身于社会大环境中的人们必将受其影响。追溯历史,孔子、董仲舒、朱熹、二程的思想和学说,不仅辐射到社会,而且被奉为整个社会占统治地位的指导思想和伦理道德思想,至今仍在社会思想领域占据主导地位,其对社会发展的影响是无法估量的。近代历史上,以五四运动为起点的新民主主义革命,以"九一八"事变为导火索的抗日救国思想,以及科学民主的思想,爱国进步的思想,反内战、反饥饿的思想等大都率先在高职院校校园里酝酿形成,进而传播辐射到社会,成为推动中国社会发展和民主进步的强大驱动力。近20年来,"从我做起,从现在做起""振兴中华""科教兴国"等等新思想，不少也是由校园而及社会的。作为新文化运动发源地的大学创造了新文化运动的先进思想，创造了高层次科技文化精神。朱自清精神、李大钊精神等都产生于高职院校校园文化精神。这些精神深深感染和激励着我国不同历史时期无数仁人志士的爱国精神和报国热情，成为人们心中仰慕敬重的爱国主义精神典范。而今，它所诞生的王选精神、孟二冬精神、方永刚精神也正鼓舞着一代又一代青年人锐意进取，为祖国社会主义现代化建设事业鞠躬尽瘁、无私奉献。在科技日新月异、世界竞争格局发生深刻变革的今天，大学文化的社会价值在不断增长，它对社会的示范意义也越来越大。大学文化不仅要成为社会文化科技发展的灯塔，也要成为引领社会精神文化的航标。

2.引领社会科研和技术创新

大学是人才、知识、发明和信息聚集的场所，是创新和科技成果最丰富的源头，每天都有广大学子从大学走向社会。大学文化中鼓励创新、宽容失败的氛围，集中体现了大学的科学精神。这种精神是激发创新思维，推动创新创造活动的强大动力。处于这种精神浸润下的大学人，在科学研究方面孜孜不倦地追求突破与创新。大学人的这种创新品格通过大学与社会的人才交流、学术交流，将创新精神不断辐射到社会的各个领域，自然而然地为社会提供了追求创新的精神模板。同时，大学既是生产知识的主战场，又是传播知识的主阵地，更是社会先进科学技术的孵化器和诞生地。仅以大学科技园的发展为例，近半个世纪以来，由斯坦福大学创办的硅谷科技园引领着世界信息科技发展的方向，成为各国发展高科技产业纷纷仿效的样板。

3.创造时代新文化

大学文化具有区域性和相对独立性的特点，具备了文化创造的主体，具备了从事文化活动的独特对象，具备了文化得以产生的独特创造手段和环境，是文化得以再创造和更新的重要阵地。一方面，它通过中西方文化吸引，使各种文化形态相互碰撞、相互交融，逐渐积淀为大学人文化心理层结构中的一种意识，形成自身独特的结构系统，对大学人的思想、观念、心理素质、行为方式等产生一定影响；从这个意义上讲，大学充当了历史文化的"储蓄所""中转站"和现实文化的"制造场""交易所"，各式各样的思想观点、生活信念、行为方式都理性地或直观地在这里重现、展示、推销和交换，既互相冲突，又互相渗透；既互相排斥，又互相融合。大学文化以其兼容并包的独特气质在孕育文化的过程中不断地推出新的观点和学说，为所有师生提供精神食粮，从而推动社会文化的更新与发展。同时，大学文化与社会文化具有一定的互动作用，既与社会经济、政治制度相适应的社会文化相适应，自身又处于不断发展变化之中，通过向社会输送一定规格的人才，提供新的文化成果，以自身的文化模型对社会文化起示范和导向作用，从而创造时代新的文化，推动社会文化的发展。

二、大学文化育人的特征

大学教育的根本在育人，育人的根本在文化，从文化的属性、载体、文化的育人过程及表现形式等方面来看，相对于传统的育人方式，大学文化育人具有如下几个特征：

（一）大学文化的表现形式决定了大学文化的隐性

大学的制度文化和物质文化从文化形态学的角度来看，其自身对育人的影响并不是直接发挥作用，而是通过精神文化及其反映的文化行为来发生作用的。大学精神、大学传统等直接反映了价值观念、审美情趣、思维方式等高层次意识形态的实质，是创造性思维的产物。大学精神文化、行为文化剥离了物质文化、制度文化显著的符号形式，形成了知识、价值观、意向、态度的次级抽象，化身为一种集体的"潜意识"来对身处于其中的"大学人"

发生作用，这就是文化育人"润物无声"的效果。比如校风对人的同化作用和规范作用，就是利用从众心里，通过群体压力等无形的方式，使后来者渐渐融入到既有的环境氛围之中，校风中承载的大学精神、意识和态度等价值形态被无意识地内化和主体化，这种育人的方法远比至上而下的灌输、说教有效。又如有文化载体的"轻骑兵"之称的大学纪念性雕塑，有着显著的文化象征意义。如果是人物雕塑，则象征着大学所推崇的一种治学精神或人格魅力，如果是艺术雕塑，则象征着大学追求的高雅审美情趣。这些形式的教育，往往可以起到"不言自明"之效。

（二）大学文化育人的过程决定了大学文化的软性

文化育人是一种漫长而持久的持续不断的过程，贯穿于整个人的一生。大学文化育人是教师通过课堂教学的形式把科学文化知识传授给学生，在整个教育过程中是一种以教师为主体的教化过程，以学生为受体的内化过程，教师与学生的充分互动，积极配合才能将这两个过程紧密的衔接起来，从而实现文化的发展、创新与传承。对学生来讲，学习外在文化并把外在文化内化为自己的品德、智能、体魄和美感，是一个非常复杂的心理发展过程。文化育人的软性，体现在学生"承"外在文化的过程，就是更加熨帖学生的个性、心理和认知特征，更加注重学生"个体社会化"方法的多样性，更加鼓励学生在"教""化"过程中的互动。在传统的育人过程中，灌输的理论常常忽视了教育对象的主体性，强调"传"的"刚性"和"效率"，把教育对象机械地看作教育"生产线"上的"毛坯"，只需要通过教育者的"轻轻敲打"就可以"生产"出合格的"产品"。随着时代的进步和视界的开放，文化逐渐进入了教育者和教育管理者的视野，"人文主义"思想开始在社会各个领域得到逐步畅行，文化以其"至柔至刚"的作用特征日益得到了广泛重视。

（三）大学文化的文化属性决定了大学文化的持久性

文化是长期发展并沉淀下来的精华，持久性是文化的本质属性。大学和宗教团体之所以能在组织竞争中延续下来，缘于他们具有的共同的文化特征，也就是文化的力量。现在许多大学开展文化建设，常常借鉴企业文化建设的经验，如果将企业文化的发展放在一个较大尺度的历史时期中，企业固有的逐利逻辑决定了其必然是短命的，本质差别在于大学和宗教团体本身生产的对象就是文化和价值，在企业中，文化只是企业生存的手段而不是存在的方式。每一个有过大学经历的人，都会终身记着自己的大学故事，津津乐道校友、名师的逸闻趣事，这些细节的背后，是大学文化对人们生活和深层意识的渗透，体现出文化对主体持久深刻的影响。

（四）大学文化载体的多样性决定了大学文化的多样性

大学文化，包含了大学人在大学历史过程中创造的全部成果的总和，其中既有物质形态的成果，如大学课程、专业设置、师资队伍、校舍建筑、图书、仪器设备和体育运动设施等，也有已经物化了的精神形态的成果，如校徽校训、校园雕塑、主题性活动、典礼仪式等。文化育人的多样性，不仅体现在知识传授的层面，而且也体现在价值和信仰层面。比如军训活动，可以培养学生的爱国主义和集体主义精神；可以锻炼学生的体魄，培养艰苦奋斗、吃苦耐劳的作风；可以帮助学生了解军人，接触社会，培养他们的责任感；可以培养学生基本的军事素质，增强国防观念与国防意识；培养学生积极参加公益劳动，可以使学生增强对劳动人民的尊重和了解，体会劳动的艰辛和劳动观念的提升；可以培养为人民服务的精神，增强学生的社会责任感；可以培养学生团结互助的品质，强化集体主义精神。总之，大学文化表现的多样性决定了文化育人的多样性。

第二节 高职院校文化育人机制的构建

一、铸就高职院校精神，构建精神育人机制

所谓高职院校精神，就是大学在其存在与发展过程中孕育积淀而成的，浓缩了数代大学人的独特品质和理想追求，赋予大学这一组织以独特的魅力和个性特征的传统、理念、气质。作为高职院校精神文化的核心，既包含传统的大学理念与传统的累积，还包含着大学从其产生到现在的发展过程中所形成的多代大学人的理想和独特品质，丰富与充实着大学文化精神。

高职院校精神需要一个漫长的历史运行过程才能形成，它具有相对的稳定性，属于我国传统文化的组成部分。虽然更换政治系统或毁灭性灾难的到来只是使其内涵和形式上改变，但没有从根本上摧毁它，但如果离开了人文精神和科学精神的滋养，那么高职院校精神也必将衰弱，大学的使命也终将不能实现，其强大的凝聚力也会随之不见。人文精神和自然科学有着不同的追求，自然科学注重真实，人文精神则体现其善，为科学技术注入美与善的文化因素。

（一）铸就高职院校精神，需要对现代大学进行准确定性与定位

大学文化精神的下降或丧失，与困惑与混淆的大学性质息息相关。在归纳各种功利性和实用性需求的影响下，在适应社会变革过程中的现代大学已经发展成为一个"巨型"多元化的大学。大学成为多种实力的探求场所，成了职业训练所和文凭批发站，成了为政治和经济利益服务的机关。大学的自由精神、超越精神、人文精神和批判精神也就逐渐丧失。

（二）铸就高职院校精神，需要守望大学的精神传统

"大学像一切组织体，不可能一成不变。发展的契机是变化，世界上唯一不变的就是变。所以文化的成长都是承续与变迁的结合。".在文化变革的大潮

中延续和保留传统的高职院校精神至关重要。高职院校精神是人类精神的历史传统，无论是西方大学还是中国大学世界都对大学的精神有所贡献，更是一个整体的相互补充。因此，铸就高职院校精神，需要我们去坚守或守望大学的精神传统。

（三）铸就高职院校精神，需要注入时代精神的质素

涂又光先生曾说："大学既要有'出世精神'又要有'入世精神'。大学的出世精神可以理解为大学具有的人文关怀精神、理想主义精神及超越精神；大学的入世精神，就是大学的现实精神和与时俱进的变革精神。大学是一定社会历史条件下的产物，与社会的转型和时代变迁有着紧密的联系。当今时代的精神如果需要精准的概括出来是非常不容易的事，我们现在所生活的时代每天都在变化，而且速度比哪个时代都要快。与时俱进可以说是当今时代变革的主要特点和内容。高职院校精神注入时代精神的质素，就是要赋予大学与时俱进的变革精神。

大学要秉着与时俱进的创新精神，紧跟时代发展的步调，正视现代时代发展的现实性，克服保守性和惰性，使高职院校精神的变革真正落到实处。

二、优化大学环境，构建环境育人机制

前苏联教育家苏霍姆林斯基曾说："在学校应该让每堵墙都说话。"著名学者涂又光先生把大学教育通俗的比做泡菜，提出了著名的"泡菜理论"，他认为，大学育人就好像用泡菜缸泡菜，泡菜缸里有什么味道的泡菜汁，就会泡出什么味道的泡菜。相应地，大学有什么样的文化环境和氛围，就能培育出什么样的人才。大学的自然环境本质上是一种人化的自然，布局合理、清洁优美、舒适宜人的自然环境以自己的特殊方式展示着大学建设者和管理者的文化理解和审美情趣，体现着高职院校精神，给人以精神的熏陶和美的享受。大学的人

文氛围更加直接地承载着大学的文化育人功能，对大学生的政治思想、知识视野、理想信念、道德情操、生活方式和行为方式等发挥着重大的影响和作用，体现着大学管理中的自觉和积极的方面。

校园里的花草树木、雕像、各种建筑物等等，都渗透出浓浓的校园自身的文化氛围，这些被物化了的东西并不是一种简单的摆设，无意的安置，而是通过物质的形式赋予了特定的文化内涵，塑造了一个学校文化发展的历史、传统、学校精神等。中外无论是教育家还是政治家，对大学的物质环境建设都是很重视的。"创设如此幽深的学校环境，其中重要的原因是想借山光以悦人性，假湖水以静心情，使学生获超然世外之感，在万籁空寂之中悟道，归真。"

大学文化依赖于传统文化而产生，它是在长期的历史办学过程中和社会自然环境双重的影响下所积淀的大学人所共有的价值取向、行为规范、思维模式和行为方式。通过教育活动和校园各类活动在一批批学子们和教师们之间发展延续，在学校被物化了的雕塑、环境建筑、历史名人等中得以表达和强化。作为校园文化主体的大学生，由于其正处于人生发展的关键期，其行为方式、思维模式、行为规范和价值观等都受到校园文化的影响。营造良好的校园文化环境，主要应抓好三个方面：

（一）建设高品位校园物质文化

校园物质文化作为一种物质的客观存在，能被生活在当中的人直接感触到，这种被物化了的设计包含了创建者和设计者的审美观和价值观，其特点是直接形象，且具有持久性。它包括校园的地理位置、地形风貌等自然环境和校园的各种建筑；以及校园里的道路、草地、雕塑、花园、小河、学生宿舍、教学楼等硬件设备设施。将育人理念融入到自然环境中，使学习生活在其中的老师和学生感受到校园的美好，体验到其中所蕴涵的学校文化，对学生的个性塑造、习惯养成、思想品德、人文素养方面起到熏陶、感染、激励和润物无声的效果。大学中的教育环境、教学楼、图书馆、文化体育运动设施等这些都是以物化的方式所存在的，这些被物化了的设备设施都直接影响着学生。因此，健康有序、整齐划一、清洁大方的校园环境，对学生的成长及人格的形成都发挥着重要的作用。

（二）建设高品位校园制度文化

校园制度文化是学校的各种规章制度和组织机构，具有强烈的强制性、规范性、组织性。制度文化的形成对学生价值观念的形成和良好品格的培养起着至关重要的作用，它一旦得到高职院校成员的认可，便会形成一种强大无形的无须强制执行就可以在师生中代代传承的精神文化传统。素质教育的特征和内涵要在学校的规章制度中有所体现，这样才能保证素质教育的制度化。

（三）营造高品位校园精神文化

大学校园的安全性、舒适性以及颇具情趣的人文环境都能促进学生对新环境的适应力，减少学生从一个熟悉的环境到陌生环境的恐慌与不安，使学生能尽快的接受新环境，保持身心健康发展，形成一种对学校的归属感。大学校园应倡导自由的学术氛围，老师与学生之间能平等地交流，民主地讨论，这是培养创新人才、迸发创新思想火花的必要条件，可以为创新人才的脱颖而出提供广阔的空间；大学要宽容失败，让大学生在大方向正确的基础上，敢于冒尖，敢于冒风险，使每一个大学生的创造力得到充分发挥；大学教育是以学生为主体，面向全体学生的教育，在教书育人的过程中要尊重学生的主体地位，尽可能多地运用多种教育方式相结合的方式，开发人的智慧潜能，通过差异教育、赏识教育和激励教育相结合的方法，为学生创设一个快乐舒适的学习环境，因材施教，尊重学生的个体差异，充分发挥学生自身的优势，使每个学生都成为一个自信、优秀的人。大学要做到兼容并包，要具有开放性，给学生创设接受多元文化和先进文化的条件，推陈出新，使学生的个性塑造和文化品质都有所提升。

三、完善规章制度，构建管理育人机制

学校的管理，主要内容是通过对学校内外部资源的调度、组织、控制和协调以达到组织目标。管理活动，主要是通过制度和规范等形式表现出来。管理育人，其本质就是学校各种制度规范在内涵形成和执行过程中，对管理对象在知识和价值层面的影响。相对于教书育人，管理活动对学生的影响主要是通过规范教学等相关活动过程来实现的，科学的管理有助于提高教学活动的效率和质量，任何一个运行良好的组织，都离不开管理活动，管理为保证大学文化的持续发展提供了制度保障。比如在新人融入大学的过程中，虽然既有的群体规范，如校风、学风等，可能对新人产生群体压力，从而使他通过模仿、认同等方式逐渐接受，但同时也不能否认冲突的存在，可能导致新人的文化逆反。大学中的各种激励制度就可以起到很好的文化导向作用。

首先，大学的学生管理工作的目的是为了更好地为学生服务，使学生的综合素质有所提高，具体是以学生为本的。其次，应注重学生群体文化的建设和指导。学生群体文化是在学校生活中生活的全体学生所共同遵循和拥有的行为规范、基本信念、思维模式和价值理念，是一所学校的性质、个性和精神面貌的生动体现。再次，大学学生管理工作的重点是创建一个大学生自我管理的体系，要充分发挥学生的主动性和积极性，相信学生、尊重学生、依靠学生，开发他们的潜力，使学生真正成为学校的主人。要形成一个全员互动的管理模式，树立服务的观念。践行权责明确，任务分配明晰的体系，根据学生工作的要求，在大学辅导员和学生的共同努力下，把学生日常的生活管理工作做好，实现大学育人的目标。

四、注重人文关怀，构建情感育人机制

情感育人是指教育者在教育教学和学生管理工作中所表达的情感体现，充分发挥情感因素去影响、陶冶、激励学生，在此过程中教育者要满怀深厚和真挚的情感去做学生工作，从而充分调动学生的积极性，达到预期的教育目的。它产生于教育者对被教育者对象的深切关怀、关心、关注，也产生于教育者的强烈的事业心、爱心和职业责任感。从内容上看，情感育人主要表现为以下几方面的内容：首先，表现为对学生的一种关爱和同情。教育者对学生的爱，不是一种单纯的心理成分，而是在教育过程中由教育者的理智、美、道德凝聚而成的一种高尚的情怀，它要求教育者对学生不仅要有学习生活中的体贴、关心和爱护，而且还要有严格的要求；不仅要关爱优等生，更要对生活上、学习上、心理上存在困难的学生给予真诚的呵护，要晓之以理、动之以情，深入到他们的内心世界，寻找并激发他们的闪光点。教育者要把这种广博的爱心奉献给学生，必然激起学生爱的回馈，产生师生之间心灵上的交流与碰撞，能在学生心理上激发出一种积极的情绪，促进学生教育与管理工作的进行和开展。其次，表现为对学生的一种尊重。苏联著名教育家苏霍姆林斯基曾经说过："教育成功的秘密在于尊重学生。"这里的尊重有两层含义。其一是对学生人格的尊重。教育者和受教育者之间要建立起一种民主平等的关系，即在教育过程中，教育者和学生以平等的身份共同参与教育和管理活动，形成平等友好、尊重接纳、关心帮助的良好关系，让学生在主动、自由的氛围中展示其天性和才智。其二是对学生自尊心的保护。自尊心是学生健康自我意识的体现，是一种得到他人、集体和社会尊重的情感。教育者必须善于发现、培养、保护、激发学生的自尊心，把学生看成是有独立人格、有自由权利的人。再次，表现为对学生的一种理解和热忱。当代大学生涉世不深，缺乏对社会的深入了解，再加上我国家庭

教育和基础教育的偏颇，他们的个人意识十分强烈，凡事从个人利益角度考虑得过多，因而面对诱惑时容易犯一些错误。面对学生的错误，教育者必须走进学生的内心世界，全面了解学生的学习、生活、思想状况，用自身的博爱、宽容和无私促使学生清醒地认识错误，帮助他们走出误区。正如苏霍姆林斯基所言："理解是改变偏执的良药。"教育工作者为了学生的进步，心甘情愿地牺牲自己的时间和精力，努力创设适合学生学习生活的积极健康的成长环境，全心全意为学生服务，学生的进步与成功对教育工作者来说是一种最大的欣慰。

最后，表现为对学生的一种亲近和期望。教育工作者是否热爱工作体现在对学生的热爱上，一个好的教育工作者乐意与学生交往，喜欢和学生相处，离开学生就会怅然若失，只有和学生在一起，才能体现自己的工作价值。他们对学生都充满了期待，希冀在自己的努力下鼓励学生、激励学生，从而使他们走向成功。无论中途哪个学生落后了，教育工作者也绝不会放弃任何一个掉队的学生。

第三节 高职院校文化育人实现路径

一、坚持以人为本，强化人文精神教育

在整个社会大环境下，以人为本就是要尊重人，以人的需求为第一位，分析和解决有关人的基本需求相关的所有问题，从而肯定人的需要和发展，全面实现人的发展。现代教育即是全程育人、全力育人、全方位育人的过程。

大学不仅仅是追求真理、授业解惑的地方，还是人类文明进步的精神殿堂，是立人之所。大学旨在修养大众的身心，提高大众的个人素质，旨在培养社会积极向上的风气，传递正能量，旨在传承和创新新文化，提高全社会科技创新能力，旨在提升民族品位，创设健康的社会大环境。一言以蔽之，大学的根本价值取向是"对人的培养"。现代大学的主导理念是民主、自由，是对人的充

分尊重。一切工作都从人的实际情况出发，充分调动人的主观能动性来促进人的全面发展并满足人的需求是以人为本所必须坚持的。一方面要强调学生的主体地位，以学生的发展为本；另一方面要强调教师的育人功能，以教师为主导，使大学能够张扬和发展自己的个性和特色，形成自我发展、自我约束的良好运行机制。

（一）重视校园硬件建设的过程中强化人文精神

当前高等教育正处于飞速发展中，最直接的体现就在大学的校园建设，突出的标志就是大学的硬件设施得到了很大的发展，建立了很多便利的生活服务设施和新的教学楼，校园也变得越来越大，越来越新。但在大学校园文化建设急速的发展过程中，我们所看到的是缺少品格和特征的冷冰冰的建筑物。在大学校园文化建设过程中过于追求硬件设施，而忽视了大学校园所具有的文化底蕴和内涵。大学校园是高层次和高水平的人化自然，既要体现自然的，更要体现人文的，大学校园文化应当是人文与自然的有机统一。从自然性的角度来说，大学校园是自然界的一部分，为师生提供自然和谐的校园环境，使大学师生亲近自然，是大学人作为自然存在物而存在的根本要求。从人文性的角度来说，大学校园必须创设浓厚的人文氛围，提升科学内涵，才能够激励大学人去提高自己的人文品格和科学素养。一个良好的育人环境应当是自燃性与人为性的内在有机结合。

大学文化的受益者是学生，同时大学文化的营造也离不开学生，好的大学文化建设必须要以学生为中心，强化学生的主体地位，培养学生独立性，提高学生自我管理、自我教育和自我服务的能力，鼓励学生参与各种管理活动，追求个性发展和共性需求，做大学真正的主人。首先，要注重对"人"的培养，墨海德大学规定每位教师都要担任20个课程设置以上，大学都要把学生发展的需要、能力的培养放在第一位，在开设大量适应社会需求的专业课程的同时，开出各种有利于学生拓宽基础、开阔视野、培养能力的公共教育课，使学生学会学习、学会选择、学会合作、具有科学精神和人文精神，帮助学生更深刻地理解人生的意义，促进学生全面发展，以实现人的全面发展，这是大学理念构建的根本，是大学文化建设的根本。其次，抓好学生组织的文化建设。积极开展高职院校各种社团活动，鼓励学生发挥主观能动性，通过各种途径和形式，根据个人特长，发挥自身优势和特点，创设各种文化社团，从而锻炼学生的个人能力，提高自身管理能力起着非常重要的作用，学校对于学生组织文化的建设要给予高度的支持和鼓励。学生社团的建立有利于学生的人际交往，通过各种形式的课外社团组织活动，学生可以根据自己的需求选择自己感兴趣的活动，有效的激发了学生参与的欲望和热情。学生社团作为学生课外活动的有效载体，要发挥自身的优势，在整个社团活动中，进行自我管理与自我服务，充分锻炼个人能力。最后，要改变传统的灌输式、僵硬的说教和强制性的管理模式，适应个性发展，改革教学方法。案例教学法在美国哈佛大学的实施取得了非常好的效果，学生的创新精神、张扬个性，对事物敢于批判敢于怀疑的品质都得到了提升。在这种环境下培养出的学生不迷信书本和权威，具有敢于质疑和怀疑的精神。我国大学应该树立教育管理者的"人文关怀学生"的服务理念，鼓励学生标新立异，在教学过程中强调师生互动，充分调动学生学习的主动性，鼓励学生充分表现自己，增强自信，发挥创造性思考的能力。

真正做到以人为本，实质上就是在教师为主导，学生为主体的环境下，利用文化的各种功能去关注大学人的个性发展和共同追求，做到关心人、理解人、尊重人，为大学人的全方位发展创设条件提供机会，使他们的个性得到充分发展，需求得到合理满足。所以树立以人为本的理念，必须关注教师的权益，促进教师队伍的和谐发展，同时一个受到尊重和理解的教师，他的工作热情必定会高涨，会为学生想地更多，做地更多，无形中也会促进"以学生为本"的实现。坚持以教师为本，在物质文化方面，学校的基础设施要尽可能满足教师教学、科研、学习、生活居住等方面的需要，让广大教职员工享受到学校改革发展的成果。在制度文化层面上，要想使教师的工作热情得到激发，发挥自身的潜力与才能，就必须建立科学合理的教师评估体系，通过各种绩效考核形式执行。在涉及奖励分配、科研、评职称、人事管理等制度方面，要充分体现对劳动、人才和知识创新的尊重，体现公正、公开、公平的原则。在精神文化建设方面，要努力构建和谐校风，搞好学校各级领导干部的行政效能建设、作风建设，在正确使用其权力性影响力的同时，更多地依靠个人的人格魅力和榜样行为来影响和感化教师，做到密切联系群众，遵循办学规律，充分发扬民主，科学决策，注重效率。总而言之，以教师为本是和谐大学文化建设的前提，努力创设和营造积极向上的环境氛围，建立健全机制激励人，使教育者更热爱自己的工作实现事业发展，将以人为本的理念始终贯彻到一切学校管理工作中，让教师在宽松、协调、自由的环境下，创新和传承文化，潜心致力于学术研究提高学术水平，从而使大学整体办学水平随之提高，实现大学的教育目标和科学发展。

（二）将社会主义核心价值体系融入到全员育人中

大学的灵魂来自大学文化，其精神实质实际上是一种价值观的体现。在党的十六届六中全会上，社会主义核心价值这一科学命题被第一次提出，系统地规范了社会主义先进文化的内涵、实质和方向，推进大学文化建设的核心就在于此。坚持以社会主义核心价值体系为指导和价值取向的重点在于在大学文化建设的过程中要树立正确的价值观、人生观、世界观和社会主义荣辱观，在整个教书育人的过程中充分体现全体师生的道德品质、个人修养和精神风貌，在大学里培育和弘扬爱国精神、民族精神和改革创新精神。

社会文化的根本是社会主义核心价值体系，是社会文化建设的风向标，大学文化作为社会文化的一个子系统，被社会主义核心价值体系所主导理所应当。

二、构建和谐教育环境，营造育人氛围

一个国家的理想社会环境是和谐，社会发展要站在和谐的基础上，这样整个社会才能朝着积极健康的方向发展，和谐的社会是全人类的共同追求。大学文化作文社会文化的子系统，大学校园的和谐直接与社会的和谐息息相关，是社会发展的客观要求。在倡导建构人与自然和谐相处、安定有序、充满活力、诚信友爱、公平正义、民主法制的过程中，大学都肩负着不可推卸的责任，都应当起到带头作用。其次，和谐校园的建设是落实以人为本的客观需要。大学要为全体师生创设和谐的生活环境和教育环境，做到真正以人为本，想师生所想，尊重人关心人，更好地为大学人服务实现人的全面发展。再次，和谐校园的建设是实现学校发展的需要。任何一个组织的发展，都需要软实力和硬实力。软实力建设是文化建设、精神建设和凝聚力建设。只有全体教师把精力致力于教育教学学术研究上，全体学生把精力用在刻苦钻研努力学习上，这样才能达到整个大学的和谐。最后，建设和谐校园是培养合格接班人的需要。只有在和谐的教育环境下成长起来的大学生的思想品德，个性塑造等才能朝着积极健康的方向发展，从而达到整个社会的大和谐，给人类以前进的动力。

（一）构建和谐校园文化环境

1.全方位加强管理

管理有序、秩序良好是和谐社会的重要标志。全放位加强学校的管理，为学生的成长和教师的教育教学创设育人的和谐环境，需要学校在教学、教育、

学术和行政等多方面多角度的加强管理。学校管理首先要做的是在行政管理方面，加强校领导班子建设，选举合适称职的领导人担任校领导，建立一个专业健全的领导团队。对学校的一切管理事务实行集中领导，分级管理，权责明确，各司其职，把对师生的服务和发展放在第一位，使他们在和谐的教育环境下实现自身的发展和提高。在关系到教师自身利益的问题上，如财务收支、职称晋级和评优等敏感问题上，要让教师有知情的权利，要使教师参与进来，建立透明、公开、公正的管理机制。在教育教学中充分调动教师的积极性，全力打造尊重团结、民主平等、民主监督、民主管理、民主决策、和谐的教育环境，实现学校大发展。

2.积极开展各种校园文化活动

开展校园文化活动是高等学校强化育人功能的一项有效措施。开展校园文化活动是社会主义精神文明建设的迫切需要。文化育人最基本的就是创设一个和谐的、健康的、积极向上的育人环境，在这样的环境里学生的身心才能得到更好的发展。首先，开展学术研讨活动。包括定期的组织一些学术研究、学术报告、论文评优等活动，增强校园的学术氛围，正确引导学生积极踊跃的参与其中，鼓励和激发学生的创作热情，开阔学生的视野，从而更好地发展学生的创新意识和能力。其次，开展社会实践活动。在大学学习生活中，在完成课业要求的情况下，充分利用课余时间，组织学生和老师参加各种社会实践活动，如做义工、参观名胜古迹、到乡村体验生活、帮助孤寡老人等社会实践活动，使学生和教师走出校园更进一步的去体验生活和了解社会，从而培养集体主义精神、爱国主义精神和吃苦耐劳的品质，利用所学知识到社会中去，真正做到为社会服务，学以致用。再次，开展文艺和体育活动。大学要经常开展文艺类和运动类的活动，注重对学生艺术性的陶冶和培养，如举行演讲比赛、歌唱比赛、时装表演、摄影展等各种文艺活动。注重对学生体格的培养，举办各院系的运动会和各类体育竞技赛，从而增强学生的体质，进而培养学生的团队精神、合作能力和竞争意识。

3.开展和谐的"教"与"学"活动

大学承担着教书育人的使命，教育的首要工作就是教学。教学顾名思义就是教与学。是老师和学生之间的双边活动。学生的发展和教育节奏相符是"教"与"学"和谐的体现。首先，学校要为教育教学创设和谐的教育环境，以学生为主体，从学生自身的实际情况出发，制定符合学生身心发展的教育教学活动安排。对于在学习过程中所需要的硬件设备设施学校必须满足，提高学生的学习效率。其次，教师要加强对学生的引导，在教学过程中发挥其主观能动性和动脑动手能力，进而开发学生的潜力。对教材的把握，教学情境的设置、教学空间的把握、教学措施的设计、教学内容的选择和设计都要进行合理的掌控，从而为学生更好的服务，适合学生自身的情况。教师在教育教学过程中要注意个体差异，注重因材施教，尊重学生的不同，对不同的学生采取与之合适的教学方法。再次，以"爱"建立和谐的师生互动。爱，是教育的前提。尊重学生、爱护学生，无论是教育教学还是日常生活中都从学生的需求出发，爱护和理解学生，以自己渊博的知识、优良的品质和高尚的道德情操去引导、感染、激励学生。一个有爱心的、负责任的教师对学生的教育是润物无声的，她们可以在日常生活或教育教学的过程中悄无声息的对学生产生影响。一个成功教师的一句话、一个动作都蕴含着教育的力量，对学生的思考与行为方式都产生着巨大的影响。在一个轻松自由的学习氛围中，学生才能更好地投入学习，有了教师的爱与包容，学生会逐渐学会自我管理，主动学习，从而完善自我，将自己的行为方式融入到班级这个大集体中，形成积极向上、团结友爱的班集体。

4.建立学校、家庭和社会三方教育的和谐关系

构建和谐校园的首要任务是构建教育者、家庭、学校三方一致的教育模式。只有处理好三方面的关系，各方面之间达成一致的教育目标，相互配合，互相补充，才能更好地达到教育效果。从广义的教育来说，每个被教育者最先接触到的是家庭教育。家庭教育是学校整体工作中不可忽视的重要部分之一。首先，学校教育增强自身教育优势的同时要充分关注家庭教育，利用家庭得天独厚的条件进行日常的劳动教育、日常行为规范教育、感恩教育和亲情教育等。培养学生心中有他人、关心他人的意识，自理、自立的生活能力。其次，学校应当指导和协助家庭创设一个适合学生健康成长的教育环境。为了使学校教育、家庭教育发挥到双管齐下的作用，学校可以定期的召开家长会，跟家长及时沟通及时反馈学生在校信息，使家长积极配合学校的教育活动，从而更好的提高教育成效。除了家庭、学校，影响学生的第三方是社会。社会是一个大染缸，会对学生产生各种影响。学校的发展必须紧密跟社会联系在一起，学校要充分利用各种有利的教育资源，开展一些适合学生健康成长的活动。

（二）构建和谐的师生关系

师生关系的优化是大学文化发展的基本保证。大学文化的主体是教师和学生，因此，优化师生关系对大学文化的健康发展至关重要。协调理顺师生之间的业务、伦理和情感关系，把握它们之间的相互关系，对于教育活动的展开和校园文化文明有序的发展极为有利。而且，大学师生担负着创建、维持、更新、传递校园文化的重任，没有他们的共同参与，就难以形成共同遵守的最高目标、价值标准、基本信念和行为规范。和谐的师生关系还能形成积极向上的文化氛围，从而保证大学文化发展的质量和方向。

构建平等的师生关系，要体现出学生和教师之间要没有防御、精神自由和

人格独立，真正实现师生之间零距离，学生不畏惧教师，教师热爱学生。教师作为教书育人的执行者，不单单是用自己的知识去教育学生，更要用人格魅力去感染学生。在教育教学过程中，既要注重言教，更要注重身教。要求学生不迟到不早退，教师必须首先也要遵守时间纪律；要求学生勤奋学习，教师也应不断学习充实自己；要求学生有良好的思想品德，教师必须首先要有崇高的人格和师德；要求学生尊重自己，自己必须首先尊重学生。

师生间需要建立和谐融洽的关系，彼此爱护、彼此尊重，教学相长。师生关系和谐，首先是维护学校正常教学秩序的需要；师生关系和谐，也是教学活动顺利开展的基础；师生关系和谐，更是培养学生健康、全面发展的保证。构建和谐师生关系是时代发展的必然。教育的过程是教师与学生双方互动、共同促进和提高的过程。因此，师生间关系和谐是大势所向。

三、加强课堂教学主渠道，发挥教师主导作用

（一）重视课程的合理设计，努力体现教学艺术

把教育教学同情感教育紧密联系在一起，可以更好的完成教育教学工作。在教学过程中教师要以知识传授为主，情感教育为辅的方法去教书育人，借助情感教育的实施可以更好的体现教育艺术。首先，教师要根据课程的需要，创设与授课内容相关的必要的情境，通过启发诱导与多种教育方法相结合的方式，引领学生走进新颖生动的教育情境中，掌控学生的情绪，使学生的思绪始终跟着老师走。其次，将情感教育深刻地融入到教育教学的整个过程中，将学生的行为方式与课堂教学紧密联系在一起，通过恰当的表达方式抓住每次情感教育的机会，关注每个学生的情绪变化。同时教师要纠正学生的消极情绪，通过各种教学方法培养学生积极向上的意识。

（二）重视教育工作者情商能力的提高，努力体现教育艺术

作为一个教育工作者，一个无时无刻不在跟学生打交道的人，一定要有较高的情商，包括理解能力、人际交往能力、适应能力、情绪的控制能力等等。一个具有高情商的教育工作者才能更出色的完成教育任务。作为情感教育的实施者教师，为了更好地完成教育教学目标要注重自身修养，努力使自己变得更优秀，使情感育人在教育教学中的艺术性得到尽情地发挥。首先，要保持积极健康的心态，用理智驾驭自己的情绪，给学生以亲近感。不把自己的消极情绪带给学生，加强自身情绪控制的能力。情绪是会被传染的，教育者要把好的情绪传染给学生，使学生时刻保持积极向上的状态。其次，教育者要以学生为主体，尊重他们、关心他们、理解他们，对他们的才华要给予认可，尊重学生的个体差异。时刻关注学生的情感走向，对于学生的学习和生活要密切关注，及时了解情况，学生遇到困难时要帮助学生找到解决问题的办法。用心去和学生交往，要秉承严中有爱，奖惩有度的原则，犯错误该罚则罚，做地好该表扬则表扬。在这种情感教育教学中，学生才能真正从心理上接受教师，把教师既看成自己的师长，又当作自己的朋友。再次，将赏识教育运用到教学过程中，肯定自己的学生，增强学生自信心，从而使学生得到更好的发展。教师对于一个学生的肯定有着相当重的分量。在分析一个学生的优缺点时要采用客观的中肯的方式，不能伤害学生的自尊心为前提，充分发挥情感交流在育人中的作用。

（三）重视育人环境的优化，努力拓展情感教育培养途径

人的情感是在一定的情境中产生并随情境变化而变化的。情感教育的实施需要创设一个与之相适应的情境。首先，要加强校园环境建设。在学校的硬件建设上，要注重校园绿化、图书馆、学生宿舍和教学楼等设备设施中的精神文化内涵；借助学校校园文化传播渠道去渲染和传播学校健康向上、积极进取的

和谐大环境。其次，利用课余时间，积极开展丰富多彩的校园文化活动，充分调动学生参与的热情，在集体活动中产生对集体的认知和归属感，增强师生间、学生间的情感交流。再次，建立奖惩激励机制。一方面，开展创优争先活动，比如优秀干部、三好学生、助学金和奖学金等各项评比活动，激发学生的学习热情和调动学生的竞争意识。另一方面，不遵守学校规章制度的学生要严抓，给予适当的惩罚和批评，从而使学生体会到制度和纪律的震慑力，产生自爱、自重、自责的情感体验。

四、开展行之有效的管理育人工作

（一）保障学校有序运转的组织管理制度

我国大学的外部管理体制是中国大学历史发展的结果。作为社会公共服务内容之一的大学，是由政府主管，国家主办的。大学必须接受国家和政府的领导，为政府和社会服务，遵循国家的教育方针和政策法规，为其培养所需人才。行政管理则是充分尊重和发挥校长的领导作用，发挥行政部门按照有关规章制度积极开展工作的作用。

大学制度的形成不是一朝一夕一蹴而就的，而是需要经历漫长的过程时间的累积而逐渐形成的，大学管理并不是将时间、事务、资金与被管理者等客体仅仅当作完成任务的手段，它并不是一种技术过程。管理制度的建立其目的是为了规范、激励和约束人的行为，因此，制度的制定和完善就会受到大学各利益集体的管理理念的制约和影响，大学的管理层及其职能部门遵循什么样的理念，就会有什么样的制度与之相适应。随着社会的进步和大学功能的逐步深化，原有的管理制度与现有的管理理念不协调、不相适宜，必然会对管理工作造成影响，学校的管理者必然要对学校的组织管理制度进行修缮，以满足现代大学文化发展的需求。

大学的组织管理制度是一种具有鲜明的价值取向的主体性制度，对大学文化的形成与发展具有不可或缺的重要作用，是大学文化形成和发展的重要内在机制。大学的管理者是大学组织管理的重要塑造者、管理者和倡导者。大学管理要突出人文关怀，注重以人为本更好地为广大师生服务。"以教师为本"的人性化管理制度成为我国各大学普遍追求的目标，即以教师的成长和发展为本，充分调动教师积极性、主动性和创造性，使他们真正成为学校管理的主人。

（二）保障教师发挥作用的人事管理制度

大学的目标是为社会培养合格的创造性人才，因为承担着教书育人、服务育人和管理育人的重任，所以大学教师在这个培养过程中，占有主导的地位，因此也就成为了大学人事制度管理设计的主要对象。"教育大计，教师为本"如何更有效的提高教学质量和科研水平，发挥教师的主导作用，对于大学职能的发挥有着至关重要的意义。在大学校园里，不同工作岗位上的人有着不同的需要，这就要求大学把握人才激励需求的多重性，能够根据员工的岗位及个性特点进行管理制度的设计和创新，这既是一种人性化的追求，又能够充分调动个体的积极性，形成人尽其才的良好局面。

现在，我国大学的氛围总体是和谐的，但日益增大的大学教职工压力所带来的不和谐因素是一个不容忽视的问题。因此，学校应该为教师创设条件，提供发展的平台，保证教师在和谐、宽松、团结、平等的氛围中快乐工作。在制定教职工管理制度方面，更加注重提高教学、管理和服务水平。针对专业教师的管理制度着重明确教学内容、教学方法、教学手段，注重启发式教学、研讨式教学，注重教学水平的不断提高和教学方式的不断创新。学校的领导者要坦诚的与教师交往，认真了解每一位教师，关爱每一位教师，唤醒教师的主体意识，充分满足教师不同层次、不同利益的需要；教师是大学教育最基本的组成元素，没有教师就无从谈教育，因此应该发挥教师的积极性和主观能动性参与到学校日常管理中来，尽量的去满足教师在生活、学习和工作中的需求，施行人性化管理。

（三）面向人才培养的教学管理制度

高等教育人才的培养离不开先进的教育运行管理机制，只有运用科学的方法建立先进的机制管理模式，才能保证高等教育的正常运转。当前，培养高层次创新人才是新时期大学所肩负的艰巨的使命。在大学里，培养创新型人才的主要环节还要依靠教学，这就要求大学要对教学管理制度进行创新，合理有效配置教学资源，使它能够适应社会对人才评价标准的变化。

完善教学保障制度是教学制度建设和创新的基础和保障。大学教学管理必须走法治教学之路，强调教学督导的循环推动作用，探索教师教的积极性与学生学的主动性有机结合的措施，同时要建立一套科学的"监督、评价、激励、考核"管理机制，建立切实可行的教学管理系统。

鼓励创新的教学管理制度是培养创新型人才的重要载体。教学创新要以培养学生的实践能力和创新精神为要点，以提高学生的整体素质为目标，在教育教学过程中利用各种积极因素开发学生潜力，激发学生创造力。在大学教学范畴内开展创新教育，必须要有一种准确的定位。

（四）规范学生行为的日常行为管理制度

由于大学生正处在从高中家长和教师双重管理向大学自我管理的转型阶段，如何使学生的行为符合学校的制度文化规范，在大学圆满完成自我设计、自我完善的转型，是当代高职院校制度亟待解决的一个重要内容。传统的学生管理方式简单地把学生看作是被管理的对象，习惯于通过发号施令的方式来实现学校的教育目标，这种方式随着大学生群体自我意识的成熟，自我体验日益丰富而难以达到预期的管理效果。在新规定开始实施的背景下，各大学均依据规定要求，结合学校自身实际情况，重新制定了一系列相关的管理制度。学生的利益得到重视，主体性得到加强，从而得到了全方面的发展。尤其是一些学生特别关注的与学生学习生活息息相关的制度，如学籍制度、奖励与处罚制度等，在制定过程中，均以国家法律及相关规定为前提，以保证制定的各项管理制度能够尊重学生的切身利益，更好地服务于学生的成才成长。

第八章 新媒体环境下高职院校社团文化育人途径

第一节 新媒体环境下高职院校社团文化育人途径的相关理论

一、新媒体及社团文化的相关理论

（一）新谋体的相关理论

1.新媒体内涵

"新媒体"一词来源于美国CBS广播电视网技术研究所所长戈尔德马克（P. Goldmark），他在一次商品开发计划中首次提及这一词汇。随后，"新媒体"一词便被广泛应用于全世界，但对于什么是新媒体，不同的学者仍存在各异的看法，学者们分别从不同角度对新媒体进行了界定：

首先，从媒体的相对性来界定：部分学者认为现在的新媒体是原有的、传统的媒体形态随着时间的不断变化和科学技术的不断进步而逐渐发展起来的，它是随着时间的变化而不断变化,现在所谓的新媒体以后也可能变成"旧媒体"。而所谓新媒体，也是一个相对的概念，是对于我们平时见到的报刊、广播、电视等传统媒体以后发展起来的新媒体形态。熊澄宇教授指出："新媒体是一个相对的概念，'新'是相对于'旧'而言的。它是伴随着原有媒体形态的产生与发展不断发生变化的。"

其次，从传播载体和传播方式来定义新媒体：认为新媒体就是在新的技术

（网络技术、无线通信技术等）支撑下出现的媒体形态，即利用高新技术通过计算机、数字电视、移动电话等通讯工具向人们传输数字化、网络化信息的媒体形态。它是利用数字技术、网络技术、移动技术，通过互联网、无线通信网、卫星等管道以及计算机、手机、数字电视机等终端，向用户提供信息和娱乐服务的传播形态和媒体形态。主要侧重于通过媒体技术的先进与否，来对新旧媒体进行区分和界定。

再次，从媒体传播特性和传播深度与广度来定义新媒体：认为新媒体就是在传播中具有较大交互性和自主性，具有更大的传播深度和广度的媒体形态。杨伯淑以"新媒体"的本质特征来圈定在所有媒体中新媒体和传统媒体的区别，认为新媒体是以不设门槛、平等、交互、互动等为基本特征"。吴征从媒体的传播深度和广度来区分新媒体和传统媒体的区别，认为："新媒体是一种既超越了电视媒体的广度，又超过了印刷媒体的深度的媒体"。魏武挥侧重于从受众参与的广度和深度来对新媒体进行界定，认为："新媒体就是受众可以广泛且深入参与（主要是通过数字化模式）的媒体形态"。以上学者均是从新媒体效用发挥的范围和深度来对新媒体进行界定和分析。

综上所述，新媒体的内涵应包括三个特征：一是最新的媒体形态。新媒体采用最新的信息技术和信息工艺，把最新的科学技术应用于媒体之中，代表着最前沿的媒体形态，具有一定的领先性和时代性。二是依托网络媒介为载体。较传统的媒体而言，把网络媒介作为新媒体的载体已得到大多说专家和学者的认同，网络媒介的高传输性、高集成性成为新媒体的必要物质基础。三是双向性或多向性传播。在传播方式上，新媒体改变了原有的单向传播模式，形成了交互的传播模式，实现了双向或多向的传播模式，更加注重传播过程中的交互性，使新媒体的接受者和传播者角色可以相对自由的转换，保障了新媒体传播环境的宽松性和自由性。因此，从广义上来看，新媒体是指在时间上具有的一定相对性，随着时代和技术的发展而不断革新，并以最新的信息技术为载体，以网络媒介为传输渠道，以双向或多向为传播方式为特征，面向所有受众的新的媒体形态的总称。从狭义上来看，新媒体是指相对于传统的书信、报刊、广播、电话、电视等传播媒体，具有高传输性和高集成性的手机、电脑、数字电视、网络等传播媒体形态。

2.新媒体环境的概念

环境是相对于中心事物而言的，是与某一中心事物有关的周围事物，它由若干个独立的环境要素以其特定方式构成的完整的有机系统，具有独特的结构，并在不同时期呈现出不同的状态。因此，新媒体环境就是指以"新媒体"为中心所衍生出的周围的各种外部因素的总和，根据"新媒体"的发展变动其范围也在动态中进行放大或缩小。就其内涵而言，广义上，新媒体环境指一切和"新媒体"相关的外部因素，它涉及人们的生活、工作和学习等方方面面，包括政治、经济、生活和文化等环境；狭义上，新媒体环境是指新媒体自身形成的信息传播、信息反馈和信息整合等活动发生所在的一种氛围和情景，它是"新媒体"具体的外在表现，其中新媒体占据主导性和根本性地位。

3.新媒体环境的特点

新媒体环境是基于新媒体的基础上，形成的一种特殊环境，相对于传统媒体环境而言，它有着独特而鲜明的特点。

空间的虚拟性：新媒体环境的空间虚拟性是指新媒体环境的存在不是以实物为载体，它不具有传统媒体环境所具有的客观现实性，以一种无形和虚拟的形态而存在，它的存在主要借助于网络视频、音频、图像以及文字等方式来体现。新媒体环境下，社团成员不必受制于现实环境的束缚和限制，可以在虚拟的新媒体环境中进行各种社交行为，借助于新媒体技术社团成员还可以进行学习、购物和娱乐等活动，"匿名的网络给大学生的精神世界营造了相对宽松而自由的空间，可以不受传统文化、道德规范约束，个人情绪能得到表现和宣泄，回归虚拟的理想的自我。"

资源的开放性：新媒体环境的虚拟性促使新媒体平台内的信息和资源具有不设防性和开放性，在新媒体环境下的各种信息和资源能够得到自由传播和获取，尤其是以多媒体形式存在的大量资源性信息能够更好地满足人们对信息的需求，进而在新媒体环境下形成了一个涵盖所有媒体形态的网络平台，借助于新媒体环境下开放的网络平台，人们可以实现网络资源和网络信息的有效共享和交流；可以依托新媒体环境下资源的共享性获取大量的、广泛的、最新的网络信息和资源，实现资源的开放和互动；可以通过新媒体技术和即时通讯技术同世界各地的人们达成即时的交流和沟通，实现把各自所掌握的信息资源能够进行有效的共享和交流；可以借助网络平台随时随地的将自己的个人思想和心情公布到更大的范围。

信息的交互性：新媒体技术的广泛应用，打破了原有信息传播过程中存在的社会性、文化性和制度性障碍，借助于新媒体的传播渠道，网络信息既可以实现单向的上行、下行或平行传播，也可以实现双向或多向的交流和互动，使信息传播具有更强的交互性，如人们可以借助于QQ、飞信、手机等新媒体技术工具实现即时的、多向的交流和互动，也可以针对社会热点问题进行随时随地的讨论和交流，极大的满足了人们对于信息交互的需求和愿望。同时，在新媒体环境下，新媒体的使用者不仅能够作为信息传播的接收者，依据自身的需求有选择性的寻找和接收信息，而且也能够作为信息传播的发起者，把自己所占有的资源和信息进行主动的发布和传播。因此，人们利用新媒体在新媒体环境中获取信息时有更多的主动权，实现了在"任何时候、任何地点、对任何人"进行大众传播，完全颠覆了"我说你听"的传统传播模式。

（二）高职院校社团文化的相关理论

1.高职院校社团文化的概念和特征

马克思主义经典作家认为，"文化是一种深深熔铸在民族生命力、创造力、凝聚力中的力量，对于民族精神的培育和健全人格的塑造、促进人的全面发展具有特殊的、不可替代的作用"。高职院校社团文化作为社团物质文化、制度文化和精神文化的总和，它承载着社团的精神理念、文化心理和价值诉求等，是对高职院校校园文化和社会主义文化的细化、诠释和拓展。它规范着每个社团成员的价值倾向和行为指向，能够有效的抑制和纠正各种不良的观念和行为，能够有效引导大学生的观念和行为。同时，它通过社团组织的实践性和社会性活动，以宽松的组织形式和自发性的活动模式为支撑，能够最大限度的挖掘和塑造社团成员的能力，有效的提升社团成员的综合素质。同时，社团文化作为社团组织的衍生物和附属品，社团文化必然带有社团组织的烙印和属性，而社团活动的自愿性和自主性，社团组织的自我管理、自我教育和自我服务，社团成员的多样性和层次性这些必然影响社团文化的形成和发展，对社团文化基本特点也将产生基础性影响。因此，高职院校社团文化具有自主性、多元性、娱乐性和实践性等基本特征。

2.高职院校社团文化的构成

高职院校社团组织是高职院校学生以自愿为原则，以自身爱好为基础，以社团理念为导向，以社会实践为方式，以实现社团成员自我管理、自我教育为目的自发形成的学生组织团体。高职院校社团文化就是指高职院校社团组织在长期实践过程中形成的一切文化的总和，它由高职院校社团的物质文化、制度文化和精神文化三部分构成，它们之间相互渗透、相互影响，共同构建了高职院校社团的文化体系。

（1）社团的物质文化。物质文化处于社团文化的最外层，它可以为人们的感官所直接触及，具有直观形象的特点，是社团组织开展各种活动的必要条件，是以实物的形式存在，对社团发展有促进作用的实体文化，主要包括社团的外部环境、场地、设备、经费、徽章以各种承载社团精神文化的物质载体。社团的物质文化外在的反映了社团组织的主要思想、理念、价值与追求，是社团内在文化的外在表现和载体，是高职院校社团组织开展活动和传承社团文化的前提，是其他社团文化形态得以存在和形成的物质基础。

（2）社团的制度文化。制度文化处于社团文化的中间层，社团制度文化是每个社团根据自身具体情况所制定的组织制度规范，是社团组织开展各项活动所依据的行为准则，是以制度的形式体现的一种文化形态，它是社团组织有效运行的核心，集中反映了社团组织的价值取向和行为规范，主要包括社团组织的管理模式、组织结构和行为规范等。社团制度文化具有一定的稳定性和约束力，它是每个社团组织根据社团发展的需要，在遵循社团成员意愿的基础上，经过长期的协调和磨合并不断进行完善的过程中形成的，它代表着每一个社团成员的价值诉求，它的形成是一个循环渐进的过程，具有相对稳定的特性。社团制度文化的约束性来源于社团组织的成员既是制度制定者，又是制度的践行者，制度的本身就是社团成员自身意愿的制度化。因此，它能使社团组织的参与者都需按照其组织规范来参与社团组织活动，具有相对的权威性。

（3）社团的精神文化。精神文化是社团文化的核心，社团精神文化是一个社团在长期社会实践过程中形成的价值理念和指导思想，是社团的内在核心，也是一个社团组织区别于另一个社团组织的实质，体现着一个社团组织的精、气、神，是社团物质文化和制度文化的内在支撑，它蕴含着高职院校社团组织的价值理念、发展宗旨、行为取向、培养模式及社团风格等。同时，社团的精神文化具有一定的导向性和隐蔽性，它经常通过营造良好社团文化氛围，或是通过社团组织活动来传递社团的文化理念和价值取向，是在潜移默化的过程中对社团组织成员进行熏陶和教育，以达到社团文化有效育人的目标。

社团文化的三个层面在社团组织发展过程中，相辅相成相互促进，社团精神文化是社团文化的核心和灵魂对社团组织的发展起着内在的引领作用，对制度文化和物质文化进行潜在的引导；制度文化是通过制度的力量对社团组织的有效运行提供行为模式和运行规则，是精神文化的外在制度化，是物质文化具体的行为导向准则，物质文化则是社团实践活动的物质基础，是制度文化和精神文化的有效载体和外在具体体现。

3.高职院校社团文化的分类

高职院校社团文化涉及社团的物质文化、制度文化和精神文化，在把握高职院校社团物质、制度和精神文化的基础上，依据不同的视角对高职院校社团文化进行有效的分类，对于准确理解和把握高职院校社团文化具有重要的价值和意义。

（1）从其表现的形式而言，可分为显性社团文化与隐形隐性社团文化。显性社团文化是指在社团组织内能够被感觉感知和具体显现的社团文化，如社团中的物质文化、组织文化、制度文化，以及社团成员的行为方式等等。隐性社团则是指社团组织内存在的难以被感觉感知和具体凸显的社团文化，它存在于社团组织和社团成员的自我意识之中,表现为社团组织和社团成员的价值观念、归属意识、群体心态、社团氛围等。

（2）从其产生的效应而言，可分正效应的社团文化和负效应的社团文化。正效应的社团文化是指对于社团组织的自身发展和社团成员的健康成长都具有促进作用的社团文化，表现为：在物质上，能够为社团成员的发展提供必要的物质支持；在制度上，能够对社团成员和社团组织进行有效的规范和约束；在精神上，能够对社团成员和社团组织做到正确的引导和疏通。而负效应社团文化则是指使人陷入迷惘、堕落、颓废，或情趣、格调庸俗的社团文化。

（3）从其体现的层次而言，可分为浅层的社团文化和深层的社团文化。浅层的社团文化是指存在于社团组织表层文化内容，对社团文化挖掘停留于较浅的文化层次，主要侧重于社团文化的物质文化和制度文化方面，它主要体现于以娱乐消遣、强身健体、愉悦身心、陶冶性情为主要目的社团文化活动。深层的社团文化则侧重社团文化的精神文化方面，注重社团文化的深层次挖掘和理论研究，它以社团的价值理念和思想意识为核心。

（4）从其活动的性质而言，又可以分为娱乐兴趣型社团文化、专业技术型社团文化和综合服务型社团文化。娱乐型社团文化，即以娱乐性和兴趣性为导向，以发展个人兴趣爱好为目标的一种社团文化；专业型社团文化是指具有专业的学科知识和专业的学科背景为依托的社团文化，突出社团文化的科学性和专业性；综合服务型社团文化是指以提供综合服务为社团宗旨的社团文化，突出社团文化的综合性和服务性。

二、新媒体环境下高职院校社团文化育人的特点

新媒体环境下高职院校社团文化育人就是高职院校社团组织依托于新媒体技术和平台，把社团义化有选择、有侧重的传播于社团内群体和社团外群体，促使他们对社团文化进行不断地认可、内化和践行，从而实现社团文化对社团成员的引导和培育。相比于传统媒体环境下高职院校社团文化育人的状况，在

新媒体环境下高职院校社团文化育人具有更加鲜明的特点,即育人理念更具导向性、育人内容更具多样性、育人方式更具直接性和育人过程更具适应性。

(一)育人理念更具导向性

新媒体环境下高职院校社团文化的建设和发展,不再过分关注于社团文化自身的塑造和培育,更加注重于社团成员在社团文化中主体地位的发挥,尤其在社团文化实践活动中,社团组织较多的注重社团文化对社团成员思维和行为的导向,不断引导社团成员认可和遵循社团组织所具有的文化理念,并把对社团成员的价值引导和思想塑造作为社团文化发展的主要任务。同时,高职院校社团文化为应对新媒体环境下出现的新情况、新问题,适应新媒体环境下文化信息的繁杂性和多样性,在社团文化发展和社团文化育人过程中,不断强化和深化社团文化育人理念的时代性和导向性,突出社团文化育人的针对性和引领性,已成为新媒体环境下高职院校社团文化发展的必然要求,也是社团文化在新媒体环境下育人的新理念。

(二)育人内容更具多样性

新媒体环境下,高职院校社团文化面对复杂多变的客观情况和个性突出、自我意识较强的"90"后社团成员,其文化内涵需要不断地丰富和发展,不断根据实际需要做出相应的调整和改善,其育人文化内涵更加地贴近现实需求,育人内容的丰富性和多样性得到了极大提高。同时,高职院校社团文化不再是仅仅局限于社团组织内部的校内社团文化,它突破了社团与社团、社团与学校、社团与社会之间的界限,尤其依托于新媒体环境下的技术和网络优势,其所面对和满足的受众群体日渐多样化和广泛化,其育人内容需要根据不同群体的需求进行相应的调整和完善,以实现社团文化育人的最终目的。因此,新媒体环境下实现社团文化育人内容的多样性和适应性,已成为新媒体环境下高职院校社团文化育人的时代特征。

（三）育人方式更具直接性

在新媒体环境下，微信、QQ、论坛和微博等新媒体技术的迅速发展和普及，社团组织在开展各种社团文化活动过程中，依托于新媒体技术和平台的现象不断增多。通过手机、电脑、数字电视等方式来进行社团文化的宣传和普及，已成为一种主流方式，社团文化育人具有更强的目标性和针对性，能够与社团成员进行及时的沟通和交流，实现社团组织和社团成员之间能够实现时时对接和事事对接，缩短了传播主体与接收主体之间的距离，提高了社团文化的传递速度和传递效用，使育人方式变得更具时代性和直接性。同时，社团文化育人方式的直接性同样体现于社团组织之外的外部群体，社团文化借助于新媒体技术的广泛应用，其影响广度和影响深度得到了极大的提升，打破了空间距离对社团文化育人范围的束缚和限制，使更多的社团组织之外的群体受到社团文化的影响和引导，这些群体同样可以借助于新媒体技术实现多层次、全方位的时时交流和沟通。

（四）育人过程更具适应性

新媒体环境下社团文化在形成和发展过程中，所面对的外部环境更加复杂和多变，各种意识形态和文化因素均充斥于新媒体环境之中，社团文化需要在把握自身发展方向的同时，不断地汲取和吸收有利于社团文化自身发展的因素，以此不断丰富社团文化的内涵，实现社团文化育人过程的适应性。同时，高职院校社团成员大多数属于"90"后的青年学生，其思维和行为方式更加宣扬个性、突出自我，高职院校社团组织借助于新媒体技术能够做到与社团成员进行有效的交流与沟通，更多的倾听他们的意见和要求，不断对社团文化进行适时的、有效的调整和完善，以满足社团成员自身发展的需求，进而强化高职院校社团文化育人过程的适应性和变化性。

三、新媒体环境下高职院校社团文化育人途径的构成要素

途径是实现目标所要遵循的方法和方式,即经过一系列的环节和要素一步步达到目标的一种形式。途径的构建离不开相关的要素和环节。而新媒体环境下高职院校社团文化育人的途径同样蕴含一系列的要素和环节,即文化塑造、文化传播、文化管理、文化认同、新媒体环境等要素和环节。

(一)社团文化塑造

一个社团组织的发展总是以社团文化为支撑,没有优秀的社团文化作为支撑,社团组织就难以有效实现社团文化的育人。新媒体环境下高职院校社团文化的塑造,就是社团组织在原有文化基础上的调整和重塑,也是社团内部管理者和参与者之间的人生观、价值观、世界观在相互激荡与磨合中重新整合的过程。通过文化的塑造社团组织内可以实现有效的沟通和互动,依托于共同的社团文化,能有效增强社团成员对社团组织的认同感和归属感,进而实现社团文化的有效育人。因此,高职院校社团文化的塑造是实现高职院校社团文化育人的首要环节和要素,只有着力于社团文化的塑造,突出社团文化主旨,不断发挥社团文化的向心力和凝聚力,才能为社团文化育人打下夯实的文化基础。

(二)社团文化传播

社团文化传播就是在社团文化形成之后,社团文化在社团内部、社团之间及社团之外的群体中散布和传递过程。从整体上看,其主要有两层含义:(1)社团文化对外传播,即社团文化的向外扩散的过程,强调的是社团文化的互动和覆盖。(2)社团文化对内传播,即社团文化传播过程中传播主体的内化现象,强调的是社团文化传播主体对社团文化不同的思考、理解和认同。因此,社团文化的传播在社团文化育人途径中占有重要作用,可以使社团成员能够规范自

己的言行举止，不断把社团文化内化于心、外化于行，促使社团成员在文化交流和互动中不断地自我调适，把社团文化育人真正落到实处，进而实现社团成员的自我教育、自我管理和自我服务，完善和丰富社团文化的育人途径。

（三）社团文化管理

社团文化管理就是高职院校团委、社团联合会以及社团组织自身依据学校和社团的规章制度，为适应当前社团组织和社团文化的发展，促进社团文化育人功能的有效实现，而施行的组织、管理、决策和监督等行为，其主要目的在于规范社团文化，保障社团文化坚持正确的发展方向。社团文化管理作为社团文化育人途径的重要环节，它在社团文化育人途径中同样占有重要的地位，尤其在新媒体环境下多元意识形态和多元文化对社团文化产生了广泛影响，社团文化日渐多元和复杂，要保障社团文化的文化引领和文化育人功能，就必须加强对社团文化的进行严格的管理和监控，把社团文化和社团组织、社团成员的需求进行科学的协调，使社团文化不断促进社团组织和社团成员的发展和进步。

（四）社团文化认同社团文化认同是对社团文化价值的一种肯定判断，是指社团组织内、社团组织之间以及社团组织外的群体对社团文化的一种认可态度和对社团文化的践行。在对社团文化认同的过程中，社团文化被社团成员不断地认可、接受、认同和传播，进而实现社团文化真正育人。从类型上看，有对原有社团文化的认同，有对外来社团文化的认同；从内容上看，有对社团文化积极认同和消极认同。因此，社团文化认同作为社团文化育人途径中的最终环节和社团文化育人的落脚点，它是社团文化育人途径是否能有效发挥效用的判断标准，对于社团文化真正实现文化育人具有重要的作用。

（五）文化环境熏陶

文化育人环境不仅是一个广泛而复杂的动态性、开放性系统，而且是一个多层次、多侧面、多要素的复合结构，体现着社团文化育人途径各个要素之间的有机统一和相互影响。文化育人环境作为社团文化育人途径的一个重要组成部分，是社团组织物质文化、制度文化和精神文化发展的重要影响因素，它直接影响着社团文化的形成、传播、管理以及对社团文化的认同，能够对社团成员的思想意识、行为规范和生活方式进行潜移默化的影响和塑造。文化环境熏陶对教育对象不是强迫的接受，它是在开放、包容基础上通过遵循注重学生的个性差异，尊重学生的发展需求等原则和方式，实现对社团成员进行有效的培育和塑造。

第二节　新媒体环境对高职院校社团文化的影响

一、新媒体环境对高职院校社团文化的积极影响

（一）新媒体环境为高职院校社团文化培育提供了新的空间

随着新媒体时代的到来，新媒体在高职院校中得到了广泛应用，高职院校师生以智能手机、便携式电脑、互联网等新媒体为载体，运用QQ、微信、微博、BBS等网络平台与高职院校社团组织紧密结合，为高职院校社团文化培育开辟了新的网络空间和现实空间。首先，社团文化借助新媒体平台不再局限于单一的、传统的培育和发展方式，开始通过QQ、微信、微博、BBS等方式来进行多元化的文化交流、发展和培育。在虚拟网络空间中，社团文化可以实现现实资源的网络化，将社团精神、社团理念和社团发展方向呈现于新媒体环境之中，不断实现传统社团文化的转变，推进社团文化的信息化、大众化和时代化，不断提高社团文化的深度和广度，切实拓展社团文化的发展空间。其次，

借助新媒体环境的开放性,高职院校社团组织可以通过建设社团文化特色网站、创建网络交流平台,实现同其他高职院校进行全方位的实时对接,促进多元社团文化的广泛传播,推进全国优秀社团之间信息的交流与合作,不断吸收和借鉴其他社团的经验和成果,并以丰富的文化资源和信息资源为支撑,为自身社团文化的发展提供新的思路和新的发展空间。因此,网络空间和现实空间的开辟,使得高职院校社团文化的培育摆脱了传统的发展模式和发展路径,其社团文化的培育和发展开始更大程度的依赖于新媒体环境下的信息技术和网络技术,在一定意义上为高职院校社团文化的培育和发展提供了更为广阔、自由和便利的发展空间。

(二)新媒体环境为高职院校社团文化传播提供了新的方式

新媒体环境下高职院校社团文化的传播方式不再单一的依赖于传统的文化传播方式,开始运用新媒体技术进行多极化传播,社团成员也由单纯的文化信息的被动接受者转变为既是传播者又是接受者的双重身份,使得新媒体环境下高职院校社团文化传播方式更具针对性和时效性。首先,新媒体技术的广泛应用打破了以往社团文化传播的单向性和固定性,摆脱了社团文化传播的时间限制和空间限制。不同于以往高职院校社团组织依托张贴海报、分发宣传手册、悬挂横幅等单向传播的形式,运用QQ、微信、BBS、陌陌等新媒体技术为社团文化传播提供了双向或多向的传播方式,如高职院校社团组织可以通过微信公众平台和朋友圈对相关的社团文化进行转发与分享,实现社团文化的多极化扩散,在一定程度上提高了社团文化传播的时效性、准确性和广泛性,也增强了社团文化传播的实效性。同时,在新媒体环境下网络群体的日益族群化,使得高职院校社团组织内部的交流活动,不再受空间、时间的限制,社团成员之间的交流互动及信息文化共享性增强,实现了社团文化的时时传播和共享。对于实现社团成员通过共同的群网络实现信息的广泛传播和信息的即时填充提供了新的载体,能够有效增强社团文化传播的持续性,使得社团文化的内涵和理念,通过多种形式实现与学生对接,充分调动学生参与社团文化的积极性,让社团文化潜移默化地融入学生的头脑之中,增强社团文化的吸引力和凝聚力。

(三)新媒体环境为高职院校社团文化发展提供了新的内涵

传统社团文化的发展较多的依赖于先前的经验总结和其他社团成员的意见和建议,对于和其他社团进行经验交流、参观学习的机会较少,所得到的信息和经验难以支撑社团文化自身的发展,基本上处于一种"摸着石头过河"的状态,在一定程度上限制了社团文化内涵式和深入式发展。而新媒体环境下社团文化的开放性和互动性,为高职院校各个社团文化发展提供了可供借鉴和参考的发展经验和专业指导知识,能够进一步拓宽社团文化的发展方向和丰富社团文化的发展内涵。首先,新媒体的出现为各高职院校社团文化内涵式发展提供了多元的交流平台,打破了原有的地域和时域的限制,改变了校内社团组织之间、校内与校外社团组织之间因时间冲突、地理位置偏远而缺少必要的互动和交流的状况,使社团文化活动不再囿于或限于各自的高职院校之中或社团之中,加强了彼此间的交流和合作。同时,依托各个社团组织建设的微博、微信等网络平台,各个社团之间即使缺乏切实的交流和互动,也能够看到其他社团的发展状况和最新动态,可以从中汲取有益的发展因素,以充实自身社团文化的内涵。其次,在自由宽松的新媒体环境下,社团组织成员可以放开思维,打开眼界,施展创意而不必有所顾虑和担心,为社团成员之间的思想交流与碰撞提供了新的载体,也为社团成员个性展示提供了新的平台,使社团成员的活动热情和文化才能拥有了新的施展空间,从而不断推进高职院校社团文化的内涵式和深入式发展。

二、新媒体环境对高职院校社团文化的消极影响

新媒体技术的快速发展，为高职院校社团文化发挥育人功能提供便利的同时，由于新媒体传播内容的海量性、传播行为具有自由隐蔽性等特征，对新媒体环境下社团精神文化、物质文化及制度文化的育人和发展也造成了一定冲击，给新媒体环境下高职院校社团文化育人功能的发挥带来了新的挑战。

（一）新媒体环境的开放性，削弱了社团文化的主体性

新媒体环境的开放性和互动性，使社团成员获取社团内部和外部信息的方式不再单一化，在一定程度上削弱了社团文化对社团成员影响的主体性。一方面，在形式上弱化了社团文化的主体地位。新媒体环境下社团组织自身不再是唯一的信息发布者，而社团成员也不再是单纯的信息接受者。信息接受者和发布者两者之间的界限和区分在新媒体环境下日益模糊，改变了以社团组织为中心的信息发布模式，每个人都可能成为信息的接受者和发布者，加之发布信息的无序性、获取信息的无限制性、传播信息的无障碍性，如微博、博客、论坛的广泛运用，使各种信息和思想共同交织于社团文化的网络平台之中，社团文化的主导地位受到了极大冲击。另一方面在内涵上弱化了社团文化的价值导向。新媒体环境下信息的急剧膨胀，使得高职院校学生的价值观念和思想理念的多元化趋势日渐增强。新媒体环境下信息的开放性，社团成员因好奇心和求知欲对网络中充斥的虚假或不良信息和思想会产生一定的兴趣，尤其是在一些极具迷惑性质的错误思想和舆论思潮下，容易被这些思想所引导和左右，形成一种无意识的从众心理，在一定程度上弱化了社团文化对社团成员的价值导向。

（二）新媒体环境的即时性，增强了社团文化的不可控性

传统媒体环境下，各种信息经过政府、传媒人员和教育工作者的严格把关，保证了主流文化的主导性。在新媒体环境下信息传播的即时性和便捷性，使信

息传播变得更加快捷和灵活,同时缺乏对新媒体环境下信息监督和管理的有效机制和手段,进而增强了社团文化的不可控性。首先,传播内容的不可控性。新媒体环境下社团文化传播的即时性和快捷性,使多元的价值文化共同存在于新媒体环境之下,各种异质文化多元交织,严重冲击了高职院校社团文化的系统性,打破了固有的、单一的文化和伦理价值,使高职院校大学生的价值取向和行为导向难以得到有效的约束和规范。同时,新媒体环境下信息发布的无限制性、信息传播的无屏障性加之信息监管的高难度,各种腐朽落后的文化信息,大量充斥于社交网络平台之中,使社团文化不断受到外来文化的影响和冲击,增加了社团文化传播内容的不可控性。其次,传播效果的不可控性。新媒体环境下社团文化传播进入了多极化传播时代,高职院校BBS、微信公众平台、微博和QQ日益成为社团发布信息的主要途径,社团成员也会在获取官方信息后通过微信、微博、QQ等平台进行信息的传递和传播,社团文化实现了从传统的、单向的单一传播主体向多向的多重传播主体转变,每一位社团成员不再是单一的受众,成为了信息的传播者和发布者,此时社团文化就会呈现网状式辐射型向外传播,对信息影响的控制力就会削弱,使得社团组织难以对新媒体环境下各种信息做到有效控制和过滤,对有益信息和有害信息、真实信息和虚假信息也难以有效区分,增加了传播效果的不可控性。

(三)新媒体环境的虚拟性,影响了社团文化的实效性

新媒体环境中各种信息和思想的充斥,使世界观、认识观和价值观尚未完全成熟的高职院校学生容易受到形形色色负面信息的影响和误导,造成思想上和行为上的迷失和混乱,进而影响社团文化的实效性。首先,影响了社团文化在精神方面的实效性。新媒体环境的虚拟性,使新媒体环境下的参与者不再受到现实中的种种约束,高职院校社团成员在其中可以无所顾忌的为所欲为。在

新媒体构建的虚拟空间中，每个人的个人信息和资料都可以随意的更改和掩盖，完全进入一个"虚拟自我"的空间，现实中的种种限制和约束便缺乏了约束性，容易造成道德意识和伦理的弱化甚至丧失，尤其是对于鉴别能力和自控能力较弱的高职院校学生，难以适应角色和环境的急剧转变，更容易受情感支配，往往会造成价值观念和道德情操滑坡，严重影响了社团文化在精神方面的实效性。其次，影响了社团文化在实践方面的实效性，新媒体开启的新时代，深刻影响着大学生的认知方式、思维方式和价值取向，促使其更易为影像所影响，更倾向于直观感性，更缺少理性和抽象。高职院校大学生无论是在心理上还是在思想观念上仍不够成熟，他们明辨是非曲直的能力仍有待提高，加之西方多元意识形态的不断冲击和影响，高职院校大学生很容易在从众的、多元的文化合力和现实的群体规范的约束下，形成一种集体的无意识的从众心理，而社团活动正是大学生集体组织起来发展自己个性的群体活动，一旦被错误的行为观念所引导，便会影响社团文化在社会实践方面的实效性。

第三节　新媒体环境下社团文化育人存在问题及归因分析

一、新媒体环境下高职院校社团文化育人途径存在的问题

新媒体环境下高职院校社团文化对高职院校大学生能力和素养的培养、培育作用是毋庸置疑的，但就当前高职院校社团文化与新媒体环境交融过程中社团文化育人仍然存在一些不容忽视的问题和不足。

（一）新媒体环境下社团文化的主旨不明确，文化塑造缺乏针对性

1.社团文化的实践主旨不明确。随着高职院校规模和数量的不断增加，高职院校学生人数日渐增多，为有效推进高职院校学生社会实践能力和自身素养的提升，调动高职院校学生参与社会实践的积极性和自主性，大量的社团组织便应运而生。然而，就当前高职院校社团文化的实践活动状况而言，部分社团管理者对自身社团缺乏准确的定位和正确的认知，对社团的未来发展方向也不甚明确，尤其在实践过程中社团管理者和社团成员对社团活动开展什么、怎么开展、为什么开展缺乏准确的把握和定位，社团文化的实践活动主旨不甚明确。而社团文化的生命力所在主要从社团活动过程、活动形式、活动影响力及活动成功性中体现出来，没有质量好的社团活动，社团文化便无从体现。现实中，部分社团文化实践活动，在开展之前缺乏必要的、精确的策划和准备，缺乏明确的活动目的性，大多只是为了开展而开展，活动规模较小、层次较低，也缺乏应有的创新和新意，社团文化实践活动整体质量和水平不高。部分社团组织过分注重社团外在形象、热衷活动氛围、追求社团规模，但却忽视社团实践活动的自身的内容、影响和意义，社团活动总是在低水平、旧内容、无新意中来回徘徊，致使社团文化实践活动逐渐失去自身特色，社团文化难以凸显，社团活动内容同质化严重，社团组织也较多的倾向于舞会、晚会等娱乐活动，社团文化的实践主旨缺乏针对性和明确性。

2.社团文化的精神主旨不明确。社团文化的精神主旨是社团创立的目标和宗旨的内在支撑，是社团组织的理想信念和价值观念的高度概括，是社团组织之所以区别其他社团的根本所在，它使社团组织有了内在的价值基石，其外在的主要表现为社团的制度、方针和行为方式。然而，无论在社团组织建设过程中还是在社团组织发展过程中，往往存在社团文化精神主旨不甚明确的弊病。

不少社团组织筹建之初，仅仅依赖于社团成员的自身爱好和一时热情而临时拼凑，对社团组织自身并没有深入的认识和思考，缺乏对社团的理想信念、目标宗旨和精神主旨的有效认知，对社团后期发展也缺少必要的规划和设计，致使社团组织自成立以来，就存在社团文化的精神主旨模糊不清，价值导向不明的问题。从而造成社团组织缺乏积极的、健康的、有效的文化理念和价值观念的引导，部分社团组织在新媒体环境的影响下对社团存在的价值理念难以做到有效的取舍，往往过分的迷恋于一些低俗活动或宣扬一些错误的价值理念，如宣扬个人行为绝对自由、鼓励恋爱行为自由化等等，严重影响社团文化的精神主旨的有效确立。同时，一些社团组织在发展过程中，缺乏必要的文化和精神底蕴，没有明确的宗旨和目标，对社团组织进行指导的文化和精神层次过低，对社团的长远发展缺乏针对性，社团文化活动往往停留在低品质、娱乐化的水平，甚至部分社团背离自身的宗旨和目标，弃社团文化于不顾，走向"娱乐有余，教化不足"的极端，严重模糊和背离社团文化的精神主旨。

（二）新媒体环境下社团文化的组织管理不到位，文化育人缺乏组织性

1.自我组织管理不到位。高职院校社团组织是以学生为主体的自组织活动团体，它对于丰富学生的课余生活、拓展学生自身素质、提高学生综合能力等具有重要的价值和意义，但就当前状况而言，社团组织自身的自我管理、自我发展和自我教育由于受社团组织自身发展的制约仍存在不足之处。首先，社团组织制度上缺乏规范性。社团组织的制度规范是社团文化在制度层面外在表现，它是社团文化是否健康、向上和完善的一个显著标志，但就现实状况来看，部分社团组织存在制度体系不够规范，组织结构不够健全，制度执行不够彻底等问题，社团自身管理混乱，活动开展缺乏计划性、持续性和规范性，也缺乏必要的价值导向性，难以有效凝聚社团组织成员的向心力。其次，社团组织对社

团成员缺乏有效约束。社团成员的退出和加入制度、社团成员的责任分工制度、社团经费的筹集和使用制度缺乏明确的界定和有效的执行，大多制度和规范只是流于形式，难以有效的对社团成员进行规范和约束，自我组织管理难以有效落实和践行。再次，社团文化活动组织上缺乏持续性。高职院校社团组织作为自组织的活动团体，它自身具有较强的活动自主性和自由性，其活动开展往往没有固定的时间约束和频率限制，常常受社团管理者自身因素的影响而上下波动，持久性和连续性难以保障。同时，由于社团文化活动需要占用学生大量课余时间，学生在学习压力较大时，对社团文化活动质量和内涵就难以保障，大多数活动流于形式，对社团成员的启发和引导缺乏实质的活动支撑。

2.高职院校组织管理不到位。高职院校社团是学生自发性的组织，隶属于校学生社团联合会，由校团委统一指导，不同于"院学生会—院分团委—校团委"的紧密格局，"高职院校社团—社团联合会—校团委"之间是一个非组织性的松散结构，彼此之间的脱节较为严重，高职院校社团难以从校团委或社团联合会获得具体的发展指导和发展规划。首先，高职院校对社团组织缺乏足够的扶持和培育。高职院校社团作为高职院校内的自组织团体，通常由高职院校团委负责组织领导，在组织管理上，远不如对其他高职院校组织的重视，常常作为学生培育的一种辅助手段，是学生自我管理、自我教育和自我发展的组织，更多的对其采取放任或者半放任的态度；在活动开展上，高职院校缺少对社团组织资金支持和专业指导，社团组织常常受活动资金限制，为了举办社团文化活动，社团自身不得不花费较大时间和精力去寻找资金支持和赞助，在一定程度上挫伤了社团组织的活动积极性和主动性，使社团文化的育人功能和育人目标的实现打打折扣。其次，社团分布格局缺乏有效的引导和管理。由于高职院校对社团组织成立把关不严，制度执行不规范，也缺乏科学的引导和规范，致使高职院校内社团组织虽然数量繁多，但社团类型结构分布失衡，其中娱乐类社团偏多，人文社科类社团偏少，理论学习类社团更少，难以发挥高职院校社团组织在提高学生综合素质和能力，促进学生全面发展方面的积极作用。

（三）新媒体环境下社团文化对新媒体的利用率不高，文化传播缺乏即时性

新媒体技术虽然在高职院校得到了广泛的应用和推广，新媒体的普及率和使用率也相对较高，但社团组织对新媒体使用的广度和深度仍存在不足。

1.社团组织对新媒体利用的广度不足。随着社会的高速发展，人们已经迈入了新媒体时代，信息的传播和接收已经成为时代的主题，新媒体的影响已经渗入到生活的各个领域，社团组织的发展和社团文化的推广必然需要借助新媒体来实现。在高职院校中，尽管社团成员之间已经广泛地使用新媒体，对于新媒体也有一定的认识和了解，但社团组织对于新媒体利用广度仍存在不足。目前，高职院校大学生对于各个社团组织和社团文化的了解仍然依靠社团自身的文化活动和张贴海报，社团组织的各项活动信息和新闻的发布较多的依赖传统的宣传方式，只有较少一部分社团组织有自己的网站宣传平台，对于新媒体这一有效的宣传方式和推广方式没有很好的利用，既保守又不能扩大社团及其文化活动的影响力。

2.社团组织对新媒体利用的深度不足。社团组织利用新媒体宣传的过程中，宣传社团制度、理念过多，信息更新速度慢，未能反映和关注高职院校学生的兴趣点和贴近学生需求，难以发挥社团文化的育人功能。已有的社团文化网站中，存在网站影响力不足，覆盖面较窄，网站内容缺乏前瞻性、互动性和导向性等问题，如何用积极、充实、健康的社团文化来填充社团网站已成为当务之急。同时，如何利用新媒体平台充分提高信息的获取量和信息的传播速度，促进社团活动的内容由平面化走向立体化、由静态化走向动态化，打破原先呆板

的社团活动内容，使社团文化更加容易被社团成员接受和认同，也是当前面临的主要问题。

二、新媒体环境下高职院校社团文化育人途径中存在问题的归因分析

（一）多元化意识形态的冲击，干扰了社团成员对社团文化的塑造

新媒体环境的开放性和互动性，高职院校社团成员借助于新媒体技术和平台能够获取大量的信息并充分表达自我，高职院校大学生所处的环境也更加复杂多变，各种思想和信息借助新媒体平台能够自由的传播和扩散，多元的意识形态充斥于高职院校校园之中，特别是网络技术的普遍运用，蔓延出了新的价值观念和意识形态，出现了价值信仰多元化的纷繁芜杂局面，为高职院校学生的价值和信仰塑造和形成提供了更多的可能性。同时，新媒体环境下，信息传播方式的快捷性和高覆盖性，传播内容的高概况性和丰富性，极大的满足了高职院校学生的好奇心和求知欲，有效增强了新媒体在高职院校学生中的应用范围和使用频率，无限延伸了高职院校大学生的认知世界，它改变了传统环境下社团文化的传播和交流方式，打破了传统的单一的意识形态和文化理念对大学生的影响和导向，尤其新媒体传播内容和传播倾向的"泛娱乐化和庸俗化"，严重影响了高职院校中社团成员对时尚文化的误读、对流行文化的误判、对主流文化的误解，直接影响着他们的价值观念。同时，在开放的、虚拟的、缺乏约束的网络空间里，社会道德和伦理的约束力更加乏力，往往遭到无视和践踏，人们可以随意将自己的言论和观点甚至是错误的思想，无所顾忌的散布于网络的虚拟空间之中。而青年学生作为当前新媒体的主要使用主体，他们具有强烈的好奇心和求知欲，易于对新鲜事物产生兴趣，并易于接受新鲜事物，加之其自身的自控能力和自我辨识能力不足，使其不能准确识别充斥于新媒体之中信息的真实性和可靠性，容易受到错误思想和观念的影响和误导，严重干扰了社

团成员对社团文化的塑造、选择和解读。

（二）社团组织文化意识淡薄，对社团文化缺乏足够的重视和认同

社团文化的发展必然受制于社团组织对社团文化的态度和重视程度，只有对社团文化的发展给予足够的重视和关注，社团文化才能够得到有力的发展和进步。当前，社团组织中存在文化意识淡薄，对社团文化重视程度不足，严重制约了社团文化的发展和社团文化育人功能的实现。首先，社团文化价值的认同度不足。社团依靠各个成员对组织文化的认同和归属，将整个结构松散的组织凝结在一起，当社团宗旨、活动和服务的定位偏离了某些人的文化需要时，容易造成个体对组织丧失信心。y当前，社团组织文化意识淡薄，对社团的组织文化重视程度不足，没有形成一套完整的文化体系和文化模式，组织文化的规范和引导价值不明，社团文化的育人功能难以有效发挥。其次，社团内部文化缺乏传承性。社团组织缺乏长期的文化积淀和长期贯彻执行的规章制度，缺乏完整的社团文化体系和行之有效的管理机制来有效传承和秉持，致使社团组织内部分工不明确，管理不规范，组织过于松散。加之新媒体环境对社团成员价值理念的影响，导致社团成员的个性更加张扬、自主意识更加强烈，必然会使社团文化受到外部意识形态和思想观念的影响和冲击。再次，社团文化活动形式单调，内涵不足，缺乏新意，未能适应当前高职院校大学生的发展需求和新媒体环境带来的变化和挑战。社团组织的文化活动依旧停留在以娱乐消遣为主，活动范围依旧限制于校园之中，大大制约了社团文化活动价值和意义的发挥，不利于社团成员能力和视野的发展和开拓。在一定程度上，影响了高职院校学生对社团组织的正确态度和观念，也打击了部分社团成员参加活动的积极性，导致社团文化的发展缺乏一定的实践基础和有效推动力。

（三）高职院校管理组织对社团文化建设缺乏足够的重视和投入

社团的发展需要社团文化来支撑，社团的精神文化、制度文化和物质文化，是保证社团发展坚持正确方向和保持连续性的必要条件，缺乏完整的社团文化和对社团文化建设和发展投入不足，社团文化就难以被社团成员从根本上认同和遵循，在社团文化活动中也难以有效的体现和贯彻。目前，高职院校对社团组织的文化发展和建设缺乏足够的重视，在政策、经费和场地等方面缺乏必要的支持和投入。在政策上，高职院校决策层的工作重心和大部分精力主要用于高职院校的教学体系的完善和高职院校基础设施的发展和建设方面，对于社团文化的认识和理解仍处于一种片面的状态，只是简单的把社团文化作为一种调剂学生课余生活的一种活动方式和手段。在经费来源上，高职院校社团组织的文化活动和社会实践活动的经费支持，主要来源于社团成员每年缴纳的会费、团委下拨的社团活动经费、拉赞助获得的校外经费，但这些资金和经费远远满足不了社团组织发展和社团文化建设的需求，经费的问题将会制约社团成员的文化活动和实践活动，限制社团成员自身的发展和行为能力的施展，致使社团组织无法独立完成社团文化的传承和建设，阻碍社团文化育人功能的发挥。在场地上，高职院校中除了少部分社团组织有固定的活动场地和固定的设施设备，高职院校对大多数的社团组织则无法给予固定的活动场地和设备，社团文化活动的开展更多的是租赁和借用其他组织的设备和场地，社团组织的文化活动就会受到时间、地点和设备的各种限制和制约，也无法保证社团文化活动的持续性和长期性，缺乏主动权和选择权的社团文化活动必然会影响社团文化活动的效果和效用，社团成员参与活动积极性也会受到挫伤和打击。

第四节 新媒体环境下高职院校社团文化育人途径的构建

新媒体环境下高职院校社团文化所面对的受众群体和活动环境均发生了较大变化，新媒体环境下信息技术的迅速发展和普及，打破了传统媒体环境下社团文化育人的模式，更加自由、便捷和高速的文化传播方式，使社团文化的内涵和实际产生的效用更加难以评估和把握。如何抓住新媒体环境下社团文化育人的新机遇，探索社团文化育人的新途径，成为当前社团组织所面对的新挑战。

一、注重社团文化的培育塑造，实现社团文化在塑造中育人

社团文化的育人功能的发挥，需要社团组织有相应的社团文化与之相匹配，"而社团文化绝不可能凭空培育或建设，必须植根于丰富的大学生社团实际运作之中，作为社团成员的大学生们作为社团主体，也必须真正作为社团文化的建设主体、培育主体"。因此，在依托高职院校大学生的基础上，塑造和建设优秀的高职院校社团文化，明确高职院校社团文化主旨，是实现社团文化育人的必要条件。

（一）完善社团宗旨、标示和形象，丰富社团文化内涵

社团组织的宗旨、标示和形象，是社团文化内涵的外在直观展现，是社团组织对外的形象窗口，体现着社团组织的精神内核和发展模式、策略，决定着社团成员的思维方式和行动方式。完善社团宗旨、标示和形象，丰富社团文化的内涵，构建完善的社团价值理论体系，把社团精神、宗旨以合理的方式展现，丰富社团文化的理论内涵，实现在社团组织内部取得价值认同和共识，增强社团成员的凝聚力和向心力，进而强化社团文化的引领作用，突出社团文化在文化塑造中育人。首先，依据社团组织自身特色和发展方向，社团组织要以相对

长远的眼光和宽阔的视野来明确社团组织的发展宗旨和目标，以独具特色的理念来设计和制定社团组织的标识和发展模式，以多样的文化活动内容来充实社团组织的外在形象，使社团文化的内涵不断丰富和完善。同时，在社团文化活动中，社团组织要注重社团文化活动的内容内涵，坚持以质量塑形象，以形象促宣传，以宣传造声势，以声势助发展，促使高职院校社团组织成员和高职院校大学生对社团组织的宗旨、标示和形象予以充分关注和认同，进一步培养和增强社团成员的荣誉感和归属感，强化对社团组织的文化自觉。其次，遵循时代发展要求，紧跟社会发展步伐。社团文化是高职院校精神文化建设的重要组成部分，社团文化的塑造必须以先进文化为导向，树立正确的价值观和行为规范，坚持正确的发展方向，这是社团文化沿着社会主义先进文化发展方向的根本保证，只有这样才能不断为社团成员的发展提供精神动力、智力支持，不断对社团成员进行文化引领。因此，社团文化育人功能的发挥和实现，必须要以丰富的社团文化内涵为基础，并以此不断增强社团文化对社团成员的精神引领和塑造，实现社团文化在塑造中育人。

（二）打造特色社团文化，强化社团文化的示范引领

社团组织需要打造独具特色的社团文化，不断突出和强化社团文化的示范引领作用，"学生社团文化只有在内容、形式上别具一格、独辟蹊径，做到人无我有、人有我新、人新我特，才能对学生产生吸引力、感染力，才能形成品牌效应，社团文化才能更加繁荣"。首先，社团组织打造独具特色的社团文化，需要突出社团成员的学科背景。高职院校社团组织要充分依托社团成员的学科知识和专业背景，秉持以专业促文化，以文化促成长的理念，充分发挥其专业优势，打造独具专业特色、学校特色和区域特色的社团组织文化，并寻求社团文化活动和专业知识、社会需求、人才培养的结合点，以专业性和独特性的社

团文化来引领和提升社团成员自身综合素质，使社团成员在课堂上学到知识能够在实践中得以验证和检验。其次，社团组织打造独具特色的社团文化，需要突出社团文化活动的创新性和独特性。每一个时代的大学生都有自身的思维方式和行为特点，不同的时代背景和社会环境造就不同的大学生，不同时期的大学生都会彰显出不同的发展潜能和创造能力，需要社团组织在自我发展过程中，不仅要注重社团文化的丰富和拓展，以满足社团成员在精神和文化层面的需求；也要根据时代环境和受众群体的变化，对社团文化活动不断进行创新和调整，以特色的社团文化活动来适应高职院校大学生对活动的需求。同时社团组织可以利用新媒体平台开展各种网络文化活动，通过新媒体平台和特色社团文化活动不断扩大社团文化的影响力，使社团组织成为"第一课堂"教育的有力拓展和延伸，不断满足高职院校学生的兴趣爱好，丰富他们的情感体验，并进一步提升高职院校大学生的实践创新能力和综合素质能力。

（三）塑造和谐社团文化，突出社团文化的人文关怀

"无论现代传媒多么发达都不能代替人与人之间的融合和交流，无论各项制度多么完善，也都不能忽视人文关怀的巨大作用。"而和谐社团文化就是在社团文化之中的各个层面之间和各个要素之间表现出来的一种相互调和促进和共同发展进步的稳定状态，它代表了一个社团组织和社团文化的发展状态和未来的发展方向，体现的是社团组织内部的关系稳定性和制度倾向性。因此，塑造和谐的社团文化，对于突出社团文化的人文关怀，促进社团文化发展、社团组织稳定、社团成员成长都具有重要的意义和价值。首先，坚持育人为本，德育为先的文化理念，塑造和谐社团文化。社团文化是社团组织在日常活动中形成一种行为、制度规范和理念，它是以社团成员为核心，以社团组织为载体，以文化发展为手段，不断推进社团成员的全面发展。因此，在和谐社团文化的

塑造中，要充分尊重人、重视人和培养人，认真对待每个社团成员的成长和发展，不断调动社团成员参与社团文化活动的主动性、积极性和创造性，不断强化"会员为本"的理念，突出社团文化的人文关怀。在实践中，还要给予每个社团成员以合适定位，构建职责明确、分工合理的社团结构，增强社团成员对社团的责任心和归依感，发扬民主精神，群策群力，增强社团凝聚力，将个人力量聚合在一起形成合力，进而发挥和谐社团文化的巨大的育人作用。其次，坚持开放、包容的文化理念，塑造和谐的社团文化。新媒体技术的应用和信息时代的到来，使高职院校社团组织所面对的受众群体不再局限于高职院校之中，呈现出多样化、大众化和社会化的倾向，这要求社团文化为适应现实需求必须做出相应的调整和改变，以更加开放、包容的态度去融合多元化和社会化的文化理念，努力营造一个"开放、包容、多元、互动"的社团文化氛围，强化社团文化对社团成员的文化引领和示范，推进社团成员的文化认同和文化内化，不断激发社团成员的活动积极性和主动性。

二、完善社团文化的传播渠道，实现社团文化在传播中育人

高职院校社团组织实现社团文化育人主要是借助于社团文化的传播和扩散渠道，不断扩大社团文化的覆盖面和影响力，使社团文化在传播和扩散过程中逐渐被人们所熟知、认可和内化，并在实践中得以践行，最终实现社团文化育人的目的。因此，完善社团文化的传播渠道，实现社团文化在传播中育人，是构建社团文化育人途径的重要组织部分。

（一）提高社团成员的媒介素养，促进社团文化在自我教育中育人

媒介素养是指在人们面对不同媒体中各种信息时所表现出的信息选择能力、信息质疑能力、信息理解能力、信息评估能力以及思辨的信息反应能力。在新媒体环境下，新媒体技术得到迅速的普及和推广，高职院校社团成员在新

媒体中的角色日渐多元化，他们既是各种信息的接受者，又是各种信息的发布者和传播者，提高社团成员的媒介素养，强化社团成员使用新媒体的自觉意识和自主意识，使社团成员在各种价值观念交流、交锋和交融过程中，能够保持正确、坚定和合理的理论信仰和理念，不断增强对社团文化的认同感和责任感，实现社团文化在社团成员自我教育中育人。首先，加强社团新媒体的网络监管，提升社团成员素养教育。社团管理组织要通过与高职院校网络管理部门及网络接入服务商进行协商合作，建立新媒体信息的发布、传播和处理的管理机制，明确新媒体信息传播的行为准则。当前新媒体技术已经在高职院校社团中广泛使用，但大部分社团成员对于新媒体的认知和使用仍然停留在简单的娱乐和消遣方面，对于深挖新媒体在社团文化传播和育人方面的作用，缺乏足够的认知和了解，需要加强对社团成员的理论培育和实践锻炼，着重从社团成员的道德素质、综合能力方面进行培育，不断提高社团成员新媒体环境下的媒介素质；需要把社团成员媒介素养教育融入到社团文化活动之中，借助于社团组织的文化活动和社会实践活动，让社团成员对社团文化、新媒体和新媒体环境有更深刻的理解和认识，从而端正社团成员认识和解读新媒体环境下多元信息的视角，提升高职院校社团成员在新媒体环境下获取健康信息、辨别不良信息的能力，不断提高社团成员的媒介素养，使他们成为新媒体环境下社团文化的主动驾驭者，实现社团文化在自我教育中育人。

（二）强化新媒体的媒介作用，以最新的社团文化引领人

新媒体作为一个综合性概念，是指为适应信息传播的新需要而出现的一批媒介的总称，即新媒体是利用数字技术、计算机网络技术、移动通信技术，通过互联网、无线通信网、有线网络等渠道进行双向互动的多媒体信息传播媒介。而依靠单一的传统媒体已经无法满足高职院校社团文化发展和高职院校学生对

高职院校社团文化的需求，高职院校社团组织需要积极发掘和依托新媒体的媒介作用，以新形式、新内涵、新文化对社团成员和高职院校学生进行多角度、全方位的进行引领和培育，不断强化新媒体的媒介作用，实现以最新的社团文化引领人。首先，面对高职院校校园媒体的多元化、层次化以及校园传播方式的新媒体化和时代化，改变了传统媒体的在社团文化引领中的价值和作用，形成了一种融合广播、校园网、微信等多种媒体形式的立体式高职院校新媒体的媒介平台，要求高职院校社团组织要不断学习和应用新媒体技术，借助新媒体媒介对社团文化的宣传和推广作用，扩大社团文化的覆盖广度和深度。如在传播内容上，坚持学生实际需要和社团文化内涵相结合，突出社团文化内涵的价值性和实用性，提高高职院校学生对社团文化信息的关注度和重视度，增强社团文化的文化引领作用；在传播方式上，根据社团成员和高职院校学生的实际情况把社团文化融入新媒体媒介之中，做到时时有文化，事事有文化，增强社团文化在时空上传播的广度和深度，实现社团文化及时育人。其次，新媒体的开放性和共享性，使得每个社团成员都可以作为一个传播主体而存在，要实现社团文化的引领和导向作用，就需要打造意见领袖，强化社团文化的主旨和理念，引领社团文化的发展方向，即加强对新媒体的调节和控制，不断展示社团文化的最新成果，以最新的文化成果引导学生对社团文化进行选择和认同，如依托新媒体平台不断分享和传播一些有关社团文化的视频和文字，并针对大学生们普遍关注的热点、焦点问题运用语音、图像、视频等传播方式让更多的社团成员参与到相关话题的讨论之中，不断强化新媒体的媒介作用，实现社团文化对高职院校学生和社团成员的文化引领。

（三）普及即时通讯技术，实现社团文化在互动中育人

新媒体环境下，高职院校与高职院校之间、高职院校与社会之间的联系得

到进一步加强，高职院校自身相对独立的发展模式不复存在，高职院校师生的思维方式和价值理念同样受到各类媒体的不断影响和冲击，尤其随着电视、手机、网站等新媒体技术不断应用于人们生活的方方面面。而即时通讯技术就是基于互联网网络通讯协议产生的点对点或点对面的一种手段，它以视频、音频、图像和文字作为人们沟通的主要载体，以在线或离线传输作为传播方式，以无线或有线网络作为传播渠道，使人与人之间的沟通跨越了时间和空间的距离。因此，普及即时通讯技术，构建即时通讯的媒体框架，加强即时通讯平台上社团文化的交流和融合，充分发挥及时通讯技术的作用和功能，对于实现社团文化在互动中育人具有重要意义。首先，普及即时通讯技术，需要构建新媒体框架。社团组织需要借助于即时通讯的技术优势构建一个开放的、包容的社团文化交流平台，以方便、快捷的交流模式来推动社团文化的传播与扩散，以立体式的新媒体平台实现社团文化传播者和接收者之间的思辨和交流，不断以及时通讯技术为基础构建多层次新媒体框架，实现社团文化在新媒体框架中对时间和空间、熟悉与陌生进行重新的界定和建构，扩大新媒体框架对社团文化和高职院校学生的影响力和推动力，以互动、交流和融合的模式推进社团文化在传播中育人。其次，利用即时通讯工具，加强新媒体平台上社团文化的融合。即时通讯技术大大提升了人的主体性和创造性，促使人们能够以更加积极主动的心态参与信息传播和交流，它改变了人们对信息接触和获取的方式，扩大了信息接收者的自主选择权。尤其在新媒体平台上，不同高职院校、不同社团的社团文化能够进行全面的交流、吸收和融合，不断拓展社团成员对社团文化的认知范围和深度。因此，强化即时通讯工具在社团文化交流过程中的作用，对于增强及加深高职院校社团成员对外界的感知、思考和探索能力，加强高职院校社团成员把握社团发展现状、理解社团文化内涵的能力具有重要作用。

三、规范社团文化管理，实现社团文化在管理中育人

高职院校社团属于高职院校学生在自愿基础上自发形成的自治组织，具有一定的自主性和松散性，为保障社团组织能够保持正确的发展方向以及社团文化活动能够有效开展，实现社团文化在管理中育人，需要打造高效的社团文化管理组织对社团文化加以约束和管理。

（一）规范社团组织管理，推动社团文化以合理的组织约束人

良好的制度规范和组织管理是一个社团组织得以发展壮大的基础，只有源于科学、规范、合理制度之中的社团文化，才能够实现社团文化在管理中真正育人。因此，规范和加强对社团组织的管理，确保高职院校社团组织和社团文化沿着正确的发展方向，对于实现社团文化育人具有重要的作用和意义。首先，规范社团组织的成立，要严格考察社团组织成立的合理性和目的性，明确社团组织的规章制度、发展目标和发展规划，对社团组织的成立进行全面的考量，对满足高职院校和学生发展要求的社团组织予以成立，并对原有社团组织的类型和性质进行比对，避免社团组织的重复无序的出现，产生不必要的资源浪费。其次，完善制度规范，形成制度约束。推动社团文化育人功能的实现，需要建立和健全高职院校社团组织自身的管理制度，坚持"以人为本，社员为本"的制度理念，强化对社团全体成员的培养、教育、管理，促进社团成员自身的发展和进步；需要形成一套制度严格、职责分明、奖赏适度、公平宽松、适合个性发展、符合社团组织发展需求的社团制度规范，规范和约束社团组织和社团组织成员的行为，保障社团组织工作的开展能够做到有章可循、有据可依，从而实现以科学合理的社团制度文化引导社团成员的健康全面的发展。再次，规范社团组织的活动内容。当前高职院校社团文化活动的开展较多的倾向于娱乐性和商业性的活动，缺乏对社团成员的教育和引导价值，社团文化育人的目标

难以实现。因此，规范高职院校社团组织活动，加强有效的监督和管理，尤其加强网络社团文化的监管力度，引导高职院校社团组织以先进的文化作为发展方向显得十分必要。需要各高职院校既需要鼓励社团组织开展各具特色、符合社团成员兴趣和要求的文化活动，活跃社团文化氛围，达到寓教于乐的目的；又需要规范社团文化活动的主旨不能违背社会和校园所倡导的社会价值体系，杜绝各种低俗、恶搞和缺乏教育意义的活动内容。

（二）培养社团拔尖人才，促进社团文化以优秀的社团成员引导人

社团文化归根到底是人的文化，是社团成员和社团组织的文化。而高职院校社团文化育人的关键就在于拥有优秀的社团文化人才，它是社团组织的核心和基础，是社团发展和社团文化繁荣的凝聚点。美国社会心理学家班杜拉认为："人的大部分社会行为是通过观察他人、模仿他人而学会的"。因此，实现社团文化以优秀的社团成员引导人，需要加强对社团拔尖人才的培养和扶持，不断提升社团拔尖人才的思想素质和综合能力，发挥其先锋带头模范作用，保证社团文化沿着正确的发展方向，进而有效引导社团文化和社团成员保持健康、持续和稳定的发展。首先，重选拔，强基础。高职院校社团管理组织要以民主、科学、合理的选拔机制为依据，从社团文化人才选拔上，把好"质量关、人才关"，以选取志向高远、勇于改革创新、善于组织、思想积极向上的社团优秀人才为目标，不断提升社团组织人才的基础质量和基础水平，充分夯实社团文化育人的人才基础和队伍基础。其次，重培养，谋发展。在社团组织发展过程中，针对社团组织发展面临的新情况、新问题和新需求，要因时因地制定相应的社团文化人才的培养计划，对其进行定期和不定期相结合的培训和指导，不断提升他们的综合业务素质、政治素质和思想道德素质。同时，高职院校社团管理机构还应加强对学生的骨干精英意识和责任感培养，建立一支肯干、能干、

实干的社团管理队伍,强化他们在社团发展中的主体意识和主体责任,让他们在具体的社团管理和社团活动中修炼自己的人格魅力、培养自己的领导能力。

再次,重引导,扬文化。基于传播学的舆论领袖理论可知,在一个群体内的舆论领袖,作为群体内受众的一部分,它往往以一定的专长和社会地位被人们所认识、认可和信赖,它的态度和行为,可以改变其他受众的态度以及影响他们的具体行为。因此,社团拔尖人才在社团文化活动中,要充分发挥文化引导和文化践行的作用,注重依托社团文化对社团成员和高职院校学生进行引导和倡行,不断宣扬社团文化的精神和内涵,真正发挥社团优秀文化人才在社团文化育人中的引导作用。

(三)突出社团成员的主体性,促进社团文化在自我管理中塑造人

高职院校社团组织是高职院校大学生以自愿为原则,以自身爱好为基础,以社团理念为导向,以社会实践为方式,以实现社团成员自我管理、自我教育为目的自发形成的学生组织团体。社团组织之所以受到高职院校学生的普遍欢迎,就在于它是大学生自身的活动组织,其活动宗旨符合大学生的兴趣、爱好和需求,能够充分发挥高职院校社团成员的主体性。开展大学生社团文化活动同样是高等教育人才培养的一项重要使命,只有充分发挥活动参与者的主动性、创新性和自主性,把社团文化活动作为社团成员自我展示、自我发挥的平台,才能使社团文化取得应有的育人成效。因此,真正有效的活动应当是一种发自主体内部的、自内向外的主动积极的参与活动,是一种真正的自我教育活动。突出高职院校社团成员的主体性,不仅要重视对社团成员的培养和塑造,更应当从社团组织的各个角度、各个层面入手,坚持把理念、制度、环境等因素融入社团成员的培育之中,强化高职院校社团成员的主体意识。首先,社团组织应回归学生本位。高职院校社团管理部门要不断更新社团管理理念,坚持以学

生为主，把社团组织的发展、社团文化的塑造以及社团成员的成长作为社团管理的落脚点，实现学生本位与学校本位进行有效的协调和统一，不断调动学生参与社团文化活动的积极性和主动性，促进高职院校社团工作不断的改善和进步，实现社团文化在管理中塑造人。其次，改进高职院校对学生社团的管理方式。高职院校团委、社团联合会应当明确角色定位，对于高职院校社团组织的管理要注重在全局上和方向上的引导和规范，对于社团组织具体运行和发展要充分发挥社团组织自身的主体性和自身特性，而高职院校社团管理部门应扮演好社团组织的协调者、服务者和引导者。再次，营造良险的社团组织竞争环境。营造良好的社团组织内部环境，给予社团组织充分的自主管理权、人事任免权，选拔部分有威信、有责任、有人气的社团成员主导社团管理工作，鼓励每个社团成员积极参与社团组织管理，在社团组织内营造一个社团成员人人参与的良好氛围；营造良好的社团外部环境，依托社团组织评选、社团文化汇展等活动，鼓励社团组织之间的良性竞争，营造高职院校内社团之间相互学习、相互竞争的文化氛围。

四、营造良好的新媒体环境，实现社团文化在环境中育人

社团文化环境即围绕社团组织这一核心而形成的对社团组织产生影响的外部文化因素，尤其是新媒体技术的迅速发展和广泛应用，社团文化环境的内涵得到了极大的丰富和发展，新媒体在社团文化育人中的重要性也日渐突出，新媒体环境也逐渐成为社团文化育人的重要组成部分。因此，营造良好的社团文化的新媒体环境，实现社团文化在环境中育人，是构建社团文化育人途径所不可或缺的一环。

（一）创办社团文化网站，宣传优秀社团文化理念

新媒体的发展为高职院校社团文化的宣传和推广提供了多元的平台，让社

团文化的传播有了更为便捷、更为广泛的传播平台和传播选择。在新媒体环境下，高职院校学生和社团成员面对海量的网络信息也将会产生不同的选择和关注点。如何实现社团文化在网络中获得更多关注和认可，如何实现社团文化在网络中对社团成员进行持续的引导和影响，是创办社团文化网站所要面对的首要问题。首先，拓展社团文化的空间维度。迅速发展和普及的新媒体技术已经成为高职院校大学生获取信息的主要来源，网络贴吧、社区和虚拟聊天群更是他们对外交流和互动的主要渠道。高职院校社团管理机构应根据新媒体环境下这一新的发展状况，抓住其中有利条件，鼓励社团组织努力发展新媒体网络平台，推进社团和社团文化活动进网站、进社区和进平台，扩大社团文化的影响力和受益面，实现社团文化在潜移默化中育人。其次，保证社团文化内容的时效性。社团组织要充分依托于社团文化网站，坚持以丰富多彩的社团文化素材为基础，不断丰富和充实社团文化网站的传播内容。在社团文化网站的内容和形式设计上，要充分考虑高职院校学生和社团成员需求，坚持以快捷、海量、互动作为社团文化网站建设的基本原则，保障社团文化能够贴近社团实际、贴近学生生活、贴近高职院校发展需要，并利用新媒体平台图文并茂、声像交融的优势，将社团文化内容设计为吸引人、教育人、易被大学生接受的形式，让大学生主动投入到社团文化之中，充分发挥新媒体环境下社团文化的育人功能

（二）构建网上交流平台，营造宽松的文化互动氛围

新媒体技术的更新发展改变了高职院校社团组织的交流方式和宣传途径，拓宽了社团文化传播和扩散的渠道，开辟了社团文化工作的新领域，对社团文化影响力的提升带来了新的发展机遇，把新媒体技术主动运用于高职院校社团文化工作的宣传阵地、学生舆论阵地、学生学习阵地，构建新媒体服务高职院校社团文化工作的新平台和新阵地。构建自由、宽松的网上交流平台，营造积

极的文化互动交流氛围,充分发挥新媒体技术在社团文化育人之中的作用。社团组织要充分发挥网络媒体、手机媒体和电视媒体等新载体的功能和价值,探索社团文化传播和交流的新形式,强化网络交流平台中社团文化传播的互动性、引导性和持续性,增强社团成员之间交流互动频率,实现以网络交流促进现实互动。如充分利用微博、微信、MSN等交流载体对社团文化活动进行宣传和互动,让更多的社团成员能够参与到社团文化活动之中,增强社团成员对社团组织的归属感和对社团文化的认同感,不断拓宽社团文化交流互动的路径和渠道;利用社区、贴吧、论坛等网站进行社团文化的有效传播和推广。在此过程中,对社团文化进行不断地塑造和宣传,促使高职院校社团成员和高职院校大学生对社团文化内涵能有清晰的认识和了解,提高社团成员对社团文化的熟识度和认同度。因此,利用新媒体网站的信息交流平台,使各级社团组织既可以利用新媒体开展实时讨论与交流,也可以实现信息资源共享,进一步拓宽大学生与社团组织及社会的交流渠道。

(三)创新媒体合作机制,打造立体式的新媒体文化环境

社团文化的广泛性和隐蔽性决定了高职院校社团文化育人仅仅依靠单一的新媒体或传统媒体是难以实现的,高职院校社团在推进社团文化育人过程中,需要同时借助新媒体平台和传播媒体渠道实现二者的有机结合,以满足在不同形式、不同需求和不同对象下社团文化育人有效性和实效性的实现。创新媒体合作机制,实现新媒体与传统媒体的无缝合作,将校园传统媒体的导向性、公信力与新媒体的时效性与互动性相结合,实现优势互补,及时有效地将社团相关信息及时、准确的送达受众,提升社团的感召力,实现高职院校社团活动的全方位开展。一方面,充分发挥传统媒体和新媒体的优势,全方位、多层次的开展社团文化推广工作,营造立体式的社团文化传播环境和传播平台。社团组

织可以利用即时通讯和网络通信技术，打造时效性、互动性、丰富性于一体的社团文化传播平台，充分发挥新媒体技术的传播范围广、即时性强的优势，实现社团文化的时时覆盖和事事覆盖，优化社团文化传播渠道和环境。对于报纸、期刊杂志等传统媒体，社团组织可以通过与网络媒体、手机媒体等进行融合和优化，借助于新媒体技术来发布有关社团文化的信息，丰富新媒体平台中社团文化的内涵和素材，实现新媒体和传统媒体在社团文化传播中的有效融合。不断发挥新媒体和传媒媒体在社团文化育人中的媒介作用，逐步营造出社团文化立体式、多层次的传播渠道和信息平台。另一方面，社团组织要鼓励社团成员不断进行探索和创新，不断借助于新媒体平台来开展社团文化活动，实现网上社团活动方案讨论、活动规划修订和网上投票等活动，充分实现线上和线下社团活动的有机结合，既可以解决社团成员之间课余时间难以协调的问题，又可以增加社团成员对社团文化和社团活动的关注度，提高参加社团文化活动的积极性和主动性，不断推进社团文化育人功能的实现。

参考文献

[1]廖飞宇,王军.新形势下高职院校寝室文化育人效应研究——以四川商务职业学院为例[J].四川文理学院学报,2017(2):100-105.

[2]由建勋,孟爱霞.高职院校校园文化育人"全员责任制"探索[J].宁波职业技术学院学报,2017(1):6-9.

[3]陈云涛.高职院校文化育人的要素分析[J].中国高教研究,2017(1):104-106.

[4]李文莲.高职院校文化育人的内涵、特征与作用研究[J].价值工程,2016(33):251-252.

[5]辜桃.浅析地方高职院校地域文化育人的价值及实现路径[J].高教学刊,2016(17):250-251+253.

[6]王梓先,杨玲燕,冯薇.探索以"节日"为载体构建高职院校"文化育人"新体系——以无锡科技职业学院为例[A].《决策与信息》杂志社、北京大学经济管理学院."决策论坛——管理科学与经营决策学术研讨会"论文集(上)[C].《决策与信息》杂志社、北京大学经济管理学院,2016:2.

[7]王波.构建高职院校专业文化育人体系的思考与实践[J].教育与职业,2016(16):46-48.

[8]陈德维.高职院校后勤文化育人功能错位与对策[J].科技创业月刊,2016(15):50-52.

[9]林素琴,邵汉强.文化育人视角下的高职院校社会主义核心价值观培育[J].淮海工学院学报(人文社会科学版),2016(6):138-140.

[10]何桑,付达杰.专业内涵建设与行业文化传承创新的融合——新形势下高职院校文化育人省思[J].九江学院学报(社会科学版),2016(2):121-123.

[11]刘玲,王志生.高职院校专业实践课文化育人现状调查分析[J].宁波职业技术学院学报,2016(3):33-37.

[12]陈文满,姬海华."实践育人"理念下高职院校实践教学体系构建[J].山西农经,2016(6):98-100.

[13]孙赞兰,李强.试论高职院校"德能"文化育人体系的构建[J].科教文汇(下旬刊),2016(5):77-78.

[14]黄伟.推进高职院校学生公寓文化育人的途径与方法——以黄冈职业技术学院为例[J].亚太教育,2016(9):175.

[15]钱红.彰显高职院校文化特色培育"现代班组长"型人才——江阴职业技术学院文化育人的实践与思考[J].职教论坛,2016(8):44-47.

[16]林森.构建高职院校特色文化育人新模式——以江苏财经学院经济贸易学院为例[J].中小企业管理与科技(中旬刊),2016(2):216-217.

[17]李冬梅.高职院校二级学院文化育人体系的建构和实践——以镇江高等专科学校旅游学院为例[J].镇江高专学报,2016(1):31-34.

[18]杨旸.高职院校文化育人机制创新研究[J].市场周刊(理论研究),2015(10):84-85.

[19]汪青青,韩桂香,宋婷婷.高职院校档案文化育人优势及其实现路径[J].安徽职业技术学院学报,2015(3):61-64.

[20]叶国建,张德扬.人品塑造在高职院校文化育人中的作用探讨——兼谈广州华南商贸职业学院"人品塑造工程"实践[J].北京农业职业学院学报,2015(4):73-78.

[21]毛元金.试论《大学语文》课程在高职院校文化育人中的作用[J].思想战线,2015(S1):100-103.

[22]毛元金,陈慧仙.试论文化育人在高职院校人才培养中的重要作用[J].思想战

线，2015（S1）：111-113.

[23]李良进.文化育人背景下高职院校思想政治教育工作创新研究——以深圳职业技术学院为例[J].职教论坛，2015（17）：49-54.

[24]张云萍，傅玉峰，张红彦.卫生类高职院校班主任与任课教师合作育人的理念与实践探析[J].卫生职业教育，2015（10）：10-13.

[25]陈冀东."文化育人"视角下的高职院校学生工作模式实践分析[J].邢台职业技术学院学报，2015（2）：49-51.

[26]郭晓玲.高职院校图书馆产业文化育人校地融合机制[J].宁波职业技术学院学报，2015（2）：99-102.

[27]姜良琴，周柳奇.文化强国战略背景下高职院校文化育人的现状与愿景[J].教育与职业，2015（9）：29-31.

[28]张勇.广东区域海洋文化资源下的高职院校育人文化构建[J].南方职业教育学刊，2015（2）：46-50.

[29]刘洪一，陈秋明，谭属春，窦志铭，王波.高职院校文化育人的系统设计与实践[J].中国职业技术教育，2015（7）：74-77，82.

[30]袁小红，周国强，曾妙红.构建高职院校特色文化育人模式[J].高教论坛，2015（2）：107-109，113.

[31]卢亚莲.高职院校文化育人的内涵及路径探索[J].贵州师范学院学报，2014（12）：61-65.

[32]陈波.基于校园文化的高职院校育人体系构建[J].常州信息职业技术学院学报，2014（6）：63-65.

[33]陈雪华.高职院校校报文化育人作用探究[J].湖北广播电视大学学报，2014（12）：16-17.

[34]彭顺.安徽省高职院校文化育人体系建设研究[D].安徽大学，2014.

[35]张凯,邱浩,李正国.高职院校"文化育人"理念的公选课实践分析——以世界经典纪录片赏析课为例[J].青岛职业技术学院学报,2014(5):48-52.

[36]李祥国.关于高职院校文化育人功能的思考[J].教育探索,2014(8):13-14.

[37]宋晓燕.基于"文化育人"理念的高职院校人才培养模式研究[J].当代教育科学,2014(15):60-61+64.

[38]朱绍勇.高职院校社团文化育人功能提升路径[J].金华职业技术学院学报,2014(4):9-12.

[39]蒋含真.高职院校礼仪文化育人目标体系建构与实践策略[J].职教论坛,2014(17):46-49.

[40]康洁.以"文化育人"促进高职院校学生综合素质提升[J].常州信息职业技术学院学报,2014(3):82-84.

[41]殷海芳.高职院校文化育人机制探索[J].吉林省教育学院学报(中旬),2014(5):118-119.

[42]杨东铭.从图书文化到书香校园再到文化育人——论高职院校图书馆的转型与升级[J].职教通讯,2014(7):66-68.

[43]梁文慧,丁伟.论安徽高职院校以文化育人服务文化强省[J].合肥工业大学学报(社会科学版),2014(1):109-114.

[44]徐雷.以科学成长成才观推进高职院校文化育人工作[J].湖南工业职业技术学院学报,2014(1):107-109.

[45]吴晓彤.高职院校校园文化育人路径探究[J].科教文汇(上旬刊),2014(2):146-147.

[46]陈冀东.以志愿服务为载体的高职院校"文化育人"实践研究[J].科教导刊(中旬刊),2014(1):16,33.

[47]周利兴.试论高职院校文化育人与技能型人才培养结合的途径[J].思想战线,

2013（S2）：365-368.

[48]姜保志.高职院校"文化育人"探析[J].深圳信息职业技术学院学报,2013（4）：77-81.

[49]刘颖,胡友波,张春玉.高职院校增强文化育人实效性的新途径[J].中国成人教育,2013（23）：73-74.

[50]王碧斓.谈高职院校校园文化育人的价值诉求[J].辽宁师专学报（社会科学版）,2013（5）：116-118.

[51]张亚林.高职院校校报文化育人探究[J].中外企业家,2013（26）：179-180.

[52]桂毅.高职院校文化载体的育人功能探究[J].价值工程,2013（22）：282-283.

[53]张倩.论高职院校开放性校园文化的育人价值——四川工程职业技术学院的实践案例分析[J].当代职业教育,2013（7）：78-80.

[54]郭永俊.构建基于民航行业文化的高职院校文化育人体系[J].太原城市职业技术学院学报,2013（6）：28-29.

[55]白静.高职院校文化育人的理性思考与实践研究[D].西安建筑科技大学,2013.

[56]李河水.高职院校文化育人载体建设及其价值探析[J].学校党建与思想教育,2013（10）：80-82.

[57]周立华.文化育人思路下高职院校人文素质教育改革的困境分析及实践路径[J].无锡职业技术学院学报,2013（2）：21-25.

[58]董敏杰.论心育文化视域下勤工助学的育人功能——以浙江省高职院校为例[J].科技通报,2013（3）：231-236.

[59]张建华.论高职院校多元文化的育人路径[J].学校党建与思想教育,2012（36）：88-89.

[60]王茂莉.高职院校文化育人协同创新的探索及实践[J].高等职业教育（天津职

业大学学报），2012（6）：66-68.

[61]胡烨丹.高职院校文化育人机制创新路径探析[J].中国职业技术教育，2012（34）：85-87.

[62]陈民.高职院校创新文化育人机制探析[J].哈尔滨职业技术学院学报，2012（5）：18-19.

[63]丁淑彦."育人为本"理念在高职院校思想政治教育中的实践[D].苏州大学，2012.

[64]吉冬梅.困境与愿景——剖析高职院校文化育人之现状[J].辽宁医学院学报（社会科学版），2012（1）：89-91.

[65]方桐清.高职院校在文化传承创新中的担当——论高职院校文化育人[J].中国高教研究，2011（10）：76-78.

[66]陈国清.借鉴企业文化管理理念 探索高职院校育人新模式——以包头钢铁职业技术学院5S管理为例[J].科技信息，2011（28）：190.

[67]江秀华.高职院校文化育人的探索与实践[J].兰州石化职业技术学院学报，2010（3）：63-66.

[68]陈云涛.高职院校文化育人体系的构建与思考[J].高教探索，2009（4）：113-115.

[69]宋宏福，文美荣.论高职院校文化育人及实现路径[J].湖南科技学院学报，2009（7）：101-104.